教育，是爱的垂钓

——我的真情教育实录

胡涂清 著

吉林文史出版社

图书在版编目（CIP）数据

教育，是爱的垂钓：我的真情教育实录 / 胡涂清著
. — 长春：吉林文史出版社，2020.4
ISBN 978-7-5472-6823-0

Ⅰ.①教… Ⅱ.①胡… Ⅲ.①教育工作 Ⅳ.①G4

中国版本图书馆CIP数据核字（2020）第053650号

教育，是爱的垂钓：我的真情教育实录
JIAOYU SHI AI DE CHUIDIAO WODE ZHENQING JIAOYU SHILU

著　作　者：胡涂清
责任编辑：程　明
封面设计：姜　龙
出版发行：吉林文史出版社有限责任公司
电　话：0431-81629369
地　址：长春市福祉大路5788号
邮　编：130117
网　址：www.jlws.com.cn
印　刷：北京虎彩文化传播有限公司
开　本：170mm×240mm　1/16
印　张：17　　　　字　数：306千字
印　次：2022年6月第1版　2022年6月第1次印刷
书　号：ISBN 978-7-5472-6823-0
定　价：45.00元

教师需要激情和梦想

胡涂清老师是深圳市龙岗区百合外国语学校（原深圳外国语学校龙岗分校）的语文教师。他从大学毕业后，从教十二年，任班主任十二年，是龙岗区民办中小学首批教坛新秀，龙岗区首届民办教育技能之星，学校优秀班主任、优秀教师。胡涂清老师深受学生和家长的信任和喜爱，学生们都叫胡涂清老师"老大""胡爸"。

胡涂清老师是一位有梦想的教师。我第一次注意到这个年轻人，是他第一次在学校大会上发言。他向全校教师说出了自己的梦想："如果有一天，学校对我的工作岗位进行调整，千万记得让我做班主任。如果这辈子能做好一件事，那就做一位快乐幸福、有激情和梦想的班主任。"教师作为教育的主导者，理应是有梦想的，因为教师的梦想能激发学生的梦想，学生的梦想就是教育的梦想。胡涂清老师的梦想是一个朴实的梦想，但我想这正是代表了一位教育工作者应该有的心态。

胡涂清老师还是一位对教学充满激情的教师。胡涂清老师刚到学校的那个学期，我去听过他几次课。他讲朱自清的《春》声情并茂，他的学生闭着眼睛倾听；他讲《背影》讲到动情落泪，他的学生也跟着红了眼眶；他创造性地用"访谈式"教学法，把小说改编成剧本，把教室变成演播室。教育是民族的未来，孩子是祖国的希望，教师作为这个希望和未来的引领者，应该是对教育和教学都充满激情的。胡涂清老师的激情很有感染力，颇能调动学生学习的积极性。他带过的班级不仅学习好，而且特别有朝气和活力。

胡涂清老师更是有爱的教师。教室里悬挂的那块签满学生名字的"我们是一家人"的牌匾能证明，学生们叫他"胡爸"更能证明。升旗仪式，他站在学生中间高唱国歌；中秋的晚上，他带着学生们到操场赏月；十年前学生在学校救下的幼猫，他到现在还养在自己的家里；新年里，他给每一名学生写贺卡、发红包；如果意识自己犯了错，他同样会放下架子，给学生道歉……类似这样"爱的教育"，在胡老师身上数不胜数。教育的道路千万条，归根结底就一条，那就是爱。爱是教育的核心和归宿，一位老师对学生的爱，就是教育的爱，就是爱的教育。

胡涂清老师以"和而与众不同"的教育为理想，在教育教学中一直秉持"新的教育理念和心的教育情怀"。他勤于学习，笔耕不辍，写了近八十万字的教育日记，曾参与编著《办一所温暖的学校》，并在《南方教育时报》和《深圳青少年报》中发表多篇文章，参与的省级子课题研究已经结题，并多次进行区作文教学示范课教学。胡涂清老师对待教学和研究的这种积极上进的态度是值得我们学习的。

胡涂清老师正在出版的《教育，是爱的垂钓——我的真情教育实录》，反映了一位年轻教师的成长之路，表达的正是用心教育、垂钓爱心的主题。书中有教育理论，也有教育故事，从故事得出理论，用理论指导教育。书里讲述的故事有画面感，得出的理论能引起共鸣。我建议新教师要看看，老教师也值得看看，因为梦想和热忱是不分年龄和经验的。

本书可以看作是一位中青年教师首个十二年教育生涯的总结，是他的教育故事、教育心得的呈现。十二年的坚持，安心于普通教师岗位，才有了这一本梦想之书。我很有信心，下一个十二年，胡涂清老师应该可以走向更专业化、系统化的教育研究，成为一位杰出的人民教师。

深圳外国语学校创校校长　龚国祥

2019年9月于深圳

教育，是一种坚守

读着胡涂清老师的真情教育实录《教育，是爱的垂钓——我的真情教育实录》，一行行带着温度的文字在眼前移动，一个个熟悉又新鲜的教育故事不断地在脑海闪现。从第一次的面试讲到接下来12年里的一次次课堂听课、课后闲聊，胡老师一路走来，我见证了他在"百外"的成长。他，看似瘦削却又精气神十足，在他身上，我看到了一位教师对教育的一份坚守。

在胡老师的微信公众号里，他以"百外民师"自称，并且常说自己就是一位"人民教师"。这是一种角色定位，也是一份社会责任。现实生活中，当许多教师还在为不能切身体会到"为师者"荣耀而焦虑、失落的时候，勇于给自己这样一个头衔，潇潇洒洒地亮明自己的身份，这是多么的难能可贵。选择教师，可能也就意味着选择了一种心静、平淡的生活。12年，年轻的胡老师"守着清贫的凳子和寂寥的水面"，以情为"线"，用心作"饵"，坦然地、执着地做着一个"爱的垂钓者"。在他的教育实录中，我们从头至尾都能感受到他的初心不改、热情依旧。这是他对教师职业的一份坚守。

德国哲学家雅斯贝尔斯认为，真正的教育——"它的使命是给予并塑造学生的终极价值，使他们成为有灵魂、有信仰的人"。教师，需要坚守教育的本真与使命，以乐观的心态、发展的眼光，站在学生的角度去思考成长的意义。教育的坚守，就是耳边不断传来"分分分，学生的命根"，却依然坚信"成绩是孩子的一部分，孩子的全部才是成绩"；教育的坚守，就是理解、包容和悦纳所谓的"差生"，因为"教师的眼里不能有垃圾，我们是来发掘宝藏的"；教育的坚守，就是常常为自己孩子的成长苦恼不已，但面对别人家屡犯错误的孩子却说："那也是我的孩子。人生总得淋几场没有准备的雨，吹几次毫无准备的风，然后义无反顾地去成长"……

一本《教育，是爱的垂钓——我的真情教育实录》，记录的不仅仅是发生在一所"温暖"学校里的故事，更是一位教师从稚嫩走向成熟、从普通语文教师变成"教育思考者和写作者"的心路历程。文字的记录，是教育炽情的积淀与迸发；故事的背后，是教育哲理的思辨与探讨。12年，80万字，对于一位背负繁重课堂教学与教育管理任务的班主任老师来说，本身就是一种坚守，而这种坚守，又何尝不是最好的示范？叶澜教授说："一个教师写一辈子教案难以成为名师，但如果写三年反思则有可能成为名师。"学会反思，用文字表达，应是一位优秀教师的生存方式与工作方式。

涓涓细流，终汇成河。祝愿胡老师在思想的河流中幸福垂钓，垂钓教育的"永恒和童话"。

坚守教育，也是一种幸福。

深圳市百合外国语学校校长　朱正兴

2019年10月

目录
CONTENTS

第三辑

课堂：不务正业和本本分分

第四辑

散文：和教育一起去散步

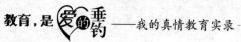

教育：因为爱，所以爱

去爱

才能得到爱

怎么爱自己的孩子

就怎么爱自己的学生

1

垂 钓 者

（一）

我是一个垂钓者

我在海洋垂钓草履
在大地垂钓种子
在高山垂钓碧绿
在天空垂钓奥秘

我在东方垂钓文明
在西方垂钓思想
在南方垂钓气质
在北方垂钓豁达

我用春雨垂钓生灵
用夏虫垂钓热情
用秋叶垂钓丰盈
用冬雾垂钓安宁

我用残夜垂钓朝霞
用朝阳垂钓清晨
用夕日垂钓月影
用月影垂钓归人

（二）

春雨是天空的饵

垂钓了夏的浓意

落叶是高山的饵

垂钓了秋的果实

冬雪是海洋的饵

垂钓了大地的春泥

清晨的露珠唤醒了绿叶

绿叶在晨光里开始了光合

星星在妈妈眼里眨了一整夜

乳汁垂钓出孩儿的泪珠

云朵垂钓了天边的晚霞

山坳垂钓着夕阳渐渐融化

月影在露台前悄悄牵挂

车水马龙里垂钓回家的爸爸

昏黄的灯光垂钓了老人的皱纹

手中的针线垂钓了老花镜里的余温

含笑打盹垂钓了翕动的双唇

回来吧　心肠垂钓着滚滚的车轮

（三）

东方的旭日垂钓了呆呆的神经

苏醒的微笑垂钓了琅琅的书声

庄重的黑板垂钓了懵懂的书本

讲台的声线垂钓了心灵的呐喊

一支朱笔垂钓了对错是非

三寸之舌垂钓了喜怒哀乐

五彩粉笔垂钓了轻重缓急

七嘴八舌垂钓了窗外圣贤

（四）

我是一个垂钓者

一把戒尺握成鱼竿

钓起了规则

一道目光凝成鱼线

垂钓了信心

一抹微笑翘起鱼钩

垂钓了勇气

又用一串数字串成浮标

垂钓起警醒

我都准备好

试问需要什么饵料

时间垂钓成长

坚持垂钓改变

耐性垂钓细致

真意垂钓友谊

真心垂钓爱情

正义垂钓人性

······

古今中外白天黑夜海内天涯

风平浪静斜风细雨惊涛乱打

总有人默默垂钓

双手紧握鱼竿

情作线

心作饵

守着清贫的凳子和寂寥的水面

地老天荒

不问世俗功名和沧桑变化

垂钓着永恒和童话

从教十年：道是无晴却有晴

　　我出生的那个年代，穷人的孩子学习好的，读师范的居多。工资虽然不高，有时候还发不下来，但是老师确实受人尊敬，至少孩子对老师绝对尊敬。从某种程度上来说，老师就是父母，甚至比父母还让人敬畏。

　　我想不起来我是怎么走上教育这条路的。是良师的影响，还是高尚的人生理想，还是阴差阳错机缘巧合，还是命运的安排？好像都不重要，我已经在这条路上走了12年有余，回想这一路的风风雨雨，我只能感慨：当老师既有光辉的事业岁月，又有沾灰的职业苦楚，这一路走来，斜风细雨不须归，道是无晴却有晴。

　　总在教师节想起这些，想起这些影响过我的人生的人。

1. 我为什么要当老师

　　外教Nick Forman问我为什么会当老师，我说我喜欢和孩子在一起，这样会让自己看起来更年轻。他又问我有没有人影响过我？我说硬要这么说的话，是因为当时我的启蒙老师很温柔。我不知道温柔怎么说，我就用 "like mother" 代替。他说出一个词——loving。

　　我跟他讲了我的这个启蒙老师——对于班上每一个有进步的孩子，她都会用她温暖的手温柔地捧着孩子的脸，然后给孩子一个美好的微笑。当时有个女孩子，家里很穷，爸爸妈妈要干农活，她要一边上学，一边照看弟弟。所以，她每次上学都带着她的弟弟。她上课时，弟弟也会很乖地坐在教室外面的走廊上，煞有介事地听。姐姐的老师注意到这个情况，为了不影响姐姐，老师就在教室靠墙的地方额外摆了一张小凳子，让她的弟弟坐到教室里来。从此，那位老师的轻音细语也深深印入了弟弟的心里。

　　弟弟直到8岁半才上小学，而且由于没有凑齐学费，开学两周后才正式进入课堂。弟弟兴奋极了，挎着妈妈用布缝制的书包，装着书本，甚至还用手捂着书包，生怕丢了似的。而弟弟的老师，正是教过他姐姐的那位。虽然弟弟晚去了两周，但由于之前的耳濡目染，加上对学习的渴望，弟弟很快就学会了整个一年级的课程，还被老师选为学习委员。

为了得到老师的抚摸和笑容，弟弟更加努力学习。可不知道为什么，任凭他怎么努力，考得有多好，始终没有得到老师的抚摸。弟弟去问妈妈和姐姐，她们说："老师说你容易骄傲自满，要考验你！"从此，男孩更加努力，升高小，升中学、高中，一直很顺利。男孩也在紧张的学习中淡忘了这件事。

后来考上大学的时候，爸爸妈妈为他摆酒席，男孩首先想到了这位老师，他问起当年的疑惑，老师抚摸着他的脸，笑着对他说："孩子，在你入学之前，我对你笑了很多，也抚摸过你很多次了。当时你五岁，你坐在我的教室里，乖乖的，我常对你笑，摸你的小脑瓜。给你凳子叫你坐下的时候，就是双手抚摸着你的小脸蛋的！"男孩陷入沉思，太小？忘记了？但是男孩一直没有忘记：当老师，就应该是像"她"那样的有"loving"。

那个男孩就是我。

现在我真的当老师了，虽然还是个不算很成功的民办教师，但是还会时常想起给我理想的那位老师，工作在外，好些年没见，但是却一直激励着我，要对自己的学生有"loving"——像孩子，像朋友，像哥哥。

2. 让我读中文系的老师

初中报名那天，我去得比较晚，因为要给我攒学费，家里的农业税没有交。当时政府规定没有农业税票据就不能报名上学，母亲一大早就去求村里的会计通融去了。

办好手续后，例行到班主任那里报到。那个时候，乡村学校的班主任的宿舍都是在教室旁边的，教室与教室之间都会有一间一居室的房子，那是各个班主任的住房。找到教室就能找到班主任了，他的房门与教室前门挨着。我过去找他的时候，扭捏地躲在母亲后面不敢过去。母亲一把把我拉过来，推到老师面前，我才慌张地说了一声："李老师好！"等我抬起头看他的时候，才发现他是那么地年轻，头发精神地立在那个稍大的脑袋上，一副金边眼镜后藏着一双深邃的眼睛，我猜想是看书多的缘故吧！他的颧骨比较突出，不张嘴的时候，颧骨下面便深陷进去，活像广袤的沙漠中早已干涸的湖泊。他冲我笑了笑，把我的《学生手册》给我，并对我说："你的成绩很好啊！是我们一班的领头羊，分班抽签的时候，我抽到了你，缘分哟！"说完又是冲我一笑。

李老师是这个学期才调任到我们这个乡的，听说他是从县城那边的一个镇过来的。这点我们从他的口音中就感觉出来了。我们乡下人说"去"是讲"xí"，而县城的口音是"sí"。于是我们就经常拿李老师的口音开玩笑，"李老师喊你去（sí）一下，这下你死了。"然后，我们会在那个同学后面起哄，目送他心惊胆战地走进老师的办公室。

最初也就这样了。

我记得在学完《熊皮手套》和《最可爱的人》之后，李老师就布置我们写作文了：写自己的亲人。当时我不是很擅长写作，只是把它当成普通作业罢了。但毕竟是初中的第一次作文，还是用心去写了，想给他留个好印象。那个周末回去，我缠着母亲给我讲外婆的故事。作文交上去，我也就没有太在意了。

又到了星期三，作文课，李老师抱着一沓作文本进来，脸上带着一丝严厉的微笑。他开场了："学生最怕星期三，想起作文过难关。"我们都在下面点头默许，这话说到我们心坎里去了。他又笑了，说："其实作文并不难，多写多练变神仙。"于是他就开始讲解，把一些课文中的技巧给我们复习了一遍，然后就开始范读"佳作"了！读完我才知道，那是我的作文《我的外婆》，里面有一句话让他特别欣赏，他分析了好久，至今我还记得——外婆的背弯了，但是仍然坚毅的站立着，幼稚的我们还时常把那里当作滑梯去获得快乐。

这以后，我就开始盼望着上作文课，但毕竟作文课两周才上一次。我后来的几篇作文也被当成范文。他时常单独找我了解写文章的意图，问我为什么这么写，怎么写出来的。他总会在作文课上给我们讲一些他的故事：讲小时候月光下偷菜，讲大学时候勤工俭学，讲足球是世界上最狂热的运动——似乎从那个时候起我就开始慢慢喜欢足球。我召集了同村的几个伙伴常常踢球，后来疯狂到熬夜看球、下雨踢球，我们成了乡里最早踢足球的人。

他经常夸我有语言天赋，说我是读文科的料，上大学一定要读中文系。

他还教会我朗读。那次，他上公开课，全校的老师都来听课了。我们学习《白杨礼赞》期间要找一位学生朗读，他点了我。我当时很紧张，根本就没有读好。课上完后，他似乎也没有太开心，可能课堂效果不好吧！我开始有些内疚了。学校举办文艺晚会，他承担了一个朗诵节目，并为此写了一篇非常感人的稿子《那一年》，"那一年，你是踏着泥泞小路来到这穷乡僻壤的；那一年，你是跋山涉水走进这村野荒院的。"他选了我和班上另外一个女孩子搭档。他先教我们怎么停顿，什么地方重读，怎么控制语速，在哪里读需要什么情感，还教给我一些朗读时要做的标号，什么重读号、停顿号、感情升降号、连读快读号，到现在我还用来教自己的学生。当文本朗读做到自如之后，我认为已经很完美了，因为之前我从来没有感觉到自己可以把文章读得这么美。可是，他又向我们提出了要求，要有肢体语言，"通俗地讲，也就是要配合动作。"他要我们先根据自己的感觉做一遍，女生做得很好，我竟然笨到只知道出声，根本做不出来任何动作。在他的严厉要求下，第二遍的时候我可以把手稍微向前伸一伸了，当然这远远达不到他的要求。他无奈地看着我，我有些担心。于是，他叫我到他卧室的阳台上去自己想一想。过了一会儿，他叫我过去，女生不见了，只剩下我。他一句一句地教我，告诉我要根据文字内容去做相应的动作——眼神、手的方向和表情等，几句之后，我找到了灵感，能自己做一些动作了，也不那么拘谨、害羞了——也许是女生不在了的缘故吧！

在后来的国庆50周年的演讲比赛上，我的表现如行云流水，毫无悬念地获得了一等奖。稿子是他帮我改的，我记得有一句"我问苍天，苍天无言；我问大地，大地无语。只有那巍巍的昆仑山在默默地诉说一段久远的哀怨，只有那悠悠的长江水在静静地流淌着一段屈辱的历程"就是他写的。后来，这篇演讲稿推荐到市里面参加征文大赛，还获得了一等奖。这些让我风光不少，以至于我初中毕业多年后，校长还会向我的堂妹讲起这些往事。

学校附近有一条江，我们有事没事的时候，都会到江边去静一静。扔一扔卵石打几个水漂，捉几只蚂蚱、青蛙，看一看那一跃的惊异，感受生命的律动。或者在天热的时候洗个凉水澡，然后对着山上的绿树吼几声，让一切都随着那流水荡漾，随着那树叶拂走。伴着江有一段小路，早起的男生就随着那条路晨跑，后来这就成了我们男生显示毅力的途径。在校运会开始前，李老师号召我们好好准备，说有晨跑习惯的找他一起晨跑。于是我们好几个男生一大早起床去敲他的门，心想：能和老师一起晨跑是多么幸福的事情。秋冬的早上，天蒙蒙亮，江水共长天一色，李老师带着我们浩浩荡荡地沉浸在雾霭中。我喜欢跟着李老师跑，胆大一点儿时也会和老师并肩跑，有几个调皮逞能的干脆跑到我们前面去。他跑步的时候从不说话，只是静静地跑着，好像生怕破坏了大自然的静谧；我也从不会说什么，只是默默地跟着，就像担心迷失了方向的探索者。跑到那棵大槐树下，我们会默契地拐回去。我们的心跳和呼吸，在太阳出来前归为平静。跑累了，他也会说：用鼻子深呼吸，腿抬高。但是我从来都不会让自己掉队，因为在李老师面前，我们都要证明自己。

　　跑步的习惯一直坚持到高中毕业，每天5 000米，风雨无阻。每当跑不动的时候，我都提醒自己：深呼吸，腿抬高。在高中的运动会中，我也取得了5 000米第六，1 500米第四的成绩。我们把足球带到学校，他也会来和我们一起踢。

　　我那个时候住校，要吃一个星期的咸菜，有时候实在想改善一下生活，就会硬着头皮去向他借一两块钱。后来，他为了激励我们，宣布在期中考试的时候用班费奖励总分和单科前三名，第一名奖励三块钱，我记得那次我得到了十几块钱，这让我奢侈了好几个星期。

　　爱之深，望之切，我颇有体会。我是个容易骄傲的人，就是那种"给点阳光就灿烂，给根火柴也火旺"类型。得到他的宠爱，我也有点恃宠而骄、得意忘形了。自习的时候，我也喜欢找人聊天，令我纳闷的是，我每次找人交头接耳的时候，他就出现了，然后他会给我一个愤怒的眼神。一个下午，我们在自习，我又找人聊天，兴许那日他心情不好，兴许是怨我不争气，他冲进来，二话不说，把我拎到讲台上，当着全班同学的面，扇了我两记耳光。我一下蒙了，自尊心让我低下了头。眼泪在眼眶里打了几个转，同样也被我的自尊心打压下去，我抬起头，平视前方，我不怨他，虽然我不知道哪来的勇气，那个时候我竟然麻木地把这当成一种优待——他在教我们的两年中，就打过一次人。但是后来我想明白了：他不爱你，就不会真正恨你；你在接受他的爱的时候，也就给予了他惩罚你的权利。

　　有一天，他居然走了几里山路，到我家去家访。在那个没有手机没有电话的地方，他是如何找到我所在的村子的？因为我见到他的时候，他就坐在村头的大枫树下的石头上，肯定坐了很久了，等待着我能出现在那里。那天吃午饭时，我就坐在餐桌旁边，没敢动筷子，低着头，听他给我父母说我骄傲的事。

　　快到初三的时候，他要调回原籍了，据说是校长的意思——妈妈安慰我说你们喜欢他就足够了。我们哭着去找校长，但是我们不懂行政，我们只懂感情。在我们的哭泣中，他还是走了，我给他写了一封信，不久他给我回信了，出现了那句一直印在我心里的话："成功的人不会一知半解，成功的人永不知足。"还在信中顺带了一封给全班的信，我在班上含泪朗读，连最调皮的那几个男生都落泪了。那封信我一直珍藏到现在。

上高中后，我去看过他两次，一次是在他原籍的乡镇中学，他做了一顿饭招待了我，还送给我一本书，是余秋雨的《霜冷长河》，这是我认真读完的第二本书，第一本是他要我读的《三国演义》。我第二次见到他是他调到县城二中的时候，那次他很忙，就坐着聊了一聊，感觉他明显消瘦不少，可能是生活所累吧！这是到今日为止我们最后一次见面。

我考上大学后，发了请柬请他来喝我的升学酒，他没有出现，我很伤心！上大学后，我给他打过几次电话，他总是在喝酒，或者在打牌，也就聊不上几句！后来几次更换手机，也就丢失了他的号码！

近几年，我也找人打听过他，可是没有消息。如今，我已走上了教学之路，每当看着孩子们运动，看着孩子们的作文，看着孩子们朗读，我都会怀念过去；每当我因为取得了一点儿成绩沾沾自喜的时候，我似乎瞥见他在冲我微笑，于是我想起我的爱，想起他的爱，于是忘掉一切，重新踏上征程。

我总想起他常读起的那句诗：年年岁岁花相似，岁岁年年人不同。

3. 大学：几部电影让我当老师

高考结束后填志愿，一直迷茫到上交前一个小时，才选择了一所老牌师范院校填写了中文系。大学除了谈了一场恋爱，剩下的就是看了几部电影。

2003年，看了《死亡诗社》，诗意和激情让我燃烧。基汀教授、基汀老师、基汀队长，他的教育宛若春风化雨，润物无声地留在每个人心里：基汀带学生们在校史楼内聆听死亡的声音，反思人生的意义；让男生们在绿茵场上宣读自己的理想，鼓励学生站在课桌上，用新的视角俯瞰世界。老师自由发散式的哲学思维让学生内心产生强烈的共鸣，他们渐渐学会自己思考与求索，勇敢地探求人生的道路，甚至违反门禁，成立死亡诗社，在山洞里击节而歌！

2004年，看了《放牛班的春天》。音乐家克莱门特到一所男子寄宿学校当助理教师。学校里的学生大部分都是难缠的问题儿童，体罚在这里司空见惯，学校的校长只顾自己的前途，实行"高压"政策。可以说，这里就是一潭死水，毫无生机。性格沉静的克莱门特尝试用自己的方法改善这种状况，他重新创作音乐作品，组织合唱团，决定用音乐来打开学生们封闭的心灵。他把最无私的爱奉献给孩子们，对所有的人一视同仁，包括屡教不改的西蒙，虽然最后被开除，但他在这群孩子心里撒下了爱的种子。

2005年，看了《卡特教练》，他率领的里士满高中球队创下了骄人的比赛成绩，但是他作出了一个决定：暂时关闭训练馆，所有队员到图书馆复习功课，直到学分达标方可恢复训练。在卡特看来，赢得比赛固然重要，但保证队员的文化课成绩，为他们确定一个选择更为充分的未来同样重要。他说："我是来训练球员的，最后你们却成了学生；我要你们成为学生，你们却成了男子汉。"

2006年，看了《热血教师》。Ron Clark在纽约哈莱姆学校教学，他的55条班规取得巨大成功，28岁便成为全美优秀教师。班规的第一条就是"我们是一家人"。克拉克老师抓常规，严格但不严厉，更多的是爱心和耐心。"我们是一家人"也成了我长期援引的班级管理规则。

2007年，看了《地球上的星星》，影片要诠释的正是每一个孩子都是特别的。每个孩子都有自己独一无二的天赋，都是一个别人无法取代的角色。从影片中就可以看出每个孩子都有闪光点，待我们发现。也可以说，每个孩子都是独一无二的，孩子每天也都是不一样的。所以，我们不能用同一种方法教育孩子，也不能用昨天的方法和眼光来教育和看待今天的孩子。

这些电影，每一部我都看了好多次，每次都能看的热泪盈眶。然后，我就毕业了，当了老师。

4. 初为人师：大小孩，小大人

我的电话响起，是一个陌生的号码。"胡老师吗？我是郭×勇啊！"我有些疑惑，脑筋快速转动，搜寻记忆深处的名录。

"您以前的学生啊！您大概都不记得了吧？六（1）班，想起来了吗？"

"哦，是你小子啊！"这才恍然大悟。那是我刚毕业那年带的第一届学生，当时我兼任着六年级一个班和初一一个班的语文教学工作，还是六年级的班主任。第二学期我调到初中部任初三的班主任，但是还继续着六年级的语文教学工作。

"老师，您记起来了吗？其实你不记得也没有关系啊！您教过的学生那么多，我记得您就好了！"好一句感动的话为师解围。

当年我到那个地方，教育实在不受重视。我任教的那所学校，是刚开办的。从建校、招生、开班，都是我们这一批人做起来的。当时壮志满怀，激情燃烧，年轻潇洒，所以也就很能赢得那些青少年的亲近，虽然很严格，但是人家也许只是把你当成一个爱耍脾气的大哥看待。班级一直管理得井井有条，以至于第二个学期我调到初三当班主任，班上学生兴风作浪把新来的女老师气得没辙时，有学生还会跑来找我帮忙。

他说他们有一个同学聚会，希望我参加。

我记得，每到周末，那些男孩会来找我打球，女孩会趁我打球的时候，偷偷到宿舍把我的衣服洗好，东西收好；然后拉着我去逛超市，买吃的喝的；有时还会一起照几张大头贴。记得第一学期过半的时候，有个孩子要转回老家学校，就这么一群孩子张罗着给她举办了欢送仪式。

那些，都是愉快的！超越了教育本身的教学或者成绩，这样的事怎能忘记？

后来，我打电话去询问他们聚会的情况，陈玉香说："老师，我们K歌到最后唱的是《朋友》，还是您教我们的呢！"我想起，在那里，我教语文、教历史，还教过音乐，

最重要的是，有过一群好孩子！

5. 这些年，我在温暖的学校

那年，我刚来这里。

年级主任杜双全利用午休时间，帮我梳理班级管理流程，帮我录入学籍信息；我上亮相课，备课组的老师全体出动帮我出主意，修改课件；上完课，老校长、校长、教务主任、年级主任、教研组长挨个给我评课，鼓励我；我生活中遇到烦恼，校长妈妈出面安抚我的爱人……

后来，我留级了，生日的时候，不同年级的两个班的孩子挤在一起给我唱《生日歌》；后来，我爱人怀孕了，有经验的家长给我出主意，我忙的时候还主动提出把爱人接过去照顾；出差的时候，孩子们给我打电话说"我想你了"……

新年，我在紧张的复习期间举办"给你一个舞台"的晚会；春晨，我带着孩子们到户外早读；上课，讲的是朱自清的《春》；木棉花开了，我停下正讲着的文言文，"我们一起来说木棉吧"；中秋节，我偷偷带着他们赏月；他们偷偷养着校园里被母猫遗弃的小猫，我于是抱回去帮他们养着"班猫"，还有永恒的纪念……

在这里，领导是服务的、奉献的，如果你想当官，你要有足够的耐心，不

能有官威；在这里，我觉得我没有对手，因为同事之间从来都不是竞争关系；在这里，班主任是老师，科任老师也是班主任，大家都是陪伴者；在这里，生活老师会帮孩子洗衣服、缝衣服，他们在孩子睡着之后才会睡着；在这里，体育老师是实实在在的帮孩子"锻炼身体"，不是放牛放羊……

在这里，我在课堂上"无二不作"，我和孩子们一起哭过；在这里，他们叫我"老大"，还有的，叫我"胡爸爸"——

在这里，我从一个年轻的班主任变成了一个老班主任，从一个年轻的语文老师变成了教育思考者和写作者。

我是一个"不务正业"的教书匠，但是，我会是一个本本分分的育人师。因为，每天，总有很多人，在看着我。

今天，你交给我许多个孩子

几乎每个有孩子的家庭，都在今天，努力着把孩子交了出来。

昨日，15点20分，爱人在外购置物品，辗转好几处才买齐——为了家里那个既叫宝贝又被唤作"恐怖分子"的6岁男孩即将踏上的16年求学长征。

与此同时，我在学校布置、打扫教室，来回穿梭好久才整理清楚——为了迎接那些既是家里的宝贝又是学校的学生的12岁孩子即将开启的3年初中求学生涯。

一切都是未知，那么神奇又那么让人焦虑。

雨季似乎要结束了，我们看到了久违的太阳。17点20分，我对男孩说："开学前，爸爸再带你踢一场球吧！开学后爸爸忙起来，就不知道何时才能再陪你踢球了。"小家伙睁着大眼睛，傻傻地说："我从幼儿园毕业了，哥哥姐姐们也毕业了；我要上小学了，爸爸又要有新的哥哥姐姐了。"

是的，我是一位家长，我又是一位人民教师。

20点20分，爱人就开始给她的宝贝儿子和坏蛋男孩洗澡，因为明天就开始上小学了。刚刚还在为那个捣蛋鬼生气的她，此时那么温柔地爱抚着他。

妈妈：宝贝，明天上小学了，爱学习爱劳动，少游戏少乱动。

孩子：好吧！但是我喜欢幼儿园。

孩子：妈妈，我不想上学。

妈妈：去吧，孩子，你已经长大了！

孩子：妈妈，我不想上学，我还小。

妈妈：去吧！孩子，你会是一个勇敢的小朋友，去结识你的新朋友吧！

与此同时，我慢条斯理又毫无头绪地帮着宝贝男孩和调皮的儿子收拾着。刚刚在教室忙得有条不紊，现在在家里却紧张兮兮、丢三落四。

21点20分，我的男孩躺倒在床。

孩子：爸爸，给我讲故事吧！

爸爸：好吧！你要做个有故事的人。

孩子：爸爸，为什么都要上学呢？

爸爸：孩子，去争取属于你的那份荣耀！

孩子：爸爸，什么是荣耀？

爸爸：孩子，勇敢追求创造自己的故事，就是荣耀！

22点20分，男孩已入睡，我和妻子看着电视，除了心跳，都无话。

23点20分，我辗转难眠，爬起来，妻子看看我，我看看妻子。

24点20分，男孩上了厕所，又要跑到我们床上来，被妈妈抱走。

……

2018年9月1日，清晨6点20分。我爬起来，我的小男孩还在睡梦中，从今天起，他就要上小学了，走上一条不可回头的求学路。我抱起了他，他睁开眼，没有像往常那样赖着不起床。昨晚跟他约定好，我去送他，千叮咛万嘱咐要跟我一个时间起来。

因为，今天，我也要迎来一批孩子。

我带着他到学校食堂吃早餐，上台阶的时候，我说："还记得自我介绍吗？要不我们来练一练吧！"于是，我就站在台阶下，他站在上面："我要做一个有故事的人，做一个勇敢追求故事的人。"

他的妈妈把她心爱的男孩交给我，而我，一个普通的老师，也只能将他交给他的老师和中国的教育。

6年前，一个伟大的女性在经历一场磨难之后，给这个世界带来一个生命，也给了一个青年做父亲的机会；3年前，他含着泪极不情愿地松开我的手走进幼儿园；一年前，他红着眼在学校门口跟我说"爸爸要好好教哥哥姐姐写字"；就在昨天，我逼着骂着他写下"我是中国人"这几个字就花去了我半个小时的时间；就像在这之前的两个月，他被我禁锢在书桌前写着汉字、算着算术时而欢喜时而痛苦的样子。他曾扔掉我刚削好的铅笔，"家怎么变成了学校，爸爸怎么变成了老师？"

这个世界交给老师一个属于自己的孩子，我将如何去塑造他的生命，在自己的孩子和别人的孩子之间、在生活和教育之间、在平凡和高尚之间交汇切换。

7点40分，我的小男孩被同事家的哥哥带进班级。我只能隔着围栏，瞥见教室的一角，看到老师在语重心长地说着什么，然后双手指引着他走进教室。老师啊！你会发现他有双东张西望又好奇的双眼，你会这样牵引着他朝着一个个该去的方向，会拉一拉他刚换上的洁白的衬衫……

每个父母都有期望，我却愿意相信老师能交还给我一个我所不知道的小男孩。因为，我自己就是老师，我知道父母的那些期望，老师往往很难做到、做全，我只能期望教育给我一些惊喜。

离开了我的小男孩，我把孩子交给了学校。

我开始忐忑起来，期待又紧张。今天，9月1日，你们早早就准备好了一切与学习和生活有关的物品，准备好了千万个爱的叮咛和嘱咐，同时也准备了对我的和教育的很多期待和建议，准备好了你能想到的、能拿出的最好的东西。

你们将交给我一个孩子，转眼我又将有很多的孩子。

你们把孩子送进教室，转身离开。有的焦虑不安，迟迟不肯离去；有的站在隐蔽的角落驻足观望，装出一副胸有成竹的样子离去；有的长舒一口气掏出手机即刻开启工作模式……每一年的这一天，我都喜欢站在校园的高处看着这一幕幕上演，十年来从不间断。

这个世界交给老师属于他自己的孩子，同时还交给他许多别人的孩子。

今天，你交给我一个孩子，明天我将还你一个什么样的少年？就如同我也期待我的孩子的老师和我身处的教育一样！

首先，我要感谢你把孩子交给我和我所热爱的教育事业。教育是一场相遇，学校是一种缘分。从今天开始，我将是你的孩子在人生的这一段关键路上的陪伴者。你们的种子将在这片土壤生长，我作为经营这片土地的农夫，会蹲守在这里热烈而虔诚的祈祷着，就算环境被污染，就算风不调雨不顺，就算土壤并不肥沃。因为每一颗种子都会长成一棵树，开出哪怕一朵花。

然后，我要感谢你期待我和我所相信着的教育。你们以自己的孩子作为赌注来信任我。虽然我并不能做任何承诺，对不起，是不是因此有人就逃离了。你们交给我一个孩子，但是我却把孩子变成了学生；你们交给我一个学生，我无法保证TA的学习名列前茅，但是我却发现TA在别的方面表现出乎意料；你们交给我一个男生，我却把爱打篮球的男生变成了男子汉；你们交给我一个琴棋书画都会的女生，我却把她变成了优雅的女士；你们交给我一个属于你们的儿子或女儿，我却把TA变成了TA自己。

我还要感谢你把孩子交给我，而不是送给我。你们把孩子暂时交给我让TA去遇见、去体验，你们期待老师和教育却不会对其指手画脚，你们把孩子交给老师和教育的同时自己也做着"孩子的启蒙老师""家庭教育"，做着"孩子一辈子的班主任"。我怕你们说"孩子就交给你了，我无能为力"，孩子最终是你的，你怎么会把孩子的希望寄托在一个之前素不相识的人身上？哪怕这个人是老师。

你交给我的，仅仅是一个孩子。哪怕TA是你的一切，是你最好的，但是你也要承认TA是不完美的，TA是不成熟的，TA是会犯错的，TA是无法掌控的，TA是每天都不一样、不可捉摸的……所以，你要容许我帮助TA、批评TA、惩戒TA、塑造TA……

最后，我想告诉你，我也是孩子的父母。你把孩子交给我，其实只是交给了我的孩子的爸爸。只不过，这个"孩子他爸""孩子他妈"的工作是"老师"。我只能这么告诉你：我怎么对我的孩子，就会怎么对你们的孩子！

世界啊！今天早晨，一个母亲，把孩子交给了他当老师的丈夫，丈夫把孩子交给了另外一个老师；今天早晨，很多父母，向我交出他可爱的小男孩、小女孩，而我却只能承诺竭尽全力在有限的时间内，用我拙劣的育儿技巧加上一点儿专业知识去教育你们的孩子！

爱他，就会怕你

（一）

从幼儿园到家里，慢悠悠走也就十分钟。但是儿子贪玩，一路上兴奋地问我有没有好好上班、自豪地索要表扬、好奇地问询恐龙的故事，一片树叶也能"格物致知"半天，总能感觉到这段路程应该是孩子一天中最快乐的时光。爱人早就叮嘱放学要早些回来，饭菜已经上桌。

终于挨到小区楼下，上台阶的时候，他又忙着玩他的"恐龙"被台阶绊倒了，他哭了，等着他爬起来，我走过去看了看，没有磕到牙齿，只是嘴唇破了一点点，就招呼他回家。他慢吞吞地走着，低头不语。我或许知道他在想什么，就说："快点儿，妈妈等了很久了，饭菜都凉了。"儿子停下来，招招手："爸爸，过来，把耳朵伸下来。"滑稽又略显成熟的动作让我忍俊不禁，我忍住不耐烦的性子，凑过去："爸爸，不要告诉妈妈我们玩了很久，也不要告诉妈妈我摔跤了，她会生气的。"那种严肃的样子，更让我忍俊不禁，我说："既然你怕妈妈生气，就要快一点儿，回去好好说清楚。"他说："我只是不想让妈妈不开心，我们玩一会儿，妈妈就可以多睡一会儿。"

原来他不是怕妈妈，而是爱妈妈。

（二）

六一儿童节快到了，儿子的幼儿园组织了排练。老师多次反映：儿子一次排练都不愿意参加，经常溜号。我们想了各种办法，谈话鼓励、物质奖励承诺，都没有改善。爱人想过为了大局而放弃参加，我认为这是一种体验，集体参与感，不能轻易放弃。就像儿子在《彼得兔》中学到的一句话"好兔子决不放弃"，后来，我帮他改成了"好孩子决不放弃"，他又帮我改成了"好爸爸也决不放弃"。

爱人出主意：要不下次排练的时候，我们去看看，也许儿子看到我们去看，重视了，就会参与了。我觉得可行。爱人说："那就你去吧，他喜欢你！"我顿时觉得上套了。

得到老师的允许，我过去了。果然，儿子坐在一旁的桌子上，玩着橡皮泥，新换的校服也沾满了颜料。他看见我的时候，没有显出预料中的兴奋，只是羞涩和不解，眼神中透露着"紧张"。我蹲下扶着他的肩膀说："儿子，老师说你跳舞很棒，我特意来看看是不是真的。"儿子回答："那你要答应下午给我画玛君龙和迅猛龙！"我说："好，我给你画它们一起跳舞的样子！"

他拿起道具回到了队伍中，从此再也没有主动看过我一眼。舞蹈动作他都会，只是比别人慢一拍。在不多的目光交汇中，我不断竖起大拇指。我也趴在地上，跟他们跳起来。

排练完，很多小朋友围过来跟我热情地打招呼，有的女孩子给我出主意，有的表扬儿子跳得好，陆思涵和郭思彤跟我说："你要给他做好多恐龙和鲨鱼，他就会听话跳得更好了。"儿子羞涩地扑到我怀里。一会儿之后，见那么多孩子围着我，儿子赶忙跳下来，推着我说："爸爸，你回去好好上班，教哥哥姐姐好好写字。"然后一个劲儿地往外推我。

孩子怕我，我觉得他感觉到了我对他的爱和期盼，他赶我走，是因为自己跳的并不好，至少并不比别人跳得好，他不想让我看到"他不好"。

（三）

物理老师跟我说："我发现你们班的孩子好怕你，你只要站在门口，教室里顿时就鸦雀无声，孩子们也会乖乖坐好。"我无奈地一笑，这其实并不是我要的结果。记得多年前美术老师跟我讲过一个细节：有一天晚自习课间，我值日经过你们班，男孩子们不知道在玩什么游戏，突然有人说"城管来了"，我扭头一看，你远远地走了过来。

再后来，我有了"老大"这个称呼！

那天，他们午唱，我在外面接电话。突然听到里面大吼一声："把导学卷放下。"震耳欲聋，恰巧校长经过，英语老师和数学老师赶紧围过来，他们都认为应该是我的声音。原来孩子们按照老师的要求在整理导学卷，而忽略了唱歌，负责的同学一怒之下，一声吼。我有些尴尬，孩子却不以为意，他说："老师，校长在那，他们不好好表现，领导会怎么看你，你来生气还不如我来。"一声在我们看来有点狐假虎威的吼声，原来也是因为"在乎"我和班级。

有一次，我试着问他们："你们平时什么都说，也有人怼我，为什么有人说你们怕我。"

"老师，你有什么可怕的，人也不帅，又那么像大叔，就是声音大一点儿。那不叫怕，那是给你面子，您也可以认为是尊敬你！"

（四）

我师父跟我讲过一个故事：有个年轻的老师来请教，说班级有个孩子这问题那问题，这不好那不好，说他还不听，怎么办？师父告诉他："喜欢他！"年轻老师一脸茫然。师父说："你喜欢他，他就怕你！"年轻人又一脸愕然，师父接着说："怕你不再喜欢他！"

有个故事我讲了很多遍，可我还想再讲一遍：我记得，有一天，他犯了错误，我严厉地盯着他，刚刚还说个不停地他站在幼儿园门口生气不肯上学，我蹲在幼儿园门口，张开双臂："来，抱一下我吧！"他愣了一下，将信将疑地挪过来，瞬间抱着我，大笑着，然后轻声耳语："爸爸，我爱你！"

努力去喜欢一个人，他会害怕，特别是需要爱的孩子，他们一旦感受到你喜欢他们，就害怕你不再喜欢他们。

（五）

考试成绩出来，两个女生急切想知道自己的成绩，跑我这里来打听。一个女生考得出奇地好，一个考得出奇地差。考得好的欣喜若狂，对我说："老师，我很棒吧！看我把语文学得这么好！"我说："是呀，我好喜欢你，我猜你也喜欢我，喜欢语文！"她自豪地说："那是！"

考得差的女生有点嫉妒地说："老师，你不喜欢我了吗？"我故意说："你喜欢我吗？"她说："我当然喜欢！"我接着问："你还希望老师继续喜欢你吗？我怎么发现是你不喜欢我了呢？"她说："我下次一定不会失误了。"

晚自习下课，几个学生跑到我的面前，男男女女叽叽喳喳地聊着一些"无聊的话题"，我插嘴道："我们聊点学习的事吧！"他们突然跑开了，我说：

"跑啥，这么快。下次考体育我就在你们后面聊学习的事吧！"其中一个学生说："老师，不用了，我们懂！"另一个孩子说："老大，我们爱你！"

有的时候，我们举着爱的旗帜，高高飘扬，得意扬扬地高声呼喊"我爱你"，到头来，对方还说"我赖你"。这是可怕的，我们摇旗呐喊，不是为了打旗号，旗号才是可怕的。

爱是生命特有的情感，生命应该得到尊重，没有尊重和爱的生命是虚假的，至少是不完整的、有缺憾的爱。叶问说："那不是怕，而是尊重！"其实，世界上没有许多真正值得怕的，或者没有真正的怕，只有尊敬和爱。去爱和尊敬，才会得到敬畏，才会拥有真正的爱，甚至明白你恨什么。

教训，教导，教育

郑渊洁说：打骂孩子的爸爸妈妈，是懦夫，不管孩子是什么，都要爱孩子。孩子是你生的，如果你不满意，就打自己吧！

晚饭后，爱人对儿子说："我们骑车去冒险吧！"儿子欢快地回答："好呀，冒险！"我一脸无解，什么时候他们娘俩又生出一个新游戏？我们整装出发，原来骑着自行车轧马路就是"冒险"，可以想象，这几日爱人是载着儿子"冒险"来着。我和爱人一人要了一辆车，儿子看上了爱人的车，颜色鲜艳，但是却不肯坐，非要和我一起，任凭我们怎么劝导都没用。任性的爱人带着些孩子气，一时觉得失落，"昨天带你'冒险'，今天就不要我了，那我走了，哪都不去了！"于是扭头就走。

"冒险"之旅不欢而散！儿子没有缓过神来，也失落地哭着："妈妈不管我了！"只好回去，没有电视，没有零食，只有写字的任务等着他。

写完字，我和爱人保持一致：不准他玩，除非跟妈妈道歉。家里沉默了好久。我提醒儿子"妈妈不开心了"，百无聊赖的儿子终于拗不过，对爱人说："对不起，妈妈，我以后不会惹你不开心了。"说完还在爱人脸上亲了一口。

伟大的母爱有时候是自私的：我全身心爱你，你却总在不经意之间"嫌弃我"。爱他是坚持，等待爱的成长是执拗。等待并非执拗，而是想看看我有多爱你。

第二日，我送儿子去上学，爱人给了儿子一个奶酪片，并站在门口看着儿子，儿子径直走向电梯。我提醒儿子注意门口，他转过身来，"妈妈还站在门口耶！"说完要走，我继续提醒他，他转过身说："妈妈再见。"爱人貌似还处在昨日的失落中，微微一笑，并没有作答。

一路上，他不断说着："奶酪真好吃。"我不断说着："那是妈妈买的。"

　　一夜大风把树叶吹得满地都是。儿子一边按照我的要求背着《春晓》，一边捡起一片树叶。我觉得太脏要他丢掉，他却没有搭理我。到了幼儿园门口，我叫他把奶酪盒子和树叶丢掉，他先把奶酪盒子丢到垃圾桶，然后把树叶递给我："爸爸，你帮我拿着，下午来接我的时候给我，我送给妈妈去。"

　　近日，我和爱人都在对孩子的"习惯"进行严格的教育，总觉得孩子什么都不懂，什么都不会做，被爱笼罩得无所事事。所以会出现"不欢而散"的局面，也是我们"狠心"的结果。与此同时，最近的几件事倒是让我们找到些许"安慰"。

　　爱人去参加家长会，儿子只得待在我的办公室自己玩；然后在食堂是自己吃完了饭，这是"爸爸妈妈最开心的事"；爱人开完会回来接他的时候，在楼梯口，儿子把书包一扔，紧紧抱着她；我下班回到家，他会帮我拿拖鞋，甚至还会帮我脱掉皮鞋整齐摆好。

　　成长是点滴的积累，不是大河向东流，浩浩荡荡，容易拥挤、容易翻船。孩子生命的水珠慢慢要并入长河，最终要汇入大海，但是请记住，你一开始，只给了他一滴水。

　　同事问我："你家谁对孩子唱黑脸，谁唱白脸？"我没有正面回答，我说："这个不好说，但是有一点我是坚持的，那就是一方在教育孩子的时候，另一方需要当面暂时保持一致。多数时候，在对于孩子生活习惯上的管教，是我媳妇在唱黑脸。"同事说："这点我倒是没有在意，有时候我家那位在管教的时候，我会护着，看来要改。慈母多败儿，我看你对孩子倒是很有耐性，严父出孝子呀！"

　　慈母多败儿，严父出孝子。这句话在接下来的办公室谈话中，又一次被提到了。看来古训真的神准了！

　　爱人接着倾诉她的委屈："你儿子很久没有说不要我了，但是为了配合老师，我终于同意她用我来'恐吓'他！结果才一个星期，他就变成这样！我很伤心！"在家里她一直充当"狠角色"，因为现在孩子处在生活习惯和能力的塑造时期，她在"教训"，我在教导。

　　我还得"教导"她："曾经有一次，我逼着他道歉，结果都不欢而散。后来想想：为什么要强逼孩子道歉？我们的表现会告诉他'我错了'，特别是你儿子这种腼腆敏感的男生，他情商不低，一定看到了。"我把儿子"拾树叶送妈妈"的故事讲给她听，并说：孩子在爱的人面前不善言辞，但是会行动。

对爱你的人敢于行动，就是一种生命技能。我的岳母高兴地说："孩子常常能带给我们灵魂深处的感动。"我感慨：是我们不知足，有时候也是我们太着急，其实孩子潜力无限，但是能做的有限，会做的没那么及时。

最近请了一些家庭来开小型"家长会"。在问及孩子"你有什么优势"的时候，不少孩子半晌答不上来或者勉强说出一两点；在问及"你觉得你还有什么弱势"的时候，他们总能"毫不犹豫""对答如流"。我们班级中不是没有这样的孩子，课堂上他很难回答出一句完整的话，在你的"期待"和"逼问"下，他可能会说"我不知道"；或者怯生生看着你不敢出声。

我们是不是经常同时给孩子提几个要求？同时给几个指令要求他做几件事？我们是不是在表扬他的时候，同时在末尾加上一句该死的"但是""如果"，或者"建议"几句？

有的家长向我咨询孩子的教育问题，一股脑儿把孩子的不足倾诉完了之后，说："为什么会这样呢？老师，你帮我分析分析。"我一般都说："您还是去问别的专家吧！"哪有那么多为什么？等你想明白了，估计孩子已经"掉下悬崖了"。为什么不去"行动"？对于孩子，有时候只要明白我该做什么，他能做什么，我能帮他做什么，那"为什么会这样"就自然明了了。

即使我们一年只做一件事，也都够孩子用了。

有一天，师父问我："什么是教训？什么是教导？什么是教育？"我一头雾水。我从来没有想过这个问题。我拿这个问题问过很多人，他们也讲不出个所以然来。

师父说："你给学生布置作业、给他们机会登上舞台、让他们参与活动就是教训；你说他们听就是教导；你问他们答就是教育。"这句话让我醍醐灌顶，豁然开朗。

孩子在活动中、在游戏中、在故事和事故中会得到教训，你得让他跑、让他闹、让他摔、让他任性、让他去经历，便不教自明。回头想想，我们发布过多少不必要的"禁令"，扼杀了多少"生命在场"的机会。

要教导孩子，说你想说的，做你能做的，让他听、让他看，教导并不需要

"立刻回答""马上回应""赶紧保证"；教育，其实就是一个逻辑问题。你要会问，他要愿意回答，你还要帮助他思考，解决他的疑惑，至少，你得让他明白：我不能承诺什么，但是我一定会竭尽全力。

生命教育，也许就是：我们陪着他，我们一起长大；他陪着我们，我们一起返老还童。

假如没有了考试，老师该怎么教

（一）

听说弹钢琴好，能训练思维，能训练手指的灵活，能让孩子静下心来，能面对枯燥、乏味、漫长的学习过程。我和妻子也想让孩子去学钢琴。我咨询了一些琴行，他们都说要先看看，学习乐理知识，因为那是必考项目。我想，这么小的孩子，连字都不认识几个，有些话都还理解不了，学校那么简单的考试都还要老师念题目，甚至还有跟不上节奏的，这能行吗？

我又咨询了一个朋友，他的爱人就是钢琴老师，他说："乐理必须过！"我说："就是学习弹琴就好了，我们不考级！"他说："不考级啊！没有教过这样的。"

我们带着孩子去琴行试过一节课，孩子只是觉得好玩，叫他弹会弹，但是对于老师讲的那些根本不明白。最后，老师毫不客气地说："理解能力不够，还是别学了！"我们被泼了一盆冷水。

我带孩子到学校琴房找音乐老师玩过一节课，就是教他弹，孩子半个小时就学会了弹奏《小星星》。老师先是谈了几首曲子，孩子觉得厉害，有意思。然后老师手把手教了几遍，最后把我教会了，我又盯着儿子"按"了几遍，他就学会了。

我惊呼：不考级，就不会教弹琴了吗？

我感到惊悚：假如没有考试，我们老师是不是就不会教书了？

（二）

记得我刚走上讲台的时候，我真的根本不会教，也不知道教什么。准备了厚厚一叠资料，教材、备课本、参考书、作业记录本……备课本上甚至密密麻麻写满了话，包括每个教学步骤怎么过渡、过渡的时候讲什么话，预设学生回答后该怎样评价……当我走上讲台，先花几分钟时间把那些教学必备品按照顺序平铺在讲台上，把课件打开，在黑板上写下能提前写下的一些教学信息，把一些长度刚好的粉笔都摆在能随手拿到的地方，然后才磨一磨手掌，整理着装，环视一周，调整心情，在心里默念着开场的那个故事，准备开场。这一切就像一场庄严而神圣的仪式。

老教师呢？拿着一本教材，有时候是把教材夹在腋下（更有甚者干脆什么都不带），闲庭信步地就走进教室，然后把书本往讲台上一放，手捏一根粉笔，转身在黑板上飘逸地写下几个大字，然后驾轻就熟、滔滔不绝。

那个时候，我脑子里没有考纲、没有题型，更没有答题方法。我能讲什么？我能怎么讲？我依靠什么站在这圣坛上面对这些"嗷嗷待哺""眼睛有光"的孩子？

1. 我只能释放我的激情，来感染这些孩子，让他们"心甘情愿"跟着我走。记得我居然厚着脸皮带着并不优美的嗓音，舍弃音频范读，把整篇《春》《荷塘月色》配着音乐读了出来。我记得孩子们激动地给我鼓掌。我尽量保持抑扬顿挫的语调，时而激昂、时而低沉，时而疾驰、时而悠扬，时而兴高采烈笑起来、时而悲天悯人带着哭腔，时而卖萌式发音、时而播音式腔调、时而机关枪式声音……大部分孩子能"目不转睛"，小部分孩子也得强忍着困意。孩子们给我的课堂起了个雅号：呐喊教学、课堂在咆哮、完美音爆。我想，也许我讲的内容无法对他们提升成绩有极大帮助，但是至少可以让他们感受到我对文学和课堂的"热爱"。

2. 我只能尽量释放我的幽默"细菌"，吸引这些孩子，让他们不觉得枯燥无味。我经常提醒他们上课前"别把黑板擦得那么白"，上课时"睁大你的人眼""看着老师帅气的脸庞""昂起你高贵的头颅""举起你可爱的小手""写下你灵光一现的幼稚的思想"。学生答不上来，我会生气地说"我快要被你们气成'猪爸爸'老师了""我成功地把你们教成了'佩奇''乔治'了"；有孩子调皮了，我会说"人可以有精神，但是不能有神经"；孩子说"老师，我不会"的时候，我会告诉他"你只准说'我猜''我觉得'"，或者说"不要自卑，你只有两件事不会，'这也不会，那也不会'，加油！"……我极力地丰富着我的面部表情、肢体动作。我想，如果他们有时候不能从我这里获得什么知识，至少还有笑容。

3.我只能想尽办法创新我的课堂形式，把孩子拉到我的课堂里来。我尝试过"访谈式教学"，课堂是节目现场，我是主持人，所有孩子都是"重量级嘉宾"；我尝试过"电影课堂"，电影的经典桥段和经典台词，是课堂主要再现形式；我尝试过"唱诗课"，所有的古书都配上孩子熟悉的、意境相近的曲调唱出来；我的"作文聊天室"，很多素材都来自我自己、来自孩子、来自家长；有时候，觉得烦闷了，我甚至把孩子们拉到户外早读、上课、晒太阳、赏月……我会停下教学进度，跟孩子聊"亲情""友情"，甚至"爱情"，我想告诉孩子们一个道理之前，会讲一个自己的故事。我的母亲、我的爱人、我的儿子，已经成为我课堂的"教育典型"。

4.我学了后再教，教了后再学；我不怕慢，只怕懒。很多时候，我在考完试评讲试卷的时候才知道，原来，还有很多"技巧"要教。于是，我去学习，别人一两节课能讲完的，我就花一个星期讲透；别人讲的是方法，我是先做，再对答案，再从答案里总结出方法来；别人有的是写作套路，我只能自己写一篇，让孩子们去评价。

那些年，那段时间，和孩子们一起学习语文。走在前面的，我拉着他；走在后面的，我等着他；走在身边的，我陪着他。那个时候，很忙，很开心。我感觉自己真的在教"学"，我也开始美其名曰"鼓吹""陪伴教育"。

后来，考试越来越多。走在前面的，我加油呐喊；走在后面的，我催促拔拽；走在身边的，我推送快走。"方法""套路""排除""纠错""避错""得分"，我觉得我在精进、老练、经验的道路上越走高远。我终于学会了教"答"。

那么，没有了考试，我还会教书吗？不好意思，这个句子有点歧义。应该说，没有了考试，我还知道该怎样上课教书吗？

答案是肯定的。我相信，每个老师，在他最初走上讲台的时候，是他最会"教学"的时候。这个时候，学科和课堂就是海洋，学生就是一尾尾的小鱼，"海阔凭鱼跃"，说的大概就是这个意思。

（三）

没有了考试？但这又是不可能的，这个假设不可能存在。

考试制度是中国的原创，作为一大"发明"为世界的发展作出了贡献。周代的"选士制"是考试的起源，汉代的"察举制"为"科举制"奠定基础，魏晋南北朝的"九品中正制"开始有了等级评定考核制度，到了隋唐终于形成了"科举制度"……几千年的考试制度，根深蒂固。我只是想说，考试制度是会在我们有生之年存在的。我只是想说，在必须考试的领域，既要教会学，也要教会答；在可考可不考的领域，你要会教学，要允许可以不考。

为何考试制度依然被好事之人诟病？其实，就是因为它的存在太久远了。或者说，人们抨击的只是"应试教育"这顶帽子。但是，其实，应试教育本身就是个错误的说法，以讹传讹罢了。我曾说，应试其实不是教育，应试只是应对考试的策略和方法。只要有考试制度的存在，就会有应试。所谓"应试教育"，只是有些"学校"在手段上做得太极致。

如果取消考试，如何保证每年千万个高考、中考考生，有一个公平竞争的机会？谁能想出一个更好的办法？这些考生，放在西方国家，可能就是几个国家的人口总和！采取面试，采取多维度考核、全面实行自主招生制度是不现实的。还要照顾城乡差别、地区差别、民族差别，更是难上加难。

总之，几千年传下来的制度，时间已经证明它存在的必要性，取得的成果证明了它的成效性，只是有待完善，并且一直在完善。但是，没有任何东西是完美的。

区域要均衡发展，民族要均衡发展，诚信制度要建立完善，高校水平要提高，基础教育要兼顾素质发展……

所以，不管有没有考试，作为一个好老师，只能在"教学"和"教答"中，"以约束为前提的自由"中，保持一点点"和而与众不同"，教得真实，教出水平，学出成绩，考出质量，在"教""学""答""考"中，育出"和而与众不同"的花朵。

当我的孩子变成差生

（一）

也许是从我的公众号里得知了我的联系方式，我接到一个求助电话：我的孩子曾经那么优秀，我花了那么多精力（我暂且理解为经济实力）培养TA，TA却突然提出停课一周，不愿意上学了……我只顾听着，电话那头是个无助的母亲；她只顾说着，说着说着就哽咽了。

虽然在三尺讲台上我可以滔滔不绝、游刃有余，但我必须承认我是个善于倾听的人。但是，此时"但是"又来了，我诚惶诚恐。我只是个30出头的"资深的民办年轻教师"，听着一个事业有成的中年女性讲述着这么一段宏大的叙事，一段关于事业和家庭的奋斗史；我只是一个仅有着4年育儿经验的"自己都还没有长大的宝宝爸爸"，听着一个做了十几年母亲的人讲述着如此伟大的母爱，一部儿女培养成长史；我只是别人家的老师，面对一个别的班级孩子的家长，我在一无所知的情况下，如何去帮助一个别人家的孩子、别人家的母亲，这将是一个艰巨的育人工程。

她说的，无非是当年那么辛苦养大孩子，娇生惯养，牺牲自己，给了孩子最好的、最想要的；无非是现在孩子厌学；无非是孩子只愿意待在家里，只愿意和自己的漫画、自己的游戏、自己的偶像待在一起；无非是孩子各种威胁父母、逼迫父母就范；最要命的无非是自己的心思一下子就会被"聪明的孩子"看出来……

我的心里这么多无非，她的心里全是是非。

孩子没有勇气面对老师、面对同学、面对紧张规律的学校生活；在家自由自在，看书（玄幻、言情）、追星、漫画……孩子油盐不进。

"教教我该怎么做！"这第一次聊就是两个小时。我哪敢说"教"，只能说"交流"。我没敢教她怎么做，因为经验的东西都是成功者事后炫耀的资本，用于技术可以，用于"育人"那简直就是在害人。

我建议先不急着劝孩子上学，就让孩子一个人待着，青春期这段路，总得先让青春飞一会儿。日子的平凡会告诉孩子，学习生活还不是最枯燥无味的。

（二）

没有调查，就没有发言权。我只能讲道理：

1. 改变自己，才有改变孩子的可能。过去那个"妈妈"，孩子已经腻了，完全被"掌握"了，被"攻陷"了。不要管他的学习了，不要问他要吃啥了。把自己多年没有做的事情做了，没有买的东西买了，没有去的地方去了，让孩子看看不一样的"老娘""老子"，这些"小娘""小子"才会刮目相看，才会重新拥抱你。

2. 只管去做，试了才知道有没有用。不要总担心方法不好，方向不对。一位母亲能想到的念头、能作出的决定绝对都包含了伟大的母爱。不是方法不好，只是量变才能引起质变，有些孩子的触动点就是比较深远。坚持去做，改变会发生，才能发生。

3. 妈妈是最后的防线，绝对不能放弃。她经常说"我已经无能为力""我怀疑这是不是我的孩子""我已经想放弃""我让TA自生自灭好了"。我们听过太多母亲成就孩子的例子。对于孩子来说，正常的母亲都是有魔力的，如果连母亲都放弃了，就没有人能守护孩子了。

4. 要相信自己的孩子。不要沉浸在过去的付出和牺牲中，不要着眼于现在孩子的各种"白眼狼式"的现实中。变化即是成长，成长就必定要付出代价——对于孩子和监护人都是如此。永远相信：别人家的孩子只是过去式和现在时，好孩子永远有自己的明天。

5. 叛逆就是逃出父母的价值体系，重塑自己价值体系的过程，是孩子成为自己的开端。因此，对于所谓的叛逆，帮助是最好的办法，改变是最好的心态。不用自己的更年期去对抗孩子的青春期，不用自己的血泪史去控诉孩子的青春时，不用自己的付出量来催生孩子的青春志。让孩子离开童年，走进青春，才能拥有未来。

（三）

我不知有没有帮助到她，但是这一"教"就是两年，每次一聊就是将近一个小时，有时是电话，有时是语音，有时是文字。孩子在将近一年的时间里断断续续上学，与家长上演着"持久战"。这期间，孩子大闹过、绝过食、赖过床，父母哭穷、辞职、装病，各种家庭伦理大剧轮番上演。

每次聊完她总会说："孩子有病要治，虽然没有根治，但是我的心情却会好很多，又会重拾信心。"

她几乎每天一小汇报，每周一大汇报。她急于让孩子回到学校，而我却不着急。期间我们也见过几次面。那张脸简直可以用"愁云惨淡万里凝"来形容。我建议她把家里的网络断了，每天正常上下班，做饭、洗衣、照顾孩子、散步、聊天、逛街、娱乐、购物、打扮自己。

同时，我也建议她要用自己的内心拿主意。

有时候，她过意不去，会给我发来所谓的"咨询费"，我是断然不敢接。她却更加不安。她把我当成是"咨询师"或者"生活谋士"，她说我能帮她理清思路，能宽慰她焦急的内心，能激励她在帮助挽救孩子的路上继续前行。我何德何能？只能建议她给我的文章点点赞就好。我也有信心多写一些为凡夫俗子之流所费解的文字。

她说：学会接受别人的感恩，也是懂得感恩的一部分，莫让"无私"成为他人的负担。

（四）

从那时开始，她重新学习养孩子：看书，听讲座，请教专家、家长和别人家的孩子，从中选择最优的办法应对各种可能性。她说要开始在精神上陪伴孩子，物质上照顾自己。她说，从没有感觉到为自己生活是这么安静、完整。

有一天，她跟我说，孩子用手机给她写了文章，她发给我看，询问我的看法。接下来，她不经意间放在桌子上的励志类、情感类、文学类的书经常会"不翼而飞"。

我想，当自己的孩子是差生时，你除了接纳，还能有别的选择吗？除了"接纳——具体帮助——坚持——接受任何可能性"之外。因为我们的教育中就不能没有差生，因为他们是集体性格色彩中缤纷的一抹，因为他们身上有远远超过优生的一些品质：坚忍，接受，无限可能。

但是她的孩子反反复复，依然自我、故我，做好的早饭有时候会不闻不问，甚至自己去吃麦当劳，但是她会把早饭当午饭吃掉，然后依然做午饭。渐渐地她的孩子能好好坐下来吃一顿晚饭。没有电视，没有手机，她们就一起聊偶像、聊娱乐、聊学校同学老师的八卦。孩子不上学，家长要上班，既然选择待在家里，那么，在家里的一切，孩子要自己解决。

我觉得甚好，因为她的目的是在寻找自己的孩子，而不是学校的那个学生。

（五）

上学，回家，赖在家；劝说，不理，斗争，提条件；休学，转学，自己走读……这些常规操作，让父母小心翼翼，投鼠忌器，举步维艰。

我们之间的对话，要是能记录下来，一定是"奥斯卡最佳长镜头"，或者可以说是"诺贝尔文学奖最佳对话"。

问：以前注重孩子智力开发，忽略了德育的养成，现在只能心酸抹泪追悔莫及。

答：坚持，等待孩子明天用微笑为我擦干眼泪。

问：一想到孩子在家无法沟通，就痛心疾首。如果时光可以倒流，我一定三省吾身。

答：须知时光不可倒流，必知明日可待，因为孩子属于未来；孩子是上辈子的债，这辈子只能用爱来偿还。

问：十多年的教育问题终于爆发，多年的苦心经营付诸东流，无尽的挫败感，如果孩子拉不回来，我也不想回去了。下定决心不再围绕着孩子转，晚上去买了自己心仪已久却舍不得买的东西，为自己更为孩子。

答：孩子可以任性，你也可以，只有妈妈开心，孩子才会开心。

问：我生孩子的时候就九死一生，现在却还是一生九死。一直以来希望自己当个好妻子、好母亲、好女儿、好员工，多年的努力似乎要因为一个小屁孩毁于一旦。现在回想，那些过往看重的东西都不重要了。

答：女人就不可能逃过孩子劫、孩子债，现在开始，为自己好好活一回吧！萧伯纳说："人生最幸运的事就是失去他喜欢的东西，最不幸的事就是得到他想要的东西。"

问：现在孩子可以上学了，我们是不是开始着手"补课"的问题。经历了这么多，决心要改变过去以学习为中心的教育和形式上的陪伴了。

答：孩子的问题不是学习问题，学习也不是他们最在乎的事。我现在发现不是孩子屡教不改，而是大人屡教不改。

问：谋事在父母，成事在天，现在孩子就是天，老天的事只能接受。生活能改变人，孩子能改变父母。无数次以泪洗面、不修边幅、濒临崩溃，学会接纳，让我相信天无绝人之路，上天给我们关上一扇门，就会开启一扇窗，哪怕是一条缝，光亮都会照进来。

答：青春期的孩子觉得现在的教育虚伪、虚无、功利，其实是他自己不敢面对；大人不知道孩子怎么想的，孩子却常能看出大人的心思。不是气人就是奇人。

（六）

经过艰苦卓绝的斗争，孩子终于愿意返校了。

她希望我吸取她的教训。生活没有如果，孩子无法预知。明天遇见的都是未知的自己，未知的孩子。

她说，一路走来得到很多帮助，遇到许多好人；她说，今后会花更多时间陪伴孩子，也会投身慈善，去帮助需要帮助的人；她说，如果这段路是必须要走的，早走总比晚行好，或许这是我们父母最后教育他们的机会……

"父母是有有效期的，跟上孩子的步伐，不断学习，与'孩'俱进，才不枉无悔爱一场。"这是我对她最后的建议。

几个月后，我收到一份酒店自助餐家庭套票。我还收到几份文档，洋洋洒洒几万字，内容是关于一位母亲与自己孩子的"后教育持久战"的记录。

人类所有的精神品质都是上天赋予的，却又需要人类自己来挖掘。我能感觉自己有一项能力令自己佩服：即时教育能力——"即时对话""即时反映""即时梳理""即时反馈"。因为这些对话都是毫无准备、毫无征兆的，需要即时给对方信息反馈。我年轻，资历浅，但是我占着"无非"的优势，占着"接触过孩子比他们接触过的人都多"的优势，讲什么我都不紧张，讲哪方面的例子我都可以参照。

很多事情，本身都是简单的。只是有了竞争，才变得艰难，也因此才变得有意趣。学习就是这样，很多人胜在与人竞争，但是有些人败在与自己竞争上。

当我的学生是差生，当我的孩子是差生，我没有绝招，不谈技巧，也无法靠顿悟和灵光乍现来解决问题。我只能不断尝试。

现在许多教师（父母）一遇到问题就谈什么绝招，找什么技巧，却忽视了对自我身心的修养和自身专业能力的提高。其实，技巧性的东西大都是局限于具体情境下具体问题的招式，离开了犹如深厚内功的教育智慧就无法施展。比如，以人为本的理念、多种方案的预设、分类解决的方法、妥协多赢的策略、机智灵活地应对等，都能体现教师（父母）的教育智慧。

所以说，教育智慧并不是单纯的管理（培养）技巧，更饱含着民主的管理思想和科学的问题研究意识及解决途径，是一个教师（父母）走向优秀，乃至卓越的必然选择。

做个差生又何妨

学生：老师，你觉得什么样的学生是差生？

不知道为何，班会讲着讲着又谈到学习上，谈到优生、差生的问题上来。快期中考试了，我也就顺势听听他们眼中的"优生和差生"是什么样子的。

李畅宇：学习成绩好的是优生，学习成绩差的是差生。

饶育嘉：自控能力好的是优生，不思进取的是差生。

喻晓：有教养的是优生，没教养的是差生。

陈芄瑀：有规矩的是优生，没规矩的是差生。

黄晓睿：会学习的是优生，不学习的是差生。

傅建翔：情商高的是优生，情商低的是差生。

孙英鹏：有信念的是优生，无信仰的是差生。

张赫：努力的是优生，自以为努力的是差生。

李炫驹：有耐心的是优生，无耐性的是差生。

陈祉锜：听话的是优生，不听话的是差生。

洪杨轩：立长志的是优生，常立志的是差生。（热烈鼓掌）

胡安琪：控制时间的是优生，被时间控制的是差生。

我说：为什么会有差生？

有了教育以后，应该说就有了学生，有了学生才有了"差生"，而且在我看来，先有差生才有了优生。"人非生而知之者"，从知与不知的角度来看，每个人都曾经是差生。孔子都说过"朽木不可雕"这种不符合大教育家身份的话，可见差生由来已久，况且他老人家弟子3 000名，能者才72人，看来差生还是居多的。在没有差生之前的原始社会，所有人的生活都是一样的，大家分工明确，绝不越雷池一步，也许后来有人病了，有人老了，也就有人要站出来担当了，人类由此慢慢进入英雄社会。

在我的印象中，有很多著名的差生：丘吉尔调皮捣蛋考过零分、爱因斯坦有语言障碍、华罗庚贪玩、托尔斯泰降级和鬼混、沈从文逃学还顶撞老师。但是，这并不妨碍他们在各自的领域作出成就。

刚刚孩子们的"优生和差生"的观点，我都赞同。我想，很多人都是站在自己的立场去考虑问题的。每个人说的优生条件其实就是在说自己具备了这个条件。至少，那也是在提醒自己应该向某个方向努力。"话语是潜意识的反应"。

最重要的是，每个人对优生的理解都是有共性的；每个人对差生的理解也是有差别的，也就在证明一个道理：从来就没有什么所谓的差生，有的只是"差别生"。生命本身就千差万别，每一个人对于另一个人来讲就是"差别生"；每个人对不同领域的事物、观念、知识接受能力、接收的频率、接纳容量都不一样，存在差别是必然的。

那么，为什么会有差生？只有一个理由：我们用了同一个标准去评判"千差万别"的生命存在，那是在剥夺生命。

或者，有时候，我们用了别人的标准来衡量自己，那是在"自取灭亡"。

在一所学校里，做个差生又如何？凤尾同样比鸡头高贵，我始终都站在优秀里；在这样的集体里，做个差生又如何？给"三雅"女生做陪衬的不是"二雅"就是"一雅"，都是"雅"；我洗的衣服比他写的作业干净；我跑步比他回答问题要快；我听的比他说的要多；我吃饭比他吃得开心……这够了吧！

差生不是能力评判，只是一种特定现象；差生其实是老师存在的意义，否则，老师就成了产品检查员；差生脑在转，心在动，脚在走，只不过慢了半拍；差生保证了整个学习圈的"生态"平衡，为这潭水提供循环。

但丁说，从来就没有垃圾，只有放错地方的宝藏。所以，做老师，做教育，眼里不能有垃圾，因为我们是来发掘宝藏的。

"不输在起跑线上"是无耻的话

（一）

我拖着疲惫的身躯，牵着9月就要上小学的儿子，在她的安排下走进影院。电影票递到我手上，我们这次看《起跑线》。依然是印度片，直面教育中的择校问题。

电影所讽刺的教育不公平、贫富差距、对子女培养的盲目、学区房、过分追求英语教学而淡化本土文化等现象，让人感叹：同为发展中国家的翘楚，社会制度和文化不同，但是在教育上却惊人地相似。

女主（米图）富养自己的女儿，把女儿的一切都安排得妥妥当当，甚至精确到了分秒。她总认为自己接受的教育根本就不是好的教育。在她的脑海里一直有个念头在闪现：上不了好学校就会学坏，最终走上吸毒犯罪的道路。在她的眼里，好的学校意味着好的环境，学校的环境意味着朱赤墨黑，只有接受好教育才意味着可以跻身上流社会，"因为在印度，英语是阶级的象征"。她不惜打破自己宁静美好的生活，指挥着男主和女儿奔跑在择校的"起跑线"上。

男主（拉吉）是个典型的底层精英。说底层，是因为他生活在一个低档的乡下社区，随身携带着一股浓重的乡土味道；说精英，是因为他是"社区首富"。用中国话说，他是个经济适用男，或者说是个凤凰男。他是个好丈夫，对妻子百依百顺、随叫随到；他是个好父亲，愿意为了女儿做自己不愿做、不能做的事：装贵族、扮穷人、排夜队、碰红线。

夫妻俩在女儿的起跑线上奔走效劳，这段路超乎自己的想象，于是上演了一系列啼笑皆非的剧幕。

夫妻俩搬离了自由自在的、充满人情味的社区，进入一个高档的小区，从排名第一的学校开始实地考察，然后委托中介从高到低一个个申请。他们经历了一轮轮无奈的面试，同时也经历了一次次牵强的改变。对孩子的直观认识变成了"文艺加工的描述"，对自己的生活习性进行了强迫式的改造，对如何做一个"形式化的榜样父母"进行了揪心地学习。

最后，他们还是被"可能他们（学校）不想录取一个服装店老板的女儿"的理由拒绝，越想提高阶级，反而越被阶级。

狗急了也跳墙，在女主强大的"名校情结"威胁下，男主不得不钻空子走后门：办假证，托关系，连夜排队，与穷人争夺贫困生名额。他们不得不搬到真正的穷人区居住，以备学校的调查，他们不得不学会贫穷。

为孩子上学而伪装高雅，也为孩子上学而学会贫穷。不得不说，这番操作很印度，也很中国。知识改变命运，接受好的教育才能有好的工作、好的前途。为了孩子不输在起跑线上，父母可以赴汤蹈火，在所不辞——即使变成自己讨厌的人，也要让孩子上好学校。

（二）

在真正的穷人邻居（普拉卡什）的帮助下，他们在调查中涉险过关：在调查的时候，他们的女儿在喝着矿泉水、吃着比萨。

普拉卡什以身犯险碰瓷豪车帮他们凑足了4万卢比（相当于4 000人民币）的学费（其实不是学费，而是丰富的课外活动的费用）。

在虚假的穷人身份的掩盖下，他们"幸运"地抽到了"学位"，而邻居却遗憾落选。假穷人以穷人的身份被录取了，而真正的穷人却失去了机会。

孩子终于上了名校。男主性本善，这一番经历让他寝食难安，纠结度日。他们决定做慈善来弥补内心的罪恶感。他们找到一家公办学校，出资修缮校园，改善学校办学条件，购买相应的教育设施，资助孩子上学。他的孩子已经起跑，他只能用形式上的慈善来构筑被他们破坏了的属于别人的起跑线。

故事似乎该结束了。

但，当普拉卡什看到自己的孩子拥有了与"名校"一样的教育资源，感动万分，去找"恩人"致谢的时候，一切真相大白。他跑到"名校"准备告发的时候，拉吉的女儿在校园见到"普拉卡什叔叔"后给了一个"无阶级意识"的拥抱，正是这个"爱的拥抱"，"接纳和被接纳"的拥抱，瓦解了普拉卡什的"不公平心里"——他为了自己孩子的权益来揭发，同样也被别人的孩子的

"快乐和爱"融化。

面对前来的劝阻的拉吉夫妇，普拉卡什只说了一句话："我们和你们的唯一区别就是，我们不会剥夺他人的权利。"虽然装富贵很难，但是装穷更难，因为"贫穷是一门课程，不是谁都能学会的"。穷是阶级，但是穷更是超越了阶级的真诚和善良，因为穷人也知道"我们虽然穷，但是银行的钱绝对不能偷"，就算假装一场意外用碰瓷的手段获得了金钱，至少也是一种被逼上梁山的悲壮的付出。

教育本来不分阶级，也不应存在阶级，但是阶级却若隐若现的真实存在，这似乎很难避免。富人"变成"穷人相对简单（形式上的简单），但是穷人要变成富人、贵人却很难（实质上不可能），至少不是瞬间的事。"上层建筑"掌握了更多的资源，也就多了一份选择的权利。而有选择的权利，似乎也就多了信心和勇气，所谓的困难也就不复存在了吧！所谓的起跑线也就有了更多的闪转腾挪的可能性了。

（三）

拉吉面对普拉卡什，那个曾经被蒙在鼓里却给予了他真诚帮助的人，内心的负罪感让他重新找回了暂时被遗忘的本性："我是个好人。"做好人不应该成为一个疑点，更不能成为一个笑话。

拉吉对米图说："我一直努力做一个好丈夫，做一个好父亲。但是我首先得做一个好人，否则我将无法面对你，面对孩子，面对我自己。"他决定向校长坦白，并希望把本该属于普拉卡什的名额还给他。

校长也是贫穷出身，她刚正不阿，不收贿赂，不走后门——看起来是这样。但是她当年以穷人身份进入这所学校，受尽白眼和欺凌，她体会到形式上的公平带来了难以消除的实质上的不公平，这对生命来说是一种摧残。如今，她把教育赋予她的神圣权利和责任，当成了一场生意，当成了仇富的工具——让所有的那些"上层人士"卑躬屈膝。校长拒绝了他"归还学位"的请求，她成了一个被贫穷逼压出来的"精致利己主义者"。

当拉吉带着他资助的那所学校的孩子登上"名校"的舞台表演了一场极为精彩的节目后，却没有人愿意给他们鼓掌。拉吉当着所有"上层人士"的面做了"告别名校"的演讲，虽然引起了共鸣却没有人敢站出来赞同。拉吉的演讲有些说教意味，却是"一束善良的光"，只要心的窗户能打开一些，光亮就能进去一些。

"从来如此，就一定正确吗？"这样的教育不是在培养孩子，而是在满足孩子，实际上是满足我们自己的私心。拉吉最后用实际行动选择"退出"，让孩子满脸笑容地回归到"大众教育"。

教育不是万能的，至少在阶级存在的时候，就一定不是万能的，至少连起码的公平都很难做到。因为不是所有的孩子都适合教育和被教育，教育也不可能在一视同仁的思想指挥下把受教育者教育到同一水平。阶级（至少阶级意识）的存在、竞争（至少孩子个性存在）存在的教育机制，就会存在不公平，存在好与差。教育公平只是机会均等，但是各种差异会让拥有机会的生命个体无法站在同一起跑线上，至少也不可能同时到达。

也就是说，所谓的不要让孩子输在起跑线上，其实就是一句无耻的混账话。教育应该是教会孩子跑，而不是规定孩子在哪里跑、在哪里停止。在这之前，我们和孩子们只要明白：人生任何时候、任何地点都可以是起跑线，只要你不害怕努力。

打不打是老师的苦，能不能打是教育的痛

（一）

儿子幼儿园的老师发来一篇文章，叫《母亲的心，幼师的魂》，里面叙述了这样一个故事。

有一天，我去理发。服务生问我："你是做什么工作的？"我很自豪地告诉她："幼儿园老师。""那你会去打骂孩子吗？"听到这样的话，我很生气甚至愤怒，我说："当我的耐性在幼儿园花光了之后，回家去可能会打骂自己的孩子！"

幼儿园，是孩子第一个正式学堂，家长们对"衣食住行"关注度颇高，教育方式上关注最多的可能就是"老师会不会像我一样爱孩子"，底线也会是"老师会不会打骂孩子"。

我的孩子在上幼儿园的前一夜，我的妻子彻夜难眠，她有"十万个怎么办"亟待解决。我首先能想到的是，"不能把孩子的教育希望完全交给别人（老师）""要么自己教好""要么配合教育"；其次，只要老师心中有责任和爱，在这个基础上对孩子进行适当的"打""骂"是没有问题的。

妻子觉得我"是不是当老师当傻了"，觉得我是个"迂腐的老师"。

有一次，我跟她讲起班级的一些"熊孩子现象"，见我"气急败坏"，她又说："现在有些孩子，就是欠收拾。我们那个时候，没少被老师打手板。"

既然自己的孩子自己下不了手，出不了口，换个和你一样有另一种爱和责任的人师也未尝不可吧！

（二）

班级群转来一篇爆文，《孩子，我希望你遇见一位手拿戒尺、目露凶光的

老师》。这是旧闻，但是总有人消息滞后一些。

我打趣地说，我和隔壁老王（我的搭档）会朝着这方面努力。家长们也慷慨大方，"我们已经无能为力，老师您尽管在忠于人民教育事业的前提下为所欲为"。

这些家长，都是那个"棍棒之下出孝子""戒尺教鞭成人才"年代里出来的"学子"。最近在微信里跟初中时代的李成春老师联系上了，他是我最尊敬的老师。我俩抽着烟，聊起那些年的那些事，我记起初一的时候，他扇我的两个耳光（这个在之前的文章已经叙述过，不再赘述），我却"迂腐"得竟然没有半点心灵伤害之感，内心只有敬意：在我看来，他是有爱和责任的好老师，至于有没有打我，完全不重要。因为透过那两个耳光，我明白，当年如果我接着"锋芒毕露""骄傲自大"下去，我的今天又会是怎样的。

我记得，我的父母就当着我的面跟老师讲："这孩子有天赋，就是容易骄傲自满，老师该敲则敲，该打则打。"在我的父母看来，他们不怕老师打我，最怕老师不把我放在心上。而老师把孩子放在心上的外在表现，就是凶在眼里、狠在嘴上、拎在手里了。

跟老师聊完天，我把自己剩下的一条烟悄悄给他寄了过去。

我记得有个男生跟我说："老师，你再骂我一次吧，我发现你骂人也骂得比别的老师好听！"有个腼腆的女生的妈妈跟我转述了孩子的心声："我不确定胡老师有没有关注到我，他甚至都没有和我聊过天，哪怕骂我一次也好呀！有时候也挺羡慕那些调皮的男生。"

（三）

S同学已经步入社会，我们在微信上碰到，聊起那些几乎所有学生多年之后重新见到老师都会聊起的话题：回忆往事，讲述糗事。我也大胆问他："老师有没有打骂过你。"

他停顿了很久，半晌终于开口了。有一次他跟L同学发生纠纷，我只是把L同学批评教育了几句就放走了，却对他进行了严厉的教育，他在解释争执之时还被打了手板。"像L这样的学生，还能够受到你的包容、原谅，或者说接纳包庇，让我的'三观'极大地扭转，那个时候我甚至极端地认为你是不是收了人家什么好处。"

"我都没有见过他的父母。那时的他，看着高大却还是一个奶娃；那时的你，却是一个沉稳成熟的孩子。我当时打你骂你，正是因为你是个好孩子；而对他只是警示，是因为他还只是一个孩子。当时跟你说完之后，我记得还跟你妈妈打了电话，跟她解释道歉。希望你会释怀。"

"8年过去了，难得老师还记得！很好！"

我回复了一个笑脸，半晌无话。我问："这就说完了？"孩子没有在乎是不是被打了骂了，他的关注点在于"这不公平"。现在是信息时代，除了自己读书时代的小学群、中学群、高中群、大学群，当老师后每个班都有群。闲聊之中，除了群起攻之、丑事爆料、花边新闻，没有人会在意老师当年的"血气方刚""暴力教育"，只有谈笑间的感激和怀念。

（四）

同事老孙的孩子，经常到办公室做作业，他没空的时候，我们几个也帮忙盯着背书啥的。有一天，他说孩子不想上学了。细问之下才得知，他们的老师对着全班孩子骂了四节课，把每个孩子拎出来挨个骂。

老孙愁啊愁，思量着给孩子换班级的问题。"不管什么问题，不至于骂这么久吧！能解决什么问题吗？"

"孩子嘛，适时警示敲打一下即可，言多必失！"我突然想起"识不足则多虑，威不足则多怒，信不足则多言"的句子来。如果说打是亲骂是爱，这里关键在于：你是否有足够多的识，否则为孩子着想就成了为孩子多虑；你是否有足够的威严，否则你的师道尊严就成了无能之怒；你是否有足够的自信，否则你的苦口婆心就成了怨声载道。

说到底，作为老师，要有最强大脑，要会教育人。也许大多数老师有的只是一个教书的脑子，一副有责任的心肠，一副正气嶙峋的身板。猴子身上没有紧箍咒，唐僧再念经也没有用。当说教没有用时，就只能破口大骂，又不能当头一棒，因为棒在猴子手中，在众多老猴子手中。最后，就只能连说也不说了，捧着铁饭碗，念念无用的经，带着一帮无组织、无纪律的猴子曲曲折折走向"西天"。佛祖还问：怎么猴子不见了，只剩下"猪"了？

因为，你只有咒语，没有权杖和紧箍。

（五）

虎哥是我的学生的家长，自从学生毕业之后，我称他为"虎哥"，他们夫妻俩是令人尊敬的家长。他们的孩子毕业一年之后，夫妻俩来看望我。他转述了孩子的一句话："胡老大是个让人又爱又怕的老师。"我听着有些别扭，爱一个人会怕他吗？虎哥轻松地说："这可是一种境界，一般老师很难做到。让孩子爱是仁师，同时让孩子怕是人师。"这个解释很佛性，一时费解，但是我接受。

因为爱而怕，这就是尊敬的精髓，就是敬畏吧！

记得有位父亲跟我说：有一次我打了我的孩子，他竟然也会还手。他的夫人在旁不语，后来羞涩地补充道："不管是谁，打你都要还回去，特别是打脸。"记得我儿子幼儿园的老师也曾跟家长讨论过"教育孩子不能打骂孩子""当孩子被打骂该不该教育他还回去"的话题。碍于老师的身份，我不好怎么说，当时只是想：可以不以血还血，但是要有态度；可以以血还血，但是首先也要有态度。而这个态度，就是无法无天的熊孩子和没理无礼的熊家长的本质区别了。

我曾经不止一次遇到那些暴躁无理、不分青红皂白的家长。只要自己的孩子在集体中受到一丁点儿伤害，他们就冲到办公室，完全不把老师和对方孩子放在眼里，就用江湖和社会的规则到学校大发淫威，有的人还跑到办公室抓着别的孩子的衣襟。我也被家长测试过"尝试一下孩子被毛巾甩的滋味"。

当然，我今天只是谈"老师能不能打骂孩子的问题"，并不是要讨论打骂对不对，更不是提倡老师打骂孩子。我们至少要让孩子明白：生命中，总有那么几个有爱和责任的人会打你、骂你；生命中，也会遇到毫无爱和责任的非正常人会打你、骂你。

教育不是万能的，说服教育更不是万能的，打也不是唯一的方式。但是，至少，让尚且还在圣坛上的老师偶尔也肉体凡胎几回，眼中露一点儿凶光，嘴里有那么几句俗话，手中留一把权杖，让他们的眼神杀得温柔，让他们的嘴巴骂得艺术，让他们的手打出爱和期望。

（六）

当然，探讨就是探讨。我还是重申：我只是在讲"能不能"的问题，因为这是一场极为特殊的"生命权"和"教育权"的斗争，但是谁又能说生命不是教育出来的呢？至于使用与否，那就是另外一个问题了：有关师德和法律约束，以及人们的观念。

作为老师，我也曾就这个问题与我中学时代的班主任探讨过，最后得出的共识，供各位"教育战友"参考：

1. 现在的我们，既要无愧于自己的职业，又要让我们的师道尊严不一地鸡毛（很无奈）。所以，如果学生对自己敢指手画脚，目无尊长，这是做老师的失败！作为老师，一个凛然的眼神，一次默默地走过，都要让孩子感受到你的气场，让他敬你、怕你。

2. 现在（只是现在），打，不是办法；骂，适可而止。打，虽能逞一时之快，但有损自己的身份；骂，亦能快哉己心，但让学生厌烦。所以，我们应有的是自己的气场。而气场需要的是你精彩的课堂，相对渊博的学识，无理辩成有理的口才，一言九鼎的承诺，心细如发的关怀等。

3. 你不必苛求所有的学生都爱你，也不可能所有的学生都恨你。有人爱你固然幸福，有人恨你何尝不是一种成功？因为你活在了他心里。怕就怕若干年后有人提到你，却记不起你是什么样子。

我们身为老师，打也好，骂也罢，这都是不得已的手段。在另一个层面，也说明自己教育的失败。这就是我们老师的命！

不要挑战孩子的自尊和荣誉感

胡老师好：

　　今天上午数学考试期间，在我们班教室监考的老师以很不恰当的言辞对本班和本人进行攻击，导致我无法集中精力考试。事情过去数小时了，我说起来还忍不住号啕大哭，情绪受到巨大冲击。请您了解情况，要求监考老师郑重道歉——这是赤裸裸的语言暴力。

　　监考老师发草稿纸和答题卡时说："我去年在这儿监考也是这样，你们看，地上全是垃圾，跟猪圈一样。这里有谁是这个班的？"我举手示意。

　　老师对其他不是本班的考生说："你们看看，这就是5班的学生。"我害怕出言反驳会被赶出考场，影响本次甚至以后的成绩，您也告诉我们对长辈有什么不满意要私底下说，我因此隐忍不言。但考试过程中，我满脑子是"猪圈"等羞辱性的话，根本无法静心答题。

　　我很愤怒，也很伤心，还有些迷茫：在期中考试的考场这么说，还特意问谁是这个班的，他想表达什么？我是否可以揣测他有主观恶意，且干扰了我的状态？

　　她的母亲随后也跟我说："我也觉得需要一个正式的道歉。孩子从小到大，家里人都很尊重她，从未受过如此羞辱。此事与您前两天在群里讨论的类似，尊严是需要捍卫的。家才是讲情感的地方，孩子因为捍卫5班这个家，才觉得愤怒、伤心。如果没有人给那位老师提个醒，他会继续用同样的方式伤害更多的人，这是我们不愿意看到的。在考试前来这么一出，必然影响孩子们的状态，从这点看也不符合老师的身份。"

　　我打电话过去了解情况的时候，孩子还是很气愤，泣不成声。她说："首先，我觉得自己的自尊在众目睽睽下受到了挑战；其次，我觉得班级的集体荣誉受到挑战。"

我说："第一，我要为你的集体荣誉感表示感动；第二，我要道歉。（她有些纳闷）班级的卫生在这个时候出了问题，我负有管理上的责任，而且，有时情绪不好的时候，我好像也说过这样的话，你们敢怒不敢言，我说得顺口成'脏'了，你今天的反应给了我警醒：老胡以后绝不会出现类似的话语了。"

她说："老大，您是我们的家人，一家人说一说没有什么的，但是，'外人'说，我就接受不了。"

我问她："是情感上接受不了，还是自己客观上接受不了。"

她说："都有，但更多的是情感上。"

于是我跟她讲起学过的那篇寓言，《智子疑邻》，她说忘记了，我又耐心地跟她讲起来：

宋国有个富人，因下大雨，墙坍塌下来。他儿子说："（如果）不去（赶紧）修筑它，一定有盗贼进来。"隔壁邻居家的老人也如此说。这天晚上，富人的家里果然丢失了大量财物，这家人认为自己的儿子非常机智，却怀疑是邻居家的老人偷的。

这则故事通常拿来做交浅不能言深的世故教训，不能因人废言。它告诫人们，如果不尊重事实，只用亲疏和感情作为判断是非的标准，就会主观臆测，得出错误的结论，反而会害了自己。从邻居家的老人这方面，告诉我们给别人提意见，要尽量用能让别人欣然接受的方式。同样的事发生在不同人身上却受到不同对待，这是不正确的。做人做事要公正客观，实事求是。

讲完了，孩子似乎有些理解，但是情绪在那，又有些矛盾。"老大，我尊重你的观点，但是我也坚持我的态度：他作为老师做的和说的是不对的。先好好过节吧，节日快乐！"

虽然我觉得没有必要拿出来讨论，孩子毕竟是孩子，我们引导一下就可以了，但是我觉得这件事不仅仅关乎自尊和言语的问题，还涉及比较广。于是我本着心里有数、相信孩子的心理，决定就事论事，在班会上听听他们的意见。我把故事发生的地点和人物都偷换了。

翔：首先，要给这位同学道歉，是我们没有注意卫生，班级那天确实乱，让她蒙受不公；其次，是这位老师的问题，这位老师没有考虑到语言的攻击性；最后，是这名同学的问题，此时应该静心考试。

洪：老师其实是想提醒同学们，希望大家印象深刻？

胡：据我所知，这位老师在所有班级监考时都这样，同学们应该不受他的影响；当然，换作我，可能认为理所应当，这事引起了我的思考。

子：话说得太过了，即便是老师有"话语权"，也不能这么处理。

古：周围同学的想法不够聪明，应该做好的自己的事情；当然，老师的方式也不恰当。

游：我觉得我们应该体谅一下老师。他可能当时心情不好，被同学气着了或者被领导批评了。我们应该吸取教训，维护班级的脸面，我们自己"丢脸"在先，别人打脸在后。

畅：我记得去年这位老师进到我们班级看到我们墙上的"我们是一家人"就说了一句："真好"。现在，我不知道班级什么时候变成这样了，停止了一切与考试无关的事。我认为老师点出了班级的核心问题——凝聚力和自觉性不够。

孙：这位同学实在不应该，你应该直接站起来拿扫把扫地。想那些有什么用，用行动说话呀！

谭：我作为劳动委员有责任，所有的学生也有责任。为什么非得等着值日生来做，因为他也在争分夺秒地复习。

睿：我们班的同学的确不对，但老师的用词不恰当，而且是"上纲上线"。

肖：不可能要求学生完全做到整洁，特别是这种关键时刻。把我们的班级比喻成"猪圈"，他不配做老师，不配做"农民"的后代。

我的观点：

1. 孩子们的思考能力让我惊叹。我想，从今以后，我们一定能做好一件事：做全年级、全校最干净整洁的班级，让别人无话可说。我建议，以后班级的每一位同学、每一天都是值日生。

2. 我们可以保持沉默，但是不能没有态度。这是我前几天说到的。认为不正确的事，你可以有意见，可以保留意见，也可以去证明，但是底线是要有态度。

3. 有些涉及自己底线的言行，如果你接受不了，一开始就请你提出来，哪怕是亲人，省得日后发生争论和摩擦。就像我前几天所说，有些东西要捍卫，如家庭和荣誉。就像有一次，因为我家人还不太了解我爱人，经常跟我说长道短，那天我在饭桌上拍案而起，然后，大家就知道了我的态度了。态度的问题，亲人更应该理解。

4. 如果你能原谅他人，也请你原谅老师，原谅并不代表要你放弃自己的主张。

我最后总结说：

走上讲台已经10年，教书育人实际上是升华思想和浸润心灵的过程。撇开大学不谈，一个孩子从3岁到18岁，用15年中绝大部分的美好时光待在学校，可以说，他们遇到的每一个老师，遇到的每一个同学，上的每一堂课，被教育的每一次"言行"，都决定了他们的"前目的地"将会不一样。

就像我把我的带班理念和班级公约总则用红纸和工整的行楷写好——我们是一家人——贴在教室的后墙上的时候，我保证对教育和孩子是绝对虔诚的。同时，也绝不否认，作为一个有着七情六欲的普通人，其实有时候也打着"家人"的幌子，行使过"教育惩戒权"——笑嘻嘻地损人，血气方刚地骂过，甚至有时候还实践过那句有点戏谑意味的"打是亲骂是爱"。

其实，老师和学生，都是在教育中成长，大家都想达到那个未知却又很明确的"前目的地"——今天，他交给我一个孩子；明日，我们将还他一个怎样的青年。

班会课后，这个孩子来到我的面前，她说："老师，谢谢您在乎我的心理，花这么长时间来疏导我。我同意你的全部观点，我收回我的话。但是我依然坚持认为他做得不对，而且，我想我以后会证明给他看：他做得不对。"

突然想起李宫俊那句话：等待并非执拗，而是我想看看，我有多爱你。孩子爱着自己，爱着班级，爱着自己的老师。

所以，请不要尝试挑战孩子的自尊和荣誉，哪怕是理应被尊重的老师。因为孩子的思想一直在与时俱进，思想和人格是平等的，请老师不要把自己禁锢在圣坛上。如果真的觉得自己应该在圣坛，那更要谨言慎行。

我记得收到过一位妈妈的短信："老师，虽然你现在不教她了，但是孩子一直很想你找她谈话。她曾经跟我说：'妈妈，我好想老大找我爱的教育，哪怕是骂我一次也好。'我家的孩子不喜欢说话，总是默默坐在角落里。"是啊！有些孩子总是安静地坐在座位上，微笑着听你讲课，羡慕地看着你找别的孩子聊天，好奇地在办公室外面走来走去，或者倚在栏杆上望着远方。

她，其实是在期待着你的眼睛，能落在她身上。

也请感恩孩子的付出

（一）

女孩坐在我面前，我正在试图跟她聊聊天：她对学习有一定的抵触情绪，对老师也保持着自己的抗拒心理，迷恋手机和娱乐圈的那些明星。我们聊得还算开心，她会跟我讲那些不为成人接受的"电子文学""cosplay""娱乐明星"，唾沫四溅，头头是道。如果我跟她一般大，我估计也会为之所动。

但是，我已是而立之年，是一个连手游和电游都不会玩，哪怕期中一款的文科男，我只能凭借自己的理解，不时应和着她的话，偶尔加入一些"目的性的话题"。

她的一句话，引起了我的注意："你不知道多无奈，我曾经那么好学，我写了那么长一篇文章，最后老师就批了一个'阅'字，我连想死的心都有了。从此，我就再也不想写作文和作业了。"

我顿时语塞，想想，我在忙碌的时候，其实也做过不止一次这样的事情吧！

师父曾跟我说："我们领导有一次来找我要资料，我拉开抽屉，他顿时惊呆了，因为我里面铺满了整个抽屉底的，全是红笔芯，那是我批阅作文和其他作业留下的。这个故事在他无数次讲话的时候都被奉为经典。"特级教师，就是这样炼成的。

我现在经常叫孩子们写随笔，我会认真看，一般的写一个"阅"字，好的写一个"好"字，很好的写一个"优"字并且会被要求打成电子稿。好的句子会画上横线，旁边再加上一个笑脸，然后我自己打成电子稿。特别有共鸣的文章，我会写上我的感想、我的联想、我的建议。

孩子们除了抱怨我改得慢，倒是也没有怪我敷衍。

（二）

儿子放学后想去我办公室玩一会儿，我们本来说好去踢球的，但是他临时改变主意，学校最近搞活动，办公室屯了一批好玩意。

他丢下书包，就玩开了。一会儿拿一样东西来问一下，一会儿又拿一样东西来炫耀一下，再过一会儿又拉我一起玩一下。我说："儿子，你自己好好玩玩，爸爸先工作。"

"哦，好吧！你好好工作吧！"说完就跑去玩了。我想，我的孩子多么善解人意，虽然那些动作一如既往地重复着。

"爸爸，你工作做完了没有？你都不陪我玩！"孩子大概觉得一个人无趣了。但是我手头实在还有些活。这时，一群男生围在办公室外面好奇地看着"老师的公子"，大概也想看看老师是怎么教育自己的孩子的。

于是，我灵机一动，让男孩子们把儿子领到教室玩。那里不时传来欢笑声，还有儿子奔跑的脚步声。

回去的路上，我很开心地问他："儿子，今天玩得开心吗？"

"爸爸，你都不陪我玩！你只知道工作！"

原来，他那一次次地打扰，其实是努力激起我的关注。再好玩，再有意思，没有人关注和欣赏，又有什么意思呢？

（三）

我的一个朋友跟我讲起一个故事。

孩子上幼儿园一年之后才适应，终于有了好转，估计是接受了，当然，更多的是默认了。

孩子慢慢开启了正常上学、放学的模式，也开朗起来，当然也免不了调皮。可是好景不长，朋友说孩子又开始有抵触情绪了，对幼儿园、老师、父母都有了防备心理，而且是毫无征兆的。我问是怎么回事，朋友说："每次去接孩子，老师都会反映一些问题，前面会轻描淡写地说两句'整体不错'，然后接着就会说'孩子今天在学校又……'"当然，就是那些调皮捣蛋、没规没矩的事。这个时候，朋友的眼睛自然会望向孩子……

然后，朋友回去跟孩子说"老师说你今天……"。我说你后面没大肆宣扬那个"但是"吗？

症结似乎找到了。孩子就在旁边，老师和父母说的什么，孩子都是能听到的。但是，孩子不开心的时候你焦虑；孩子努力了，适应了，我们又作出了什么回应？

（四）

孩子每前进一步，每作出一些改变，每表现一次，都付出了努力。就像我们为了养育孩子，付出了那么多，哪里容得下别人来说三道四？哪怕是最亲近的人都不行，都会觉得委屈！

我们常常教育孩子要懂得付出和感恩，但是我们忘了：我们也需要感恩孩子的付出！孩子的努力和付出不是我们想象的那样"天经地义"。他的努力和感恩，也许正是我们要感恩的东西，不是吗？

如今，孩子付出了努力，我们是不是该花些时间好好琢磨，细细品味，用心欣赏。让那些轻轻的"阅""知道了""等一会儿"滚出孩子的世界。

孩子喜欢这样的父母

我们也许经常当着别人的面和自己孩子的面说，"你家孩子真好""看看我家的孩子就着急"；我们也许常对孩子说"我不喜欢你这样""我喜欢你……""你看看人家……"

我们似乎总忘记：我们是大人，是已成熟的生命；他们是小孩，待成长的生命。我们似乎总忘记：我们曾经都是年幼无知的孩子，他们将来也会成长为成熟的生命。记得我的学生经常说：我不知道自己将来会成为什么样的人，但是我知道自己将来不能成为什么样的人——那就是不能成为自己曾经讨厌的样子。

泽莹妈妈说："家长会就是教育家长的机会。"是的，家长会不讨论怎样做家长，还能讨论什么。就算是讨论教育，也就是"教书育人"，核心是育人，教他们成为怎样的人。谁来教育？家长和老师。老师通过教书来培育人，家长通过陪伴来养育人。

教育要以人为本，教育孩子要以"孩子"为本。孩子要成为他自己本来的样子，我们以爱的名义培育他、养育他，就要爱他本来的样子。作为教育者就要帮助他们成为自己喜欢的样子，教育者做他们喜欢的样子。至少，也要帮助他们不成为自己讨厌的样子；至少，也要让自己不成为他们讨厌的样子。

我的学生曾经匿名写"最喜欢这样的父母"。

1. 喜欢这样的，冷静现实地给我分析梦与远方的父亲；这样的，眼里依旧燃烧着希望与斗志的父亲。喜欢这样用安静平和的语言给我一点儿一点儿阐述道理的父亲。

2. 孩子们眼中的父母，不像作文中的那样伟大，许多孩子喜欢的父母与现实中不太相同。我喜欢能善解人意的父母，还喜欢有童心的父母。伯乐，朋友……这都是我喜欢的父母们充当的角色，"父母"这个词，不仅仅代指爸妈，而是孩子的领路人。

3. 父亲的话，必须得做一手好菜，不是川味儿的我不喜欢；还要有好衣品，不然穿衣显胖；平常多关照我，别一见面就问成绩，我是活人，不是数字。有足够的能力和耐心钻研我不会的数学题，就算写不出来也要做做样子。记好我的生日，礼物准备什么都行，但别问想要什么，留点惊喜。所以说，人还是要怀有希望，万一见鬼了呢！

4. 记忆中，父母一直不按我梦想的方向发展，而我梦想中的方向是这样的：不打人，不骂人，虽不至于过分温柔，但我总归希望他们能平和些；不太看重成绩，尽管真的考得很差，但也不希望会一直拿这说事儿；不唠唠叨叨，有些事情已经在做了，但是一直讲还是会烦人。

5. 所谓的"大人们"，当然归父母所有，我们不能要求他们变成我们想要的模样，我们也不可能变成他们想要的模样。

6. 我的父母比起别人口中的父母，要好许多，不会逼我上补习班。至于父亲，我实在理解不了，他总是问我一些奇怪甚至讨厌的问题。再比如说，父亲的口气总像是在命令我，命令我干这干那。

7. 我的父亲，主要忙于工作赚钱，周末之余还会陪我出去玩，打篮球等。答应我的事一般都会承诺去做，甚至一些工作也会推辞掉。

8. 学习上遇到的难题，你们不一定要解出来，和我一起解决的过程才是最珍贵的，关于分数，你们不会毫不过问，因为那是不关心。你们会坦然地接受或好或坏，或理想或失望的分数。时而兴奋，时而低落，时而心情开朗，时而脾气暴躁，但你们知道，我是希望引起你们的关注，又想和你们"唠叨"几句。

9. 我希望在周末我回去时，妈妈不要不耐烦，希望您能把心静下来，其实一切并没有那么糟。当您真正爱一个人，不管有多累您都会觉得是幸福的。爸爸，我希望您能放心我的学习，虽然这次没有考太好，但还是有一点点进步的。妈妈烦时，你千万不要理她，让她自己平静。

10. 我最喜欢考差了不会骂我的父母。当我萎靡不振时，你们会利用现身说法来为我讲述学习差的坏处。我最喜欢给我一点点自由的父母。如果你们能做到以上这些，我就能拥有更美好幸福的生活了。

11. 他们很关心成绩，在孩子取得成绩时不过度幸福和悲伤，陪伴着孩子走完一段阴郁的路程。

12. 在我眼里，我的父母永远是世界上第二好的父母；在别人眼里，我的父母永远是世界上第一好的父母。在别人眼里，我的父母宽容、耐心、待人和善；在我的眼里，别人的父母亦是如此。而像我这样懒惰的人，要是没有勤劳和严厉的父母，一生就算是毁了。

13. 我喜欢他们给我足够的自由、空间，支配我想要的，比如，自己管理自己的时间，选择娱乐时间。我喜欢他们给我的权利，他们是我最好的陪伴。

14. 压力大的时候，会陪我在阳台上看着窗外的植物聊天，周末的晚上能喝喝茶，有些时候还能一起包包饺子，看看电视……妈妈嘛，现在的妈妈符合我的一切设想，温柔贤惠，心灵手巧，能把偌大一个家打理得井井有条。其实爸爸现在也蛮好，能为我推掉工作，每周都额外送东西来，而且有空就往家里钻，真是一年比一年好，也希望他能坚持运动。

15. 寂寥的夜晚，我躺在床上，透过窗户望着灯火通明却依旧忙碌的街边。我喜欢守望着深夜的父母。母亲总骑得比我们慢，默默地跟在我们身后，时不时赞叹和抱怨我们骑得太快了。喜欢在阳台上与我聊天的母亲，喜欢久待厕所的母亲，喜欢在镜子前与我比身高的母亲。

16. 我最喜欢这样的父母，他们不在意眼前的分数，只为我的未来而感到担忧。我最喜欢这样的父母，他们从不轻易责怪别人，而是从自身找问题，给你留有反省的余地。

17. 家里上演着"坏妈妈"和"好爸爸"的剧情，我最喜欢的是妈妈在笑，爸爸陪着笑，然后我满脸迷糊地跟着笑。

18. 我觉得我的父母待我特别好，不是因为他们从来不管束我、打我或骂我，毕竟我的观点中父母管教孩子也没有什么不对。前些年，父亲严格要求要做的事，即使当时的我十分不情愿，但现在慢慢意识到父亲是对的，比如练字。

19. 我最喜欢能改变我的、赏罚分明的、能和我做朋友的父母。

20. 父母常说："我们从不在意你的成绩，我们所希望的，只是你能一直开开心心的，做一个乐观、开朗、自信的孩子。"

21. 我希望父亲能改掉他的坏脾气，我希望母亲做事要先考虑后再做。

22. 我最喜欢的父母，就是对我的生活和学习安排不干涉的父母，还有不要替我做决定，放假了就答应别人的邀请去外面玩，根本不问我的意见。

23. 人们总是不会珍惜自己拥有的，而去追求自己没有的。比如，有的人的父母很严厉，他们就会想让父母变得更温柔些，多关心他们一些。

24. 老妈，我希望你看到我的进步就行了，其他您做得都很好。老爸，我只希望你能多回家陪我们，少抽烟、少喝酒。

25. 我的父母可能并不是我最喜欢的样子，但于我而言，他们是最好的父母。

26. 我最喜欢的不是每一次回家都在埋怨对方，批评与指责，让我感到生活乏味的父母。我想要的，是能给我更多有自己发挥的空间，而不是将一堆烦心的事塞进我脑中的父母。

27. 我认为我的父母应该是一对恩爱的夫妻，是遇到分歧时双方会检讨自身的错误，并且给予对方一个宽容的微笑的父母。

28. 我喜欢父母不限制我与同学出去玩，还十分鼓励与支持。我喜欢父母控制我每周玩手机的时间。或许他们有不好的地方，有做得不对的地方，但我还是喜欢这样并不完美的他们。

29. 父亲，我只是希望你能做到答应我的事。

30. 兴许他们不能与我一起喜欢我所喜欢的东西，但他们不会去否定我所喜欢的一切，不会剥夺我喜欢着我喜欢的东西的权利。

31. 我最喜欢给我玩手机的、不乱翻我东西、尊重个人隐私，还有不总是说"信不信我砸了你手机"的父母……好吧！这是不可能的，就是不要老是乱发脾气，动不动就上手，就行了。

32. 父母不要总因为一些鸡毛蒜皮的小事啰唆太多，父母能尊重孩子的意见。

33. 我喜欢的父母是可以尊重自己、不随便翻别人的东西、不好奇他人隐私的父母，不会把儿女的事当作笑话一样满世界宣传、生怕他人不知道的父母。

34. 我喜欢的父母，是能够培养我独立和创新能力的父母，而不是那种大事小事都大包大揽的父母。

35. 现在呢？我是不喜欢我妈。我是一个爱读书的人，她从不看书，可她却总说让我多看点书。诸如这样的事，数不胜数。

36. 可以允许我有自己的想法，而不是总是强迫我接受他们所认可的想法，可以尊重我的爱好。不要猜疑，要信任。

37. 我喜欢的父母，是他们的教育观念能自圆其说的父母，而非隔一个星期换一套说法的父母，这样会令人无所适从。

38. 我最喜欢的父母是领导者，是支持者，是聆听者，是师长，是朋友。

孩子们说得多好！如果你没有认真看，请你再看一看。多有同理心，我们大人是不是也要做到；孩子能做到的事，大人有什么理由做不到。

父母是来陪伴孩子走一段路的人，是陪伴者，也是领路人。有一天，我4岁的儿子主动帮我提着刚买回来的那两箱牛奶，昂首挺胸地走在我前面的时候，他说："爸爸，我是不是突然长大了？"我肯定地回答，他看着我也提着两袋东西，惊讶地说："我觉得爸爸也突然长大了！"

原来，在他的眼里，我一直就是和他一样大小的人，我们在一起长大。孩子愿意相信我，因为我也相信他——让孩子体验，并不是为了改变，但是改变会自然发生。

胥帅妈妈说："我现在改变策略，每天等他睡下了，去亲他一下；有什么事的时候，我不随便生气，我们互相拥抱一下。谁叫他是我亲生的呢！"

我记得有一天，他犯了错误，我严厉地盯着他，刚刚还说个不停，现在他却站在幼儿园门口生气不肯上学，我蹲在幼儿园门口，张开双臂："来，抱一下我吧！"他愣了一下，将信将疑地挪过来，瞬间抱着我，大笑着，然后轻声耳语："爸爸，我爱你！"

我们只管做，孩子就会体验，改变就会自然发生；也许有一天，我们的孩子也会反过来说："你看看别人家的父母。"你该怎么回应？

作业有毒：成绩是孩子的一部分，
孩子的全部才是成绩

大学同学发来信息：我心力交瘁地从娃的房里出来，孩子他爸心平气和地进去，不一会儿就开始摇头呐喊。

同事的女儿那么乖巧聪明，才上一年级，就已经认识近千字，初中的语文课本拿起来就能读。可是，当她要读英语、写英语句子的时候，却急得哭了起来。同事心累之下，把孩子拖离现场。

朋友跟我讲起一个真实的故事：妈妈在辅导作业，没一会儿就人设崩塌，地动山摇。老公看不下去，于是自信地说"我来"。两分钟后，只听到屋内大喝一声，"给我跪下！"……

搭档的女儿可爱漂亮，每每提起满脸幸福。可是有一天，孩子上学了。他的妻子说：我要离开家一段时间。他给我发来朋友圈截图：亲爱的未来亲家，我女儿有房有保险，会游泳，年满十八会配车，过年随便去哪家。可以不要彩礼，结婚嫁妆配好，送房送车，包办酒席，礼金全部给孩子。唯一的要求：能不能现在就接走，把作业辅导一下，谁家媳妇谁养。

我们一群朋友聚在一起说起这些事，锋说，以后我孩子上学了开心快乐就好，学习的事不管。我们一群人异口同声地说："你还没有到时间！"

……

没有作业，父慈子孝；有了作业，鸡飞狗跳。这个我是深有体会的，因为上面那一幕幕我都在真实经历着。因为我的妻子不用上班，就辅导作业这一项，每日就累到虚脱，嗓子哑是常事，有时候摔几本书更是常事。一开始，我看不惯，经常跟她吵。然后换了我，会讲点方法，但是对不起，真的耐心有限，渐渐地又跟她站到同一战壕里了。

"作业"，不仅仅影响亲子关系，也严重影响着夫妻的心情。网络各种关于"辅导作业"的推送，老公推送给老婆，老婆又推送给闺蜜，闺蜜推送给自己老公，闺蜜老公最后又推送给你。这是个死循环。

万恶"作业"为首。那些美好的道理、心得体会、经验教训、灵丹妙药，在作业面前，都显得那么苍白无力，仿佛从来就没有出现过一样。

早上6：40，我被"教育的闹钟吵醒"。我的孩子们要参加中学的第一次期中考试，我的儿子也要参加生命中第一次考试。我的孩子们读初一，我的儿子读小一。

我洗漱完毕，躺到儿子身边，耳语道："早上好，儿子！"他闭着眼睛说："早上好，爸爸！你今天有空吗？"他是在问我会不会接送他。我不知道他为何那么希望我去送他接他，他的妈妈该有意见了。"有啊！"我其实只有空接他，因为我马上就得走，但我没有明说。

他一骨碌爬起来，闭着眼睛就去拿衣服。妻子起来了，我道了别，正在我穿好鞋、打开门的时候，儿子跑了出来，衣衫不整，焦急地说："爸爸，你等我一下，我喝了水，穿了袜子就来！"好多个早上，听妈妈说，他都拖拖拉拉的，今天不知道为何这么着急。

"爸爸今天不能送你，你自己要加油！"他悻悻地转身，甚至都不回应我的"再见"，只留给我一背失落。我的心顿时难受极了，其实，我可以挤出时间来送他。可是我约了孩子们，我还有个内容没有讲完。

就在昨晚，我查了寝又到教室检查了孩子们自己布置的考场，给妻子带了宵夜回去。11点到家，熟睡的儿子突然叫起来，"我不会呀！"妻子跑过去抱起了儿子，然后伴身躺下。我也躺下，抱着他们。儿子随即睡去。

我带着不安和质问跟妻子说："好吧！做梦都说这样的话了，究竟怎么了？"

"他把模拟试卷弄丢了，我骂他了！"其实，在这之前，妻子就发过信息给我：我对你儿子明天的考试不抱任何希望，他真的是一张白纸，实在太难教了。

她说的是事实。晚饭前我还在跟儿子解释"前面"和"后面"的问题。题目中的"前面"和"后面"是："请写出排在6后面的三个连续的数字""声调应该标在排在前面的那个声母上"。在他眼里，右边是前面，左边是后面。但是书本上的前面和后面是这样界定的：以阅读和书写的方向。这只是一种认知习惯罢了。我无奈至极，也开启了"呐喊模式"。

做完，他问我："爸爸，哥哥姐姐们也要考试吗？"我说："是的，要不要比一比，看是哥哥姐姐考得多还是你考得多！"他理都没有理我，扭头就走，在他看来，大人的问题简直就不可理喻。

他不喜欢与人比，不喜欢跟人争。

就在前两日，我去参加了他们学校的一个朗诵活动。我帮他排练了很久，声调、肢体语言都练得很熟悉了。我其实并未告知那是比赛，他却说："爸爸，我们不能输！"他排练很积极，并没有像作业那样排斥。他压轴登场，却忘掉了所有动作。他说："别人都不做呀！"

原来，孩子并不想与众不同，他只想要那个舞台，那些掌声。他只想站上去，告诉我们、告诉同学、告诉老师，"我可以！"我本想告诉他：别人不做的，你要做，才能出彩；别人做的，你做好，才能出众。但是后来，我改变主意，说："每个人都需要舞台，都有自己的舞台，把自己能做的尝试去展示，你的生命才会有多种颜色！"不放弃给自己画上一笔的机会，不求尽善尽美，始终如一。

这是他上小学两个月以来，最得意的一次吧！学得快，背得快！可是在一个月前……

一个图画本，一节课就画没了，全是印象派抽象画。画完了，还要把桌子装饰一下，顺便把脚下那一亩三分地也丰富一下。然后开始玩捉迷藏，把同学的东西藏起来，让同学去找。有一次，你气急败坏地把同学的东西扔了，原因竟然是"他不该说那样的话，我不喜欢听，他说我'不像小学生，像宝宝'！"好吧！我知道，你开始有了身份意识，需要身份认同感。

所以，你急了！可是，你写作业的时候，拖拖拉拉，东张西望，把妈妈弄得火急火燎；刚讲清楚的方法，动笔就错，妈妈捶胸顿足；明明都会了，你却出现不可理喻的失误，妈妈火冒三丈……你忘了吗？每到背书，你就东张西望，魂不守舍，前一秒刚背完，后一秒说忘就忘，几十个字，你要背上百分钟……有时候，爸爸下班看到你独自坐在书桌前若有所思，抓耳挠腮、掰手掐指，煞是可爱；更多的时候，是妈妈心力交瘁。爸爸看不下去，想帮你，可是，小家伙，爸爸的方法刚有点效果，下一秒，我的自信就被你摧毁了。

……

我经常这样安慰自己，安慰你的妈妈：你的那些哥哥姐姐们，其实也是这样的。只不过，他们的作业，在爸爸的自习教室里，在爸爸的监督看守下，完成了。

那是别人家的孩子，虽然有时候我也美其名曰"那也是我的孩子"。可是，你是爸爸的亲儿子。

……

关于作业，关于家长辅导作业，我没有任何忠告，没有任何法门。每个孩子不一样，每个家庭不一样，每个家长心性不一样，每个人的观念不一样，每个国家的体制不一样。管用的就是好的，没有作业大人会心焦，孩子会开心；有了作业孩子会心焦，家长会心碎。没有作业，孩子只会有当下的快乐；只有作业，孩子不会有将来的快乐。

如果真的没有作业，请问，你会做什么？你会陪你的孩子做什么？一切才刚刚开始，还没有摸清门道：摸清孩子的门道。某种程度上来讲，是因为大人太着急了；某种程度上来讲，辅导作业，也许是你这辈子陪伴孩子最长的时间，是教育颁给你的"父母荣誉勋章"，也许，是做父母责任的开始。

海明威说，世界如此美好，值得人们为之奋斗。教育，又何尝不是？可是，我们要知道，海明威说的完整句子是：生活如此美好，值得我们为之奋斗，我只相信后一句。所以，人总得奋斗，教育总得奋斗，孩子，总得——奋斗！

教育如此美好，值得我们为之奋斗，我只相信后一句；孩子如此美好，值得我们为之奋斗，我只相信后一句；作业如此残酷，值得我们为之奋斗，我只相信后一句。

成绩是孩子的一部分，但是孩子的全部才是成绩。

师生：十三岁和三十岁

首先
我得是一个男孩、一个男人
然后
才是一个老师
然而
我却成了老大、胡爸

多年师生成兄弟

（一）

这里的晚自习静悄悄，穿高跟鞋的老师们走路都会特别小心。这是一个思考的黄金时刻。

我坐下靠一会儿，闭目静心或三省吾身。TA拿着书本，敲了门，先四处张望了一番，才走近我的办公桌。在"勤学好问"之后，再次四处张望，这才上演"醉翁之意不在酒"的好戏。

"我有点家事能请教老师吗？我觉得你肯定有办法！"

"清官难断家务事，我愿意试试！"

有的说："我爸身体不好，又有酒瘾，你有什么好办法吗？"

有的说："我爸很专制，强迫我接受他给我设定的人生理想，职业规划！"

有的说："妈妈生二胎了，在这之前我却一点儿都不知情！"

有的说："爸爸妈妈经常拌嘴吵架，却告诉我，大人的事不要放在心上，你觉得可能吗？我该如何是好！"

有的更直接："老师，我心情不好，就在你这里坐一坐，你忙你的。"

我记得毕业晚会的时候，他们把我的言行排成小品，既"针砭时弊"又"暖记在心"。我按捺住幽默细胞，责备他们"黑我"，我也记起当年是我要求他们办"班级日报"，记录班级大事小情、趣闻乐事。

我想起后来他们聚会，我刚走进餐厅，4个男生把我抬起来，向着"班长"身上撞过去。我笑着批评他们没大没小，却忘了，当年我不允许他们用这种方式庆祝。

上大学了，他们生日宴会邀我前去，我抢着买单被拦下，他们点了啤酒一起喝，有的甚至给我递过来一根烟。我说他们"太世俗"了，却想起当年不知道是谁把我的烟藏起来，把我的打火机夹到那厚厚一叠还未改的作业本里，或者写卡片祝我快点"戒烟成功"，着急得连"戒"字都写错。

我还记起那个当年跟我说"心情不好，在您这儿坐一坐"的男生，我俩在中心书城外的吧台喝奶茶，抽烟，谈感情、谈婚姻、谈赚钱、谈社会，他说"这么年轻就经历这么多，人生那么长好无聊"，却叮嘱我"老胡要保持激情"。

J同学说想回来看看，却说"这半年过的并不好，无颜回去见大佬"；C同学说"跟女朋友分手了，你知道吗"；Y同学说"我跟那个谁在一起了，有空带回去看看你，把把关"……

（二）

"适当保持距离""保持威严"——我刚大学毕业的时候，那群小学生周末去帮我收拾屋子、洗衣服；走上讲台是严师，走下讲台是益友——记得这是我的一位当老师的亲戚说的，那个时候，我才刚走上讲台；学生爱你又恨你，爱你才怕你，这很难得——记不清是哪位家长跟我说的话了；老师，我的孩子说很喜欢你，喜欢你的语文课，喜欢你的授课方式，但是不知道怎么搞的，一提到你就会掉眼泪——最近，一位母亲跟我说出她孩子（也是我的学生）的情状；比起老师，我更愿意说您是孩子的"心灵导师"——这是我今年收到的新年祝福语……

我其实也是担心的，他们来找我"知识解疑"只是一个幌子，"心理辅导员"才旗帜鲜明。在忙活学校校庆的时候，我的爱人调侃我："你好好一个专职教师，怎么就混成文艺骨干了呢？"我记得那日晚上彩排，我竟然忘记了找老师顶替我的晚自习。回来的时候，我问看班老师是谁，他们说："没有人看，听着你的歌声，我们很安静。"当时我很感动，学生就该有学生的样子。老师就该把教学放在第一位，这么多年，自我觉得在教学上稳稳当当、本本分分，没有什么辉煌的成就，有时候自负地认为"这不是我的水平"。我的"成长重于成绩、德育先于智育"的逻辑在近些年特别是在毕业班的时候有些动摇了。

惯性思维促使我转念一想，我又害怕起来。我真的需要我的孩子在没有老师的时候"寂静无声"吗？教室是什么地方，它很安静，是不是意味着"要么里面没有人""要么人都'死'了"？

规则之下，当所有人都不说话的时候，是不是应该有人站出来，允许他说几句。

（三）

我在《在故事中成长》中说："一个男老师，首先是一个男孩，其次应该是一个男人，然后才是教师。"教师的职业首先是微笑，然后才是教书。王开东老师在卡库嘎瓦的《没有围墙的教室》一书的序言中写道："在她看来，知识一点儿也不重要，让孩子遵循自己的方向，找到最适合自己的路径才是最重要的。"我想，教育，就是一场寻找。

我的学生有时叫我"老师"，有时叫我"老胡"，更多的是叫我"老大"或者"OB"，连家长们也跟着叫。一开始，很多人觉得"没大没小"。借用汪曾祺的话说：我觉得一个现代化的、充满人情味的老师，首先必须做到"没大没小"，老师叫人敬畏，学生"笔管条直"，最没有意思。

学生不是老师的，孩子也不是父母的，人都是属于他们自己的。汪曾祺说："他们的现在和他们的未来，都应由他们自己来设计。一个想用自己理想的模式塑造自己的孩子的父母或者老师是愚蠢的，而且，可恶！另外，作为父母和老师，应该尽量保持一点儿童心。"

有个声音一直在我耳畔回响："我不想听你废话"，那么刺耳。还好，我也仍然能记起多年前我收到的一张卡片，上面用稚嫩的字迹写着：虽然我不理解您跟我讲的很多东西，但是您讲得如此生动，让人印象深刻。任何人，包括老师要成就一个学生、成就一个人不容易，但是要毁掉一个人却轻而易举。

就像我的那些毕业生经常说"老大，等我……我就……"，就像现在的学生说"跟老胡搞好关系，就是趁他不注意拍拍他的右肩，然后走到他的左边去，冲他笑；或者，干脆直接搭着他的肩膀，问个问题，聊点人生"。

教育是一场寻找

寻找是一个坚忍的动词。所有人的一生都在寻找着，寻找适合自己的那个人、那个地方、那个位置，最终都要找到自己。

寻找也是一个勇敢的动词。马克·吐温说："有时候真实比小说更加荒诞，因为虚构是在一定逻辑下进行的，而现实往往毫无逻辑可言。"寻找的人永远在路上，永远在尝试着可能性，在毫无逻辑的现实中寻找有着一定逻辑的理想境地。

寻找又是一个值得珍惜的形容词。席慕蓉也说：现在我们能够做的，是找一个静静的地方，让自己静静的思考，明白该如何做，才能够不让珍贵的东西，重要的人再次失去，明白该如何做，同样的错误不会再次发生。从中吸取经验，吸取力量，继续坚定的前行，寻找喜欢的东西，碰到真爱的人，去做正确的事。

2017年的最后一天，我依然在寻找着。

2017年1月30日，是学校教学开放日。毕业班不在开放之列，但是我接待了很多校友，大部分是国外留学的学生。几个孩子硬要跟着我到班级听我"训话"，骂不离赶不走。他们对我现在的小娃娃们说："老大现在会骂你们吧！会敲打你们吧！听我说，这个时候你们要对他笑，对他说'加油'，我们就是这么过来的。"外出吃饭的时候，抢着买单的仍然是我，他们一人还点一瓶啤酒。一个拥抱，两张照片，几句寒暄，时时笑声，除了寻找回忆，还有寻觅着对未来的思考。我能感受那种"多年师生成兄弟"的情谊。

此时他们带着"中西教育"的心得，我成了"问道、学业、请惑"的学生。他们的讲述，让我的而立之年有了"不惑之感"。最高兴的是，他们变得越来越不一样了，好的教育必须是让人成长的；最明确的是学的道路在哪里都是艰苦的，习的日子在哪里都是漫长的；最难得的是，出去学习只是为了寻找和尝试一些不同的方式。这些，也许是我们教育者在教与学之外要坚持和寻找的。

这一天，我从家里搬来一筐龙眼，往讲台上一放便说："2017年最后一节课，祝福大家。新的一年，'龙眼'精神！"有的孩子管这东西叫桂圆，我说："那就祝愿大家中考折桂，凯旋团圆！"

到了快放学的时候，才记起约了一对夫妻开"家长会"。匆忙扒了几口饭，便去做准备工作。我习惯在中考前进行一次"一对一家长会"，父母双方不管多忙、不管是否离婚都必须到场，没错，就是这么任性。来与不来，我就在这里。这个最后会有孩子参与的"家长会"，我把这个它美其名曰"在必要的时刻跟一个必要的人进行一次必要的谈话"。这样的谈话能让我从在孩子那里了解别人的孩子，过渡到从父母口中了解他们自己的孩子，最后回到对"我们的孩子"的认识上来。

对于责任来说，遇到了，就必须死磕到底。我会告诉每一个孩子、每一对父母：不断尝试才能知道对错，竭尽全力才能问心无愧；教育就是寻找帮助孩子做正确决定的方法的过程，学习就是孩子找到适合自己的土壤的过程。

我始终坚信，我遇见的每一个孩子都是与众不同的，我也坚持在寻找每一个孩子与众不同的地方，在本本分分的教与学之外做点"不务正业"的事：等待与希望的智慧，自由与自信的本真，爱与被爱的精髓。

师生之间于千万人中的遇见，犹如张爱玲所说"于千万人中遇见你要遇见的人，没有早一步也没有迟一步"，只是我会庄重地说一句："嗨，你来了，终于等到你。"

是我在等TA，还是TA来到我这里？我为什么要等TA，TA为何要来我这？TA是要去哪里，我又将带TA去何方？我仍然记得我拿着花名册，TA拿着分班表，心里不约而同地说："原来你就是那个TA！"

我似乎确信能明白：父母师生相遇一场，无非就是寻找或者帮助寻找的过程，教育其实就一场寻找。

2017年第一天，我给孩子一个舞台，因为我知道每个孩子都需要一个舞台，需要几次掌声，他们需要寻找适合自己的角色。

我给他们每个人都写着个性化的评语，希望我能帮助他们认识更好的自己，找到更好的自己。

新的学期，我给他们作《相比于才华，我更愿意别人说我是一个努力的人》的讲话，我想告诉他们，世界上最好的方法就是努力，让孩子找到信心、决心、恒心。

2月14日，我给他们每人手写一张贺卡，希望孩子找到盼头、奔头、劲头，我希望他们找到"情"，找到"心"，因为情人节不在于你有没有情人，而在于你是一个有情人。

我生日那天，孩子们说"为了健康，为了在教育路上多走几步，为了多几个像样的老师，要戒烟""或者我们每个人为你续上一分钟吧"，这样的劝勉，我却像发现了新大陆那般欣喜。

2月，我给他们讲陶渊明，我希望女生能寻找到像"陶渊明一样的男生"，我希望男生能寻找到像"陶渊明那般的性情"。彼时木棉花开得正盛，"啪"的一声，我们喜出望外，于是停下了课，看木棉，写木棉。学习也是生活，生活需要寻找美。

3月8日，语文课变成写作课。我寻找着最佳的角度，给每个女生拍下一张照片，并告诉他们"这些都是我的女神"。我还说"一个国家文明的标准之一就是如何对待女人"。

3月27日，盛怒之下，我差点砸掉一部属于学生的手机，师父和爱人纷纷带着"责骂"过问此事，原来，教育"从来都不是一个人的战斗"。

4月6日，两个孩子在玩笑似的对骂着，我这次没有睁一只眼闭一只眼，没有大事化小，对于孩子来说，很多事情都情有可原。我当众批评了他们，并要求他们作检讨。就像卓沛彤的感慨：我们一直都在寻找那个自己曾经许诺的样子。是的，有时候我们不一定要以牙还牙，但是我们要有态度。

5月，家长会。我讲《你只管做，改变会自然发生》，父母无须培训，孩子来了，你就是父母了。每个父母都在不断地尝试中成长，在寻找着养育孩子最佳的方式；我让孩子们写《我期望里的父母应该是这样》，其实，孩子也需要寻找与父母的相处方式，最好能明白自己将来会不会成为自己今天所期望的样子。

6月，我带他们到户外早读，我带他们论故乡，寻找自由与回归。

9月，进入我的第十个教师节。进入到初三，我无法日更一文。我告诉自己别盲目勤奋，别妄加品论，别被忙的假象迷惑。在苏霍姆林斯基那里，我们寻找情感的真谛：能够以人的方式去爱的，就是天使。

10月，我领悟到"教育就是在孩子身上看到自己的责任"，我们的责任不是让孩子成为我们的好孩子，成为我们的好学生，而是成为有责任的自己。

11月，有个孩子说"我想改变中国的教育"，我告诉他"先改变自己"；我说"教育是爱的垂钓，要用心作饵"，教育者就是垂钓者，用心就能找到最好的垂钓方法。

12月，我给那些奋斗在高考战线上的、我曾经的学生写信——《但愿梦想未远，依然值得期待》；在寻找梦想的道路上"你们依然是为师的梦想，永远的梦想，我永远在蹲守，永远在期待"。

这一年，我在讲故事，讲一个男孩的事故和男人的故事。这一年，我当过优秀家长，当过家长代表，也得了优秀教师。新的一年来了，我的儿子在我的两间教室上都写下稚嫩的粉笔字：节日快乐。习近平总书记的新年贺词是"幸福是奋斗出来的"，我想说"教育是寻找出来的""梦想是坚持出来的"。我只愿：做一个高级有趣的人，不迁就、不放弃，继续书写时间里最美的故事。

我站在树上，

学习像鸟一样飞翔，

虽然知道这不可能，

可还是要试一试，

风来了，

临风飞舞，

我感到无比幸福。

人生就是一本书

——讲在开学的话

放松了一个多月，我这几天心情很沉重。这一开场，我有一句话想在严肃正式的场合跟大家说，这句话我想了很久，想说却一直没有机会说出口。（晓睿笑了，"老师，我看到你严肃的样子就很想笑，您见谅。"我说："其实，在教室里我一直都一本正经的。"）好吧！言归正传。这句话我想了一个暑假，到底要不要说。就在今天下午，我打发畅宇去给我清洁茶具的时候，她特别愉快又贤惠地给我洗得干干净净，我就决定要说出来，那就是："我想死你们了！"几个孩子终于没有绷住，"噗"，笑了出来。

刚刚班长在组织发书的时候，我就在观察大家。我只能用一个词来形容我看到的情景：变化。但是在新学期，我更愿意看到的是大家在情商、智商和习惯上都会更上一层楼。这段时间我在教儿子背古诗，刚背到《登鹳雀楼》，他看着图片，我念到"更上一层楼"的时候，他就兴奋地说："爸爸，上楼就看到山、看到河，哇，还有太阳。"我说："对，儿子，想要看到太阳，就要站高一点儿。"于是他就从床上站起来看"太阳"。我们从二楼到三楼，是不是登高了，你们能望远吗？

下午的时候，就看到几个男生站在窗户前，看着操场上的学弟、学妹，指指点点，有说有笑。我们是不是该感叹"逝者如斯夫，不舍昼夜"。回头想想，我们军训的场景就在眼前。我想说的第二点：时间真的过得很快。这正是我们家长、老师会感慨、焦虑的。但是，正如我们老师经常跟你们家长说的："不用着急，才初一呢，早着呢！"我想问那几个男生的是，除了看到去年今日终于不用再经历的那份快感，你能看到时光流逝的快感吗？

记得初一的时候，在第一堂语文课上，我跟你们讲，生活不仅要有眼前的苟且，还要有诗和远方的田野。今天，我想说的是，如果你今天更上了一层楼，你仍然看到太阳照样升起，你仍然看到江河奔流不息，你看到你曾经走过的路、你的脚印如今有人重新踏上去了，你认为那是苟且，还是诗和远方？没有诗和远方，眼前就是苟且。你忽略眼前的现实，就不会到达诗和远方。最近很流行一个词，"小目标"。这个词之所以会火，那是因为王健林是站在了"巨人的肩膀上"说的小目标。对于我们绝大多数人来讲，他的小目标可能是我们终其一生都无法实现的。但是，如果我们没有想法、没有思想，我们就会沦为奋斗的机器。对于"穷人"来讲，只有眼前的苟且，并没有诗和远方。值得庆幸的是，我们的平台不一样，我们的家庭是"小资""中资"，我们所处的环境是"香水百合"，这些会成为我们的"资本"。那么，现在我们要做的，就是付出劳动，因为劳动和资本结合，才能创造出价值。一旦你创造了价值，你就要用技能和认知能力去分配、去创造更大的价值。那么，学习就是一个"技能和认知能力积累和提升的好办法"。你丰富的只是你的才华，加上你的努力，加上你的"资产"，就能开始累积财富了。

其实，我想说的是，相比于才华，我更愿意别人说我是一个努力的人。

人生就是本书。我们翻开新的一本书，会慢慢把它读薄；当我们把这本书读薄，我们的人生之书就渐渐变厚了。

讲了这么多，不懂是吗？没有关系，这就是你们要坐在这里"走一段艰苦的路"的原因了。

老师有放弃学生的权利？

老师，也有选择学生的权利——也包括放弃任何一个学生。

这话竟然出自学生之口。

这个学生，有一双炯炯有神、闪闪发光的大眼睛，那里面闪烁着理性的光芒。在我给他们上过第一节课后，她就给我递过一张纸条：当夕阳只剩下最后的余晖……黑暗的尽头真的有光吗……我提笔：山的那头不一定有海，海的那边也不一定有岸。但是心中有光，世界就明亮，顾城说：黑夜给了我黑色的眼睛，我却用它来寻找光明。

但是，最近那双眼睛也不在状态，没有了光彩，走神、闲散。今日的作业竟然也没有做完，我就说了一句："咱们6班还能有你这样的女生要老师催作业的？你这梦游似的状态，还是我认识的那个你吗？"

不久，我就收到一张纸条。

纠结了很久要不要写，但是我发现，对于自制力极其一般的我，还是白纸黑字来的省心。首先，很感谢老师您把我叫去办公室，不然，我的梦可能一个学期都不会醒。我从不认为老师教学生是天经地义的，更不认为老师这个职业的意义就是管教学生。老师，也有选择学生的权利——也包括放弃任何一个学生。很庆幸，我没有成为那一个。

上面所说的"梦"，并非是一件具体的事，而是我长期的状态。不知为何，这个学期以来我就像在做梦一样，而且这个梦没有边界，似乎一时半会儿也醒不来。最重要的是，我不知为何会进入这样的状态。如果您非得问我发生了什么，我也不清楚。

就在刚刚，那句"我不知道6班还有你这样的女生"似乎把我点醒了，把我拖出了那个梦境。但是，还不够，仿佛有只手在拉我回去。我想，老师如果像对男生那样严厉对我，也许我会更畅快。同时，我相信，这将是我最后一次因为作业问题被老师传唤。

愿，在老师的帮助下，我会找到更好的自己。

看到纸条，我很高兴，原来我的一句话可以不经意间拉回一个梦游的孩子；但是心里又堵起来，是谁给了这个孩子这样的想法：我从不认为老师教学生是天经地义的，更不认为老师这个职业的意义就是管教学生。老师，也有选择学生的权利——包括放弃任何一个学生。

姑且让我敏感一些、深入一些分析这孩子的话语。

老师教学生不是天经地义？这是什么时候开始散布的谣言？教师的天职就是教书育人。教书是手段，育人是目的。这是无可动摇的，如果非得有不一样，也仅仅是有些老师"育人是手段，教书是目的"罢了。其实不论如何选择，老师教学生都是本职、天职。如果哪一天，我的学生开始质疑"老师教学生不是天经地义"，也许这个社会的良心对教育就开始怀疑了，对老师开始心冷了。这是不是跟社会上一些"坏事传千里"的"教兽"行为有很大关系？我总是认为：教学过关、学生满意的是合格的老师，同行赞赏、学生喜欢的是好老师，家长佩服、社会认可的是名师，家庭幸福、保持自我的是成功的老师。做老师的每一分钟，你都应该把教学生看作是天经地义的事，否则，要么就是老师心死了，要么就是学生死心了。

老师有选择学生的权利？孩子，关键是，谁赋予我们这项权利？如果这个世界有谁能够选择一个人？大概只有一小部分毫无责任感的人在生命最初孕育的时候选择是否继续，一些犹豫不决的人在感情开始的时候选择是否好心经营。其实，只有学生有选择的权利：选择上学与否，选择学到什么程度，选择去哪个学校，甚至选择去哪个班级、接受哪个老师……我们老师，在与学生相遇之前，拿到的永远只是一张表格，上面写着令人兴奋的一串生动的文字——学生姓名——心想"那将会是怎样一个简单而又复杂的生命"——而且未曾谋面，就开始想着见第一面、第一节课、第一天、第一个月、第一年，甚至是一辈子的事。

老师有放弃学生的权利？毋庸置疑，绝不可能。诚然，老师要成就一个孩子很难，老师要毁掉一个孩子也确实容易。老师不经意间的言行举止也许会伤害孩子，但是一个正常的、合格的老师都不会主动去放弃孩子。至少，在学习这一点上，每一位老师都会煞费苦心地把孩子"逼上书山""逼下学海"。老师的底线就是"不害学生"，高不成也不会让学生低就，所谓不抛弃不放弃，就是"东不成就让其试着西就"。话说回来，教师无非就是这个社会中最平凡又最特殊的群体，他们自己也有孩子，自己的孩子也要交到老师手上，因为"老师往往教不好自己的孩子"。将心比心，他们也有"今天我交给你一个孩子，你将还我一个怎样的青年"的期望。这样一个当家长的老师，怎么能做"放弃孩子"的先驱呢？

把教永远当作天经地义的老师方为师。也许我没有选择，遇到了就感觉美好，就要蹲守希望，就要垂钓生命，就要寻找最好的我们。我们不想放弃遇到的任何一个学生。孩子，我一定还有做得不够的地方，才让你说出这种话来！但是，孩子，你错了，老师教学生就是天经地义，老师的职业意义之一就是管理学生，陪你们走一段路，帮助你们管理好某一段人生。我们也许还有选择的权利，那就是在别人的孩子和自己的孩子之间有选择，在教书育人和娇妻育子之间选择。有如做父母，孩子来到我们手中、来到我们怀里，我们就别无选择了，最后走进我们心里，我们的崇高使命就成了塑造生命！

为何要学习与成绩无关的？

学校进行了消防和地震的逃生演练。上午最后两节课，他们或在接受培训，或在操场练习各种动作技巧，或在教室与操场之间来回操练着！

太阳很毒！教官在冒汗讲解教授，学生们躁动着。吃过午饭，准备回宿舍小憩。行至电梯口时，突然从后边窜出一个孩子，看样子像是初一的新生。他追着我问："老师，地震发生的概率有多少？""很低！"

"那深圳会发生地震吗？"他很执着。"应该不会，没有发生的记录！"我随口而出。

"您觉得每天发生地震的概率有多大？"这孩子怎么像"十万个为什么"啊！"为零！"我有些累，不想说太多，哪有每天都发生地震的！

"那为什么我们要练习这个，这有什么用！"原来是步步为营啊！"肯定有用啊！"

"有什么用啊？""学着肯定用得着啊！"我一时语塞，竟不知如何辩驳！

"那什么时候用啊！总之现在是用不上了，还耽误学习时间去练这个干吗？"一个爱学习的孩子，都快成学痴了！

我有点来劲了，看电梯还没有来，就决定马上"教育一下"。

"你现在学习知识干吗？"

"要中考啊！"目的好明显，读书为了中考？

"那现在要中考吗？"

"不用啊！"

"那你现在还学习干吗？有什么用啊？"

电梯门开了，他没有再说话，我走进电梯！

"为了中考"，这句自然又自信的话语让我很是震撼！想起关于都灵大学校徽的一个故事。

其实我不喜欢西方教育，只看得起它们的教学。

都灵大学是意大利一所颇有声望的大学，它的历史甚至比法国的巴黎大学及英国的牛津大学、剑桥大学还要古老，它是由一批意大利、罗马大学法学系的学生创办的。都灵大学不因历史悠久而守旧，培养出来的毕业生总能迅速适应社会，这要归功于都灵大学有别于其他大学的一点：都灵大学能随着社会的发展设立新的学科，从而更快更好地为社会输送人才。而这与都灵大学门口的两尊雕塑不无关系。

据介绍，都灵大学的校门口有两尊英格兰黑色大理石雕塑，左边是一只鹰，右边是一匹奔马。几千年来，它们成了都灵大学的标志，甚至连校徽上也是这两尊雕塑。那只鹰代表的不是什么鹏程万里，它其实是一只被饿死的鹰。为了实现飞遍全世界的远大理想，这只鹰苦练各种飞行本领，却忘记了学习觅食的技巧，结果在它踏上征途的第五天就饿死了。那匹奔马也不是人们认为的千里马，而是一匹被剥了皮的马。这匹马开始嫌它的第一位主人——磨坊主给的活儿多，乞求上帝把它换到马夫家；可马夫给这匹马的饲料不好，这匹马又乞求换主人，于是，上帝把它换到了皮匠家里，皮匠给马的活儿不多而且饲料又好，可是没过几天，这匹马就被皮匠剥了皮，做成了皮制品。都灵大学的创办者把两尊雕塑矗立在都灵大学的校门口，旨在提醒都灵大学的学生们：真正能把人们从饥饿、痛苦和贫困中解救出来的是劳动和生存的技能，而不是不切实际的知识。

我们的教育现状是什么？教育成果是什么？饿死的鹰？剥了皮的马？分数、知识的传授占据了教育的九成江山！现在学习"为了中考"，将来学习为了高考？那么，大学有毕业考试吗？社会需要分数还是什么？生命需要什么？我们要想，学习的出发点到底是什么？教育的本质是什么？一只没有生存技能的鹰，纵有远大的理想、飞翔的技巧，但最终的命运却是被饿死。一匹不愿劳动、只图享受的马，绝成不了千里马，只会被剥了皮。

又想起美国一所让人匪夷所思的大学。这是一所与世隔绝的大学，它坐落在美国加利福尼亚州东部沙漠的山谷里；这又是一所神秘的大学，学制2年，每年招收的学生不超过15名，且是清一色男生，这些小伙子在这里能获得全额的助学金，但同时又必须每周付出20个小时的劳作，放牛、种草，过着牛仔式的生活；这还是一座传奇的大学，这里的学生不少都是放弃了耶鲁、哈佛的录取机会投奔而来，毕业后又会被世界顶级名校争相录取……这就是深泉学院，被称为优秀学生的"乌托邦"，又是美国高等教育实验的成功典范。

学会生存、学会劳动应该是人们学习的最基本的目标，当然也应该是我们教育的最基础的内容。但长期以来，我们的教育忘了教育的本来面目。脱离生活、空中楼阁式的教育应该改革了！

我们的一些孩子，好像也适应了，认同了，习惯了，麻木了！那些个性的、灵动的、叛逆的，都在为了升学掩埋着自己，都在用脑子掩埋自己的手和腿，最终只剩下了灵魂是高尚的！

学习要升学，升学要考大学，大学毕业要好工作，工作为了生存或者生活……对了，我们要好好生活，生活得好好的，好在这是我们很多父母最终的期望，也成了我们很多老师教育的最后那个公式和共识：孩子，我要求你读书用功，不是因为我要你跟别人比成绩，而是因为，我希望你将来会拥有选择的权利，选择有意义、有时间的工作，而不是被迫谋生。当你的工作在你心中有意义，你就有成就感。当你的工作给你时间，不剥夺你的生活，你就有尊严。成就感和尊严，会给你快乐！

好在，我们的国家从农业社会转型而来；好在，我们的家长很多从农业中来；好在，我们很多老师，从穷乡僻壤飞出来；好在，我们的孩子尚处在农二代、工二代。叶圣陶说：教育应该是农业，孩子应该是种子。

其实，我只是个农夫，在温暖的学校里，种着百合，等待着百合明日香。

勤要得法

　　试卷发下去了，孩子们的固定动作是：看看自己的分数，然后往前后左右瞄一瞄、瞅一瞅。有的孩子会迅速合上自己的试卷，"考得不好，不让你看。"但是保护好自己试卷的同时，又忍不住想看别人的，在确定自己并不比对方差太多的情况下，大家就打开了自己的试卷。

　　有的笑着任人看自己的分数，有的尴尬的"赞美他人"，有的默默收回自己的试卷。

　　TA坐在第一个位置，拿到试卷看了分数之后，并没有东张西望，而是默默地坐在位子上，双脚踩在凳子下面的横杠上。TA左手拿着试卷，右手撕着嘴唇上的死皮。很安静，就像TA自己说的：考完试，不能只看自己拿了多少分数，要看看自己错在哪，丢了多少分数，为什么丢了，赶紧查证弄懂。可是这个话说起来容易，此时分数就在眼前，恐怕TA也没有心思去想了。突然眼泪就掉了下来，一颗接一颗往下掉，掉在拱起的膝盖上面。我就站在那里看着，我想：如果那泪水掉在地上的话，一定能溅起一些泪花来。TA感觉到了有人盯着TA，喉管一抽，泪水瞬间止住了，只留下暗红的眼圈。

　　我偷偷拿起手机，拍下了这一幕，也跟着暗自神伤。

　　我的心是难受的，不是因为TA考得不好，也不是因为TA的眼泪，而是因为，TA是勤奋的。

　　课堂上，TA会积极思考老师的问题，踊跃发言，如果老师的问题让课堂一时沉默了，TA甚至会为了"配合"老师自告奋勇；TA做笔记很勤快，笔记本上、教材上密密麻麻全是笔记；老师说的方法TA会欣然接受，第一时间去实践；课下，TA会经常来问老师问题，哪怕有些问题连TA自己都觉得"很简单""很白痴"；TA也经常向同学请教，虽然偶尔同学也觉得简单，会附带两句调侃的话，TA只会欣然一笑；TA能很好地完成学习任务，完成了作业会安静地复习功课，背诵知识点；每次大考前，TA也会跟着宿舍的同学一起"开夜车"，虽然不想，但是TA觉得那样会踏实一些。

你看看TA，是不是符合一切成绩优秀者应有的条件。难受的是，成绩总是那样，不好不坏，不退不进。

TA到底还是来找我了，"老师，帮我心灵按摩吧！教教我该怎么办，爸爸！"此时，TA的内心被折磨着，要我给TA进行按摩，那其实就是在折磨我自己，特别是那一句"爸爸"，我只能理解为一个网络词汇，但是至少我的能力得到TA的信任。

"为什么哭？""没有考好！"

"没有考好就非得哭吗？""可是我很努力了！"

"你哭的是努力没有回报？还是觉得技不如人？""刚开始是前者，现在连后者都有了！"

"我可以理解成一种自失引发的自卑吗？""可以这么理解！"

"我现在只能帮你按一次摩，你觉得该按哪个问题？"我这个题有点难，TA想了想，说："为什么我这么努力还是跟不上别人！"

这个回答我很满意，至少自卑的问题不需要解决了，现在要解决的就是战术上的问题了。

TA这是属于低质量的勤奋。我们身边有很多的这样的成年人，也有很多这样的孩子，并且被我们冠以"踏实稳重的实干家"的美名。这其实是对自我能力的掩盖，对自我认识的逃避，说白了，就是想用表面的虚假繁荣来掩盖思想上的真实空洞。

低质量的勤奋，就是被伪装起来的懒惰，战术形式上的勤奋掩盖战略思想上的懒惰。因为看起来的勤奋，为了表现给人看的勤奋，没有方法和思想的勤奋，会让勤奋的主体忽略真正要解决的问题和学习中最有价值的东西。这也就是古人所讲的"学而不思则罔"，白学了。

那么，什么是真正要解决的问题和学习中最有价值的东西？

有些人学习很有计划，安排得满满的，执行力也很强，哪个时间到哪个时间是学习哪个学科的，把知识点从头看到尾。但是，我们忽略了一点：这其中哪些才是我们真正没有掌握的。去学习自己没有掌握的，做的才是有用功，反之，就是无用功。

有些孩子有很多教辅资料：教材全解、北大绿卡、全效学习、学霸笔记、"五年三年"等一应俱全，而且勤奋刻苦，"喜唰唰，喜唰唰"，哪一道题都做。但是，忽略了：哪些才是典型的知识点和题型，哪里有解题的思路和方法。

磨刀不误砍柴工。我们与其急着学习，不如好好想想：

自己的优势学科和弱势学科是什么？

学习的习惯哪些是好的？哪些是不好的？

自己的学习问题中哪些是最急需解决的？

我们还要想想：时间多少是不是衡量勤奋与否的标准？

勤奋不是表演，要看是不是真的学进去了，是不是用了有效的方法去勤奋；勤奋不是拒绝任何活动，拒绝玩耍和游戏，没有方法、没有意义的刷题和背书比懒惰还可怕。

尝试一下这三句话，看是不是能有效一些：

心中有数：了解自己的实力，优势和弱势要明确，了解自己的精力。把自己最好的时间花在最能提升自己成绩的学科上。

手上有务：不管如何，做一定比不做好；但是先做什么，后做什么，一定要明白——哪个最能提升自己的成绩就先做哪个、重点做哪个。

脚下有路：有计划，关键是执行，前提是，这个计划是根据自己实际情况制订出来的。

有人说"努力到无能为力，拼搏到感动自己"，也有人说"除了勤奋努力，你别无选择"。感动自己我相信，但是无能为力、别无选择却真的见鬼。是的，勤能补拙，但是没有人告诉你勤能培优，读书实苦，所以别再盲目勤奋！

但愿梦想未远，依然值得期待

——写给高考的你们

小孙大圣：

我的孩子，见字如面。

前些时日，于整理笔记之时，偶然看到3年前一段记录你的文字，感慨良多，心之所向。想起与你们一起梦想的3年，不禁提笔。

几行字是这样的：

小孙是个明智（聪明理智）的孩子。有自己的思想，也能听得进去别人的意见；他能认识自己，也能说服自己接受别人的意见。小孙几次考试都良好，在学习上是一个值得期望的人。记得第一次批评他的时候，他就哭过。我给他定了目标之后，他渐渐地都实现了。我要树他做榜样，要他给自己做一张海报。他说这样会不会有个人崇拜的意思。我当时说的是："就是要个人崇拜。"

当时时间仓促，没有了下文，没有尽为师解惑之道。今时今日，我却想到用这样的句子来与你交流我的看法：庆幸往日的自己已然可以崇拜，警醒明日的自己依然值得期待。

巧逢你父亲给我捎来家乡的大米。闲聊中，听闻你最近在冲刺"中科大少年班"的考试中落选，当下又在准备"清华、北大"的保送选拔，心中应该会迷茫吧！"万一……"又该如何？我马上又抽了自己的思想一个嘴巴，去他的"万一"。我们老人家才有的邪念怎能奈何你们青年？时光易逝，你这小家伙都离开3年了。想起你古怪精灵的模样，还有思维敏捷的脑瓜，倏地觉知以你的实力，你面临的其实不是高考，可能对你来讲，用"选择大学"更为恰当，是你想去哪个大学的问题。而大学不过是另一个学堂，或者说得直白一些，就是一个地点。学习真的是为了到达那里吗？

我在前几日的一首诗中写了这么一个句子："人在奔跑，心往何处。"我用它来形容我想象中的你目前的处境和心境。于是，我决定另备薄纸，来描绘我期待中的你的模样，来表达对奋斗者的敬意。我记起当年跟你们分享的纪伯伦的诗句："我们已经走得太远，以至于忘了为什么而出发。"孩子，想必你已经想好了你将要去往何方了吧！

此时，在你们曾经奔跑过3年的那个运动场上，你的学弟学妹们奋斗在体育节的赛场上。我故作平静地坐在赛道边，给你写着信。你有一个学弟叫孙英鹏，没错，跟你同姓。一个月前，他检查出卡骨隐痛，被医生建议不能参加运动会。但是我却在今天的400米赛道上看到了他的身影，小组第一。我诘责班级安全员为何没有阻止他。你猜孙同学是如何回答的，"为了集体，为了自己，最后一次在这片土地上为了荣誉而战，我想尝试，我想坚持。"我本想呵斥他，但是我却说不出来话。不出意料，一个小时后，他又被父亲接去医院了。在医院里，他坐在轮椅上掩面而泣。

年轻，什么都敢；而我，什么都感。

你还有一个学妹，叫黄楚媛，亭亭玉立，优雅大方，上进心强。她头一天参加了400米预赛，又参加了4×300决赛；今天刚参加完400米决赛并夺得金牌，紧接着又要参加800米预决赛了。我给她冲葡萄糖水的时候，不小心被罐子上的锡箔纸刮伤了手指，血迹沾染到了勺子。她说："老师，我不参加800米了，我想为下午的4×100米积蓄力量。"我微微一笑，对小姑娘说："喝水，满血复活！"你能想象最后发生了什么？她出现在800米的赛场上，只是慢慢的，与其说是跑，不如说是走；与其说是比赛，不如说是在路上。

年轻，一直保持心动；年轻，一直保持行动。心中有想要去的地方，就不会留恋沿途的小桥流水，也不会为那些看似热闹的人群嬉戏而驻足。阿甘只管跑，跑不是为了终点，但是他却一直在到达；你只管做，梦想（目标）不是目的，但是你会与众不同。

对了，最近李冉秋于深夜发给我一篇非常精彩的文章，说准备参加"新概念作文大赛"，你们面临同样的关键局，但是她依然坚持着当年的"文学梦"。章文和贝儿他们开始申请国外的大学了，章文从深外给我寄来一张明信片，她在有批次（分为高于自己实力的、与自己实力相当的、保底的）的申请美国大学，她在与全国的出国精英竞争。她说很难，但是人要有自信，要认准自己的实力，要有目标，就会花时间去做许多丰富多彩的事情。

我不敢说这与我有关，更不是为了说教于你，我想告诉你，坚持和梦想是最值得人期待和骄傲的——不管是对自己还是对他人。而梦想（目标）的目的不在于明天，而在于让今天更有意义。

同样的期待和自豪请你转给那些曾经与你一起在百外奋斗过、如今在深外依旧并肩的同窗：小青青（刘青）、鸟叔（文俊鹏）、小白（曾轩亦）、甲鱼（李家瑜）、章文、安昕、子扬、乙洛……还有那些久别奋斗在各个学校的"一家人"，比如，小蔡、小贤、雨兵、嘉星……告诉他们，你们依然是为师的梦想，永远的梦想！我永远在蹲守，永远在期待。

胡老大

2017年11月17日于百合校园

昨日是今日的礼物，明日是最好的自己

——给毕业班的孩子们

高考结束，中考结束，会考结束。有人要走，有人要来；有人轻轻招手而去，有人要快快迈步而行。

就在今日，我拿出我的笔记本准备写下班会计划的时候，发现本子就剩下几页了。我用一年多的时间，把一本近160页的笔记本写得更厚，把一支支满满的笔芯写尽，把一颗颗心迹记下。那里面记录的全是跟你们有关的事：通知、活动、近况、学习、人物等。算下来，我这些年写了已经有7本了，我在每一本上的扉页都写着"从心开始"。

每当我不知道要干什么，闲下来的时候，我就把那些本子翻出来，看看在那一年、那个月、那一天甚至那个时候我在干嘛，我的孩子的是什么动态，我还有什么事以前做了现在没做，我有什么事是以前没做现在做了，我还有什么想法没有达成，但我不能放弃。

我总觉得我很充实快乐，我尽量让我的每一天都有意义。尽管我收入不高，尽管我只是一位普通的一线民办老师，尽管我有时候也很功利，很现实。但是我很庆幸，我有沉淀。我的昨日给今天留下了礼物，我的今日也给明天留下了礼物。

我的孩子们，想想我们自己。在过去的几年里，你们给今天留下了什么？书本是变厚了还是依然崭新，脑子是聪慧了还是混沌迷茫，心气是高远了还是低微短浅。昨日的笔记还在吗？昨日的批注还记得吗？昨日的文字留存了吗？昨日你们写了那么多作业、试卷，现在在哪里？还是转化成什么了？你自己心里有数吗？

对了，心里有数，手中有务，脚下有路。如果昨天是今天的礼物，你今天收到了什么？如果今天是明天的礼物，你打算给明天准备点什么？人哪，千万别愚蠢，决不能让明天的自己打今天的自己几个耳光。

前段时间我还跟小胖同学探讨过一个问题，他说"我的性格就这样，改变不了"，其实性格是容易改变的。"江山易改，禀性难移"说的是气质。气质是你无论用什么化妆品、穿什么衣服、配什么装饰都很难遮掩和改变的一种东西，它由内而外，"惟德而馨"。

每年这个时候，我们都会被派到外校监考。监考的时候，我一般做两件事，一是看看试卷，构思作文；剩下的时间，就是观察学生。观察什么？气质！我总会觉得，你们的气质会好很多。但是明明大家都在学习，都在受教育，家庭条件也不见得会悬殊，父母会重视孩子的教育，甚至他们的穿着打扮、言行举止还"潮"一些。但是有什么不一样呢？直到我看到有人在考场上趴着睡觉，做选择题的时候抓阄，交卷的时候"白茫茫一片"，我明白了：你们更努力、更认真。努力、认真的人最美。这就是你们对待自己的职责本分时所流露出来的态度，让你们与众不同。

我一直很喜欢把两句话贴在毕业班的教室里：我只负责努力，梦想自会来找我；拼一回才知道自己有多伟大。人最冤枉的是：在你的一生中，竟然没有努力拼搏过，竟然不知道最好的自己能好到什么程度。所以，不管你是即将毕业，还是要毕业了，要做就做与众不同的那个，要做就做最好的我们。

愿，现在的你们，是你自己；也愿，明天的你们，是最好的你们；还愿，离开的你们，已是翩翩少年；更愿，回来的你们，气质依然。

父母和尊严岂能玩笑？

放学了，那是孩子们放肆开心的时刻。当大部分孩子陆续涌到操场的时候，刚要安静下来的教学区突然传来急速地奔跑声，紧跟着几声刺耳难听的"脏话"，那不是一般的侮骂，三个字，有动词、代词和"妈"，恕我传统，我讲不出来，用英文替代都不愿意。连续的几声，似乎要惊动整个走廊。我本不想管，但是声音实在是太大，又接二连三，加之上午这个孩子还因"说脏话"被老师批评教育过。

我把他叫过来，随之而来的还有两个同行的学生。"你觉得你的声音洪亮，骂得很畅快，感情宣泄很淋漓尽致，要不晚上给你一个机会，当着全班的面骂出来试一试。"我的初衷是，如果这个孩子在公众场所还能有所顾忌的话，还不算坏。虽然他不愿意，当即表现出很"羞愧的样子"，但是鉴于上午还发生了类似的事，我还是决定"杀鸡儆猴"。

同时还有另一个细节，坚定了我这么做的意图。我在跟这个孩子说这个想法的时候，旁边跟来的孩子竟然开玩笑一样应和着："是呀！晚上再喊几声。"我骂了几句"助纣为虐"之类的话把他们赶走了。

自习时间，孩子们埋头学习，考试前的紧张氛围让人透不过气来，虽然我在犹豫会不会影响考试，但是我觉得这件事同样也重要。我说："看大家这么紧张，就让两个同学放下自尊给大家表演一段，缓和一下气氛。"没想到两个孩子竟然有模有样地走上讲台，一五一十地还原了当时的情景，有的孩子笑了，还有的在鼓掌。只是这一次，他在说那句话的时候，声音压得很低、很低，但是我从没有想到他真的敢开口。因为之前我处理此类事件的时候，当事人是不敢开口的，最后在羞愧中求得原谅。

既然开始了，开口了，那就只得继续。

我说："下午的声音不是这样的。"他又说了一次，台下笑声多了。如此几次，他并没有意识到什么。我说："你说谁的？"他又带着对方的名字骂了一次，台下的笑声更大了，对方竟然也在笑。

一开始，我还觉得自己"误导"了孩子，但是当看到台下的学生笑得前俯后仰，对方也忍俊不禁的时候，我开始觉得事情严重了，至少从他敢说出来的时候，就已经严重了。

看着两人在台上戏谑地笑着，再看看台下的孩子们麻木不仁地笑着，我顿时涨红了脖子。"很好笑吗？"孩子们似乎听出了什么，停止了笑声，一张张笑过之后还留有红晕的脸马上绷紧。

"刚刚没有笑的举手？"没有任何人举手，甚至平时最信任、最可心的那几个女孩子。其实我有瞬间怀疑那就是孩子思维，"孩子看到自己相信的"，但是涉及道德品质的问题，没有选择和商量的余地。

"如果有没有笑的，我该表示对你的敬意，我要跟你做朋友。

"你们觉得这很好笑。这就是一句常态话，一句随着历史和潮流的进步逐渐改变原意的话，大家听多了，说多了，就习以为常了。可是有些东西不管怎么改头换面，都掩盖不了'脏的本质'。

"如果这件事发生在你身上，你会如此吗？你们的笑声和掌声，就是助纣为虐，就是无意识犯错，有些事情成为自然而然、习以为常后，就是麻烦的开始。

"如果一开始，你们就有人站出来对这种行为嗤之以鼻，哪怕是一个两个，对于生活中的那些不文明的现象，也许不可能药到病除，但是我相信，一个提醒就好像是一盏灯，灯光多一些就亮一些，那么我们身边的黑暗就少一些；并且我更相信，每一个人的心灵就像是一扇窗户，窗户打开光亮就会进来。

"这是我的亲身经历，我想讲给大家听。

"一次，我去麦当劳买饮料，把车临时停在了一个空位，我没有注意到那是个出口，我想我会很快出来。排队，人有点多，大概过了10分钟，我出来的时候，发现我的车堵了别人的路，喇叭声此起彼伏。我一边表示歉意，一边赶紧去开车门。一个头大腰粗的男子跑过来说：'你还有没有一点儿素质，停在通道上。'我一边解释着一边赶紧开车，'我就买杯可乐，没想到这么快堵了车道。'

"'你看看多久了，也不留个电话。'我刚想解释我留电话了，可是发现我的停车卡掉下去了，一切都指向我今天的遭遇结果不会好。'你TMD还有没有一点儿教养。'他一边敲击着我车的引擎盖，一边踢着我的车轮。我的车很差，但是我的心不是那么差，我说：'我是没有素质，但是你有素质为什么要骂娘。''就骂你了，怎么了！CNMD。'

"换作你们会觉得好笑吗？我只能把我手中的可乐向他砸过去，没有砸到，洒到了我的车上。那边车上又下来一个大汉，然后我被好心看热闹的人拉走了，那边还在指指点点，念念有词。

"'你为什么要砸他？'爱人问我。

"'因为尊严和父母容不得践踏，家庭和荣誉必须捍卫。'

"她笑了，那一笑很倾城，说：'你还男人一回。'

"这就是我的经历，你们要记住，尊严和父母、家庭，必须捍卫。容不得开玩笑，容不得践踏，一个连尊严和家庭都无法捍卫的人，还能守住什么？

"你们今天的表现，会成为我从教以来最不可思议的一次经历。

"我对被骂的那个孩子说：'我替你感到悲哀，还能笑出来，都不能轻易原谅，我真想替你妈妈打你一下！你们一定要记住今天，记住今天老胡的故事。'"

我想起多年前我经常用来教育学生的"三词经"，我分享给他们，并要求他们抄写在随笔本上。

有三种东西必须捍卫：祖国、荣誉和家庭。

有三种行为必须控制：情绪、语言和行为。

有三种问题必须思考：生命、死亡和永恒。

有三种行为必须摒弃：罪恶、无知和背叛。

有三种做法必须避免：懒惰、野蛮和嘲讽。

有三种东西必须挽救：圣洁、和平和快乐。

有三种品质必须尊敬：建议、自尊和仁慈。

有三种习惯必须培养：理性、谦恭和好学。

交上来的随笔中，我摘录了一些话语，是反思，是思考，也算成长吧！

黎泽莹：母亲，是一个书写时都要伏在案上的词，她们自从做了母亲，就陷在爱的泥沼里，越陷越深，直到被埋没。

张璨璨：我们的笑声和掌声在一定程度上是助纣为虐。如果是我，我宁愿和对方打一架，这与家教无关，父母其实没有提到过哪怕是一星半点这类的话题。我并不可怜自己，我只是可怜我所发现的一切。

Y：也许是我前排的同学笑得太夸张，也许这是我乏味的一天中唯一值得笑的事……总之，笑的时候其实与这个词的罪恶无关。就现在而言，当人们带着气愤或者趣味的态度吐出这句话的时候，其实并非表达字面意思，这成了"发泄"的专用词。

李诗曼：天很蓝，楼很高，人很时尚，新时代的种种"潮流"正悄悄冲击着我们原本纯净的生活。

周茉：把这等无耻的对骂看成常态，是因为我们从来没有意识到它的下流、恶心，但是这不能改变它"脏的本质"，甚至我也说出过这样的言语，我要给那些母亲说句"对不起"，更要对自己的母亲说："对不起，有人侮辱你的时候我没有冲上去。"

卓沛彤：数不清的讽刺无形中密密麻麻地向我刺来，可悲的是我的行为违背了我曾经许诺自己要成为的样子。

我可以不以牙还牙，但是我得有态度。

老师的道歉

（一）

"交卷了，快点。"我四处张望着，催促着。Z还在低头写着，抽屉里半露着一本翻开的参考书。不假思索，我就张开了我的大嘴，"快点交，还在写，还翻书。"说完，我拿着试卷，就回到了办公室。

热心的榆童陪着啜泣的Z进来，"老师，我……我没有……翻书！"接着又是哭。榆童说："真的，老师，我做证。"

我突然意识到自己犯了武断的错误，说："你先别哭，先平静一下，坐下说。榆童你先回去，谢谢你。"

Z几次想张口说，"还有……还有……上个学期……"还有事，我马上打开自己的思维机器，急速地思考着。

"你先平静一下，平静了再说会清楚一些，要不你先去洗把脸？要不你吃点东西，我这儿好多吃的。女孩子心情不好的时候都喜欢吃东西，一吃就好了。"

她摇头，笑了。一定受了是很大的委屈，不然哭得跟个泪人似的，双手不断地抹着眼泪，那一顿一顿的啜泣，让我这个多愁善感的男语文老师心生爱怜。这些年，除了爱人在我面前哭过，就是孩子了，还算是有经验，自己不会太无措。

"来，平静了，咱就一次说完。"这个时候，让孩子一气说完，是舒畅的。

"其实刚刚我没有看书，书放在抽屉里，一不小心掉出来了，我为了赶完最后一道题，就没有管它。最后一道题是开放题，哪有的看。上个学期，您找过W谈话，好像是为了缓和他与Y同学的关系。后来W同学告诉我，您说我是个'哪边人多就往哪边倒的女生'。"

又是一阵哭。"我觉得您这样说我是不是太武断了。在这里我本来就没有什么朋友，很多话不知道找谁说。我们才认识一个学期，而且也没有什么单独直接的交流。我觉得很委屈，因为我不是那样的人。本来我想找您说清楚的，后来想想，您也挺忙的，就算了，过去就过去了。"停了停，"我说完了。"

她舒了一口气，静在那里，等着我说话。

"我现在能知道的是，你一定很委屈。所以，我首先要道歉，道两次歉，我的武断让你受委屈了。上个学期的事呢！我还想解释一下。我确信我说过类似的话，但是绝不是你刚刚说的那样。我记得我说的是'你虽然不很喜欢说话，但你是个喜欢热闹的人，哪里热闹就会往哪里靠'，不是说'墙头草'的意思。我当时是为了达到劝说的目的，加入了一些自己觉得无伤大雅的推论，没想到伤害了你，真是抱歉。"

"老师，没事了，其实我已经想通了，只是刚才没忍住，哭起来了，榆童就叫我来和您解释清楚。谁叫那么巧呢？"

"是呀，这就导致了我的误判、武断。刚刚你说到你没有什么朋友，这是一件很严重的事。"

"是的。有的时候很羡慕别人，去哪都能成群结队。"

"那你有没有想过什么办法？"

"其实我想，没有百分百对你好的人，所以就从自己身上去找原因。"

"我想纠正一下，应该说'不是百分百的人都会对你百分百的好'，百分百对你好的人还是有的，比如你的父母。"

"嗯，是的。我当时也就是想，自己对别人好一点儿，就会有朋友。于是，我拿出我的热情、微笑，去融入身边的那些人，但是好像效果不明显，我很失落。"

"好吧！我想明确的一点：你所说的朋友是那种'知己''闺蜜'类型的，而不是一般的同学、伙伴关系。"

"是的。"

"那就是一般的朋友还是有的。"

"嗯，有。其实班级的同学都很不错。"

"那就好了。孩子，我不知道接下来要说的话正不正确，但确实是我的生活经验。我一直觉得，人生能得一二知己足矣。像知己一类的朋友，一辈子也许就那么一个，我们也许会用一辈子去寻找，说不好什么时候碰上。我自己觉得，到现在，我都没有找到'知己'，但是我不着急，我相信那个人一定会出现，或者已经出现，只不过还没有'一见钟情''日久生情''知己知彼'。至少到目前为止，在我读书的各个阶段，我有交际，并且都有美好的回忆，那也很好了。还有，关于如何待人的问题。我想跟你讲个实话，我对人是先付出，这样我问心无愧，我也能知道哪些人是能交往的；你们师母恰好是等着人付出的，只要别人对她好一点儿，她会对你好几倍的那种人。然后，我遇到她，她遇到我。磕磕绊绊，可是我们依然能在一起，但是我不觉得我们已经是知己，还需要时间。你觉得知己，是那么容易找到吗？"

"老师我知道了，我不会强求，也不刻意，自然而然，真心付出，问心无愧就好了。"

"好了，退一步讲，你现在还有很重要的事要做，学习。不能为了这些，掩盖了自己的重要责任。当然交际也重要，我是说，哪些事必须做，哪些事能顺其自然，哪些事不得不做。"

"清楚了，谢谢老师。我写作业去了。"

终于看到她轻松地笑了笑，起身把凳子放到一边。

（二）

他又没有完成作业。

看着交上来的未交名单，他的名字赫然在目。

最近几周不知道怎么回事，他的周末作业总完成不了，多次短信告诉他妈妈请督促，可是总有完成不了的科目；在学校的作业倒是能完成，可是偷工减料，质量不敢恭维。上星期我就找他谈话，并约定：再有第三次就找你妈妈来看看。

没想到给他机会他也不珍惜，为了"信守承诺"，只好打电话叫他妈妈过来。

原来，他妈妈一直有督促检查，只是他总会忘记老师布置的作业，或者干脆说没有作业。眼看期末考试来临，妈妈帮他整理好了复习资料，并督促他背诵。他妈妈说："胡老师，虽然我很忙，但是现在周末我都会一直陪他。为了能教他，我把他的课本拿来自己学了一遍，除了英语实在学不了。"我想，这就是母亲了，母亲的伟大和付出，是父亲比拟不了的。

孩子在一旁，头低了，脸红了，眼润了。这一番语重心长的话，我其实听了很多，也就没有在意。可是他的妈妈的一句话让我很难过："你知道今天是妈妈的生日，这个时候被老师叫来，多遗憾！我知道你不想妈妈这样子，是吗？"

我赶紧补了一句"生日快乐"，接着话茬"教育"了他一番。临走时，这位母亲一个劲地对我说"抱歉""不好意思""给老师添麻烦了"之类的话，看着她推着孩子离去的场景，我无奈地苦笑，该说这些话的是我啊！

教育，在父母眼中是什么啊？爱、期望、无怨无悔！

在孩子眼中呢？约束、承受、魔咒？

在老师眼中呢？很复杂！

而后，我收到了这位妈妈的留言：

谢谢您！胡老师！其实，您不需有歉意，真的，您带这么多的孩子，百忙中没有忽略他的存在，我一直心存感激，是真的，发自我内心的话！只是，这孩子还没成熟，对他，我心存愧疚（在家庭的完整性方面，虽然，我已尽了最大努力），但自始至终都觉得他的潜能未被激发，也许这是每一个做父母的心态，所以，我用自己不熟练、不专业（可能还有些笨拙）但让他明白爱他的教育方式，在等待他的成长及蜕变！所以，也请老师能继续关注他，或许有点慢，但我深信——总有一天他会明白，什么是责任，什么是荣誉！

（三）

又是忙碌的时节！

临近期末，各种总结；一年一度的外语节，让外语老师和班主任焦头烂额，但却是孩子们的狂欢节！

排练集体项目是最费神的事！每次都是我这个男老师站在前面，喊破喉咙，组织90个孩子做各式各样的表演，每次排完，总是累的声身俱疲！

今天，Rose和许老师问我要不要去排练，我说："我感冒了，嗓子不行了，你们去吧，我支持你们！"她们说："你不去，谁驾驭得了那个场面？"我只好答应。

排了一遍，效果不理想。孩子们又坐不住、站不住，乱成一片！每次停下来修改，都要花费大力气才能重新恢复正常秩序！我总说："孩子们，自觉一点儿不行吗？你们要知道，老师也会没有师德的时候，不要逼得师德没落哦！"

由于刚刚上完两节课，我嗓子几乎崩溃了！许老师也是刚刚病愈归班，不适合维持这种秩序，只好我出马，但是一下子没有控制住，居然骂了出来，而且骂得很不雅，很粗俗！效果倒是有，孩子们安静了好久！我的内心也跟着安静了好久！

虽然有言在先，但我觉得还是损害了形象，损害了孩子们的自尊！刚巧爱人带着儿子过来，我笑着抱起儿子，跟她讲起这个事，她淡淡一笑："你就这点脾气，跟我急了也这样！（我说"有吗"）好歹也是一个民师（她一直简称我这个民办教师为民师），你得作出回应！"

晚上，我在总结的时候说："我还想跟大家聊一个话题，关于尊重！大家都知道，尊重是相互的！但是，尊重，某种程度上来说，都是不公平的。为什么呢？因为总会有人先付出。就像我对我爱人，我会先拿出我对她的尊重，然后她会尊重我，进而尊重我的父母，尊重我的亲人，尊重我的朋友，尊重我尊重的一切！（肖诗琪、子悦、安昕点点头表示赞同）今天下午，我师德崩溃，节操掉了一地，这是我这些年来的第一次，也希望会是职业生涯的最后一次！主要原因在我，是我没有控制好，虽然你们是导火索。在这里，我想跟大家做一个正式的道歉！（5班孩子热烈鼓掌）这说明，老师也是平凡人，也会犯错，也需要成长，所以需要和大家一起努力！我这里引用一段话，作为正式道歉：**我感觉自己像个离不开土地的农夫，我蹲守在土地上祈祷着，虔诚而恭敬。因为每一粒种子都会成为一个世界，即使环境被污染，即使风不调雨不顺，我仍然毫不吝惜地让汗水一滴一滴洒在地上，因为我有期待，永远地在期待。"**（热烈掌声）

蔡璧骏要我再念一遍："我要写入《六班那些事》！"

课代表撕书

我在跟孩子们进行一日总结，课代表走进来，气冲冲地说："这是谁的卷子，没有写名字？"没有人答应，我正想多问一句，但是接下来的一幕让我惊呆了。"没人认领是吧！"于是，课代表一下子就撕掉了，然后霸气转身，留下目瞪口呆的孩子们，还有一个我。我尴尬地把总结完成。

回到办公室，她还在生气的整理作业，作业有分类，她要逐项登记，谁没交，谁没有按照要求做。说实话，真是一项费神的事。

"你刚刚干嘛？"

"有些人每次都这样，您不知道这给我们增加了多少工作。"她说着继续埋头整理。

"谁给你这个权利？"

"老师说了很多遍，我们也总是提醒，他们还……"她还没有说完，就掉下了眼泪。

"我只是问你，谁允许你这么做的？老师说的吗？"

"可是……可是……"委屈的眼泪已经浸没了她的眼球。

"请你正面回答我的问题。"

"是我自作主张的。"

"虽然我为你的负责感动，为你的委屈心疼，但是我并不认为你刚刚的举动是好办法。众目睽睽，还当着我的面，影响极坏，下不为例。"看她还有工作，我决定暂缓处理。

第二天，我找到她，我们坐到我的办公桌前。

"怎么样？现在能聊一聊了吗？"

"老师，我都淡然了。"她说罢，吐了吐舌头。

"是啊！你淡然了。但是我想此刻有人一定还没有释怀。"我欲言又止地看着她。不知道为什么就静默了几秒钟。

"老师——"又是欲言又止，又是泪眼盈盈。

"你的泪水是委屈、不解，还是后悔。"

"都有吧！"虽然我觉得她如果说后悔，那么这将是一场因孩子的强烈的反思能力而迅速告捷的高效的对话。但是这个回答却是我这场对话进行下去的意义所在。

"那请你解释一下吧！因何委屈？不解什么？后悔什么？"

"我们这科作业项目多，如果这个不写名字，那个交错地方，我们真的费时费力，有时候就又气又无奈，为什么发下去的试卷都会忘记写名字，还有人提醒，这就是我的不解；后悔嘛，你知道的，这就是后悔。"看来她是有备而来。

"孩子，你的眼泪告诉我，我确实要对你的默默付出表示感动；你眼泪也告诉我，你确实已经对自己的一时鲁莽有了思辨……"

"一时解气，但是想想，接下来的事情也很恐怖。"

"哦？"

"作业被我撕了，他肯定伤心死了；而且作业没有了，接下来还将面临老师的责问。"她想得透彻。

"想想都很惨。"

"嗯。"她于是展示了标志性小鸡啄米式点头。

"数学考得怎样？"

"老师，你别问了，三观尽毁了。"开学的一次数学考试，难度很大，大家都考得不好。

"有没有老师讲过的、平时自己会做的，却突然不会了或者做错了的。"

"有啊！心痛。"

"哦，那老师有没有把你的试卷撕掉，或者把你'撕掉'？"

"没——"还没有说完，她立刻话锋一转，"老师我知道了。"

"你知道什么了？"

"知道那些男生为什么总忘记写名字，交错作业啊！"

"哦，那以后还有这样的男生怎么办？"

"哎，耐心点咯，还能怎么办？"

孩子，我想跟你讲，教育是慢的艺术，但是你能听懂吗？孩子，我还想告诉你，要是所有的知识一教就明、一学就会、一记不忘，那么，还要我这"农夫"干吗呢？我还想告诉你，老师就是个农夫，我们蹲守在地里，绝不拔苗，静待花开。

靠势必实现的决心努力学习

中国的乡村尚处在农历新年的氛围中，城市就已经开启了新年的工作、学习之旅。这个学期，据说这是有史以来最短的学期，对于毕业班的学生来说，是一个有挑战的学期；新的一年，祝福大家健康快乐，没有红包，但是送大家几句话。

（一起读）我从来不相信什么懒洋洋的自由，我们向往的自由是通过勤奋和努力实现的更广阔的人生，那样的自由才是珍贵的、有价值的；我相信一万小时定律，但我从来不相信天上掉馅饼的灵感和坐等的成就。做一个自由又自律的人，靠势必实现的决心认真地活着。

这是我们的开场白。

过年期间有个学生找我，他已经大三了。他说最近在想"死"的问题。我吓住了，连忙问"是想去死"还是"思考死亡的问题"。当然是后者。他说，想着想着就后脑勺发麻，后背疼——人一生出来就是一个走向死亡的过程——想想就害怕——这样有什么意思呢？他去问他的父亲，父亲说："人生本身是没有意义的，只有在你有所为了才有意义，那些有所为串起来才是意义——在遵纪守法、一心向善的基础上为所欲为！"

人生在自己的哭声和别人的笑声中开始，在所有的笑声和哭声中走过，在别人的哭声和自己的笑声中结束。勤奋和努力的一生，就是又哭又笑的一生，那些笑和哭就是珍贵的意义。

我在想，学习本身的意义是什么？上课？笔记？背诵？作业？考试？再来一次，上课？笔记？背诵？作业？考试？思考？再来一次……学习本身是漫长、枯燥、艰苦的，那不是意义，只有学习与自己所想的生活、生命结合起来，那才是意义。

你准备好了吗?

1. 一个充满激情和斗志的自己

这会是风风火火、忙忙活活的一个学期。如果你有了计划并有了决心和执行力，那请你坚持；如果你还没有很清晰的规划，那么请你"牵着老师的手，跟着老师走"；做想做的事，做能做的事，做可做的事。

2. "三定"自己

（1）定位。了解自己，不低估自己。最好的自己（成绩名次）是怎样的？我的目标（考哪所学校）？我有什么优势（科目）变成最好的自己？又是什么弱势（科目）让自己目前没有成为最好的自己？我想过什么办法？

（2）定心。当你有了目标，对自己有了充分的认识之后，你就该全心全意，只有学习了。你想你有多大把握，如果你只有80%的把握，该付出120%的努力。那么，能拿到80分你就该心满意足，拿到90分是进步，拿到95分是人品爆发，再高就是天时、地利、人和了。但是一定要记住，除了你自己，没有人能阻止你远离最后的成功。

（3）定调。定位和定心了，就该好好走了，至于是走高调还是走低调，都要记住：专注于基础，保持优势（优势科目和最大把握分值），突破难点，错不二犯。不管什么调，用心就是实力，努力就是方法。

3. 想不如问，问不如做，做总有办法

说得更实在一点儿：勤思、会问、多干，改变会自然发生。再具体一些，就是桌上有本，手中有笔，笔下有题，题中有法。多问，学问学问，学就要问，问就是学习的过程。一心只求成绩和结果，那只是在"学答"。

4. 改变，改善，承担，放下

如果你觉得自己的学习没有起色就去改变，改变听课、作业、思考的习惯；如果觉得起伏不定那就改善，改善心态、改善重难点方向、改善作息；学习是自己的事情，无论结果如何，都要学会承担，好与坏是暂时的；最后要放下，放下自己昨天的一切，放下那些影响自己心绪的东西，放下一时的成功和失败。

5. 认可自己，挑战自己

奋斗才有意义，有意义就幸福。相信自己有能力，挑战自己的能力。我曾经的一个学生，今年就要参加高考了，前几日我看她的朋友圈：现在，我的心里只有学习，人生只有一次高三，只有一次18岁，宝剑出鞘，静待花开。我想：人生只有一次初三，只有一次15岁，不奋斗，就难有花季的心花怒放，更难有雨季的风雨无阻。

6. 靠势必实现的决心（梦想和期待）认真地学着

李畅宇同学在昨天立下誓言：绝对不在体育中考前喝奶茶，喝酸奶，吃油炸的、辣的、上火的食品，只吃万家好……对于一个女孩子来说，这是多毒辣的誓言。但是，我相信她就是那个有决心的代表。在咱们班级，还有很多有决心的人：3年来任劳任怨、默默无闻学习的陈祉锜，不考好不梳头的班宇，告别电子产品、改变明显的喻晓，最初不想上学到现在初三了还能坚持练字的周子睿，一直保持在培优班的游历，病了还要坚持上学的孙英鹏，一直就安静努力、成绩稳定的张雅菲，信心满满的饶育嘉，一直充满斗志的肖儒鉴，勤学好问的李子畅……

还有很多人，我暂时不一一列举。你们每个人都是值得期待的，就像我喜欢的那段话：我感觉自己像个离不开土地的农夫，我蹲守在土地上祈祷着，虔诚而恭敬。因为每一粒种子都会成为一个世界，即使环境被污染，即使风不调雨不顺，我仍然毫不吝惜地让汗水一滴一滴洒在地上，因为我有期待，永远地在期待。

收缴课外书

看课外书，这是一个多么好的习惯；在课内上看课外书，这是一个多么不敬的表现。

班上很多女生喜欢看书。那天数学老师收缴了一本书，是穿越剧《步步惊心》的原著，这部电视剧我是在爱人的影响下才看完，没想到书这么快就印刷出来了，并且在学生中间传播开来。

课间，赵来找我，希望我还书，并保证不再看。我拒绝了，只说看表现吧！她说书不是她的，求我还给她，不然不好交代。我说："你在不该看的时候看，对我就有交代了？"她悻悻地走了。书是陈的，她的表现和成绩一直是班上的佼佼者。晚上是我的晚自习，我把书带过去了，并把她叫上来。

"这书是你的？"我直接问。

"是的！"她没有丝毫不宁。

"下集呢？"

"还在我这。"有点不解地回答。

"想拿回去不？"我故意问。

"肯定想！"

"你看这样行不行，你把下集也给我，我看完之后就一并还给你！我也想看！"我试着用这个办法建立沟通。

"你什么时候看完啊！"看来她也急用。

"不确定，总之会尽快！"我看书的速度不快。

"那你何不把这本看完再跟我换下集呢？"很聪明的想法吧！

"那不行，我想两本一起拿在手！"

"为什么，有什么分别吗？"她想我直接还给她最好了！

"那太不一样了，现在这本书是收缴的，但是你把下集拿来给我就算借。你说有区别不？怎么样，成交吧！"

"老师，你说话算话吗？"这话问得我不知所措。

"你是在怀疑我吗？"我有点不解，等着她回答，她默而不语。我接着问："怎么样，接受吧！"我满以为她应该接受了！

沉默了一下，她摇摇头。我明白了她的意思，便示意她回到座位。

当晚，我在总结的时候给他们推荐了两本书——《平凡的世界》和《活着》。我表达了内心的想法：是不是我平时的严厉和执法如山，让孩子们觉得我不近人情，不可信任？就连在课堂上，孩子们也开始拘谨起来了！我总结地说："不建立在信任基础上的感情是脆弱的！"

看着我抽屉里收缴过来的"暂时由老师保存的课外物品"，什么时候起，我失去了他们的信任？

老师，我错了

诚实的故事我们读了很多。真的！

那天，我正批改着作业，两个孩子走进来。张幸科和张幸洪，可别猜，他们不是两兄弟。可能是由于姓名相近的缘故，他们很是要好，经常在一起玩耍，笑容很是灿烂，很阳光的两个男孩，只不过有些好动。他们走到我旁边，头压得很低，有些羞涩。

我搁下笔说："怎么了，哥俩。"

他们俩相互推搡了一下，最后还是张幸科张嘴："老师，我们错了。"张幸洪也随之附和着。

"嗯，怎么回事呢？"我不解。

还是推搡了一下，还是张幸科说："刚刚我们两个在走廊上玩，我不小心把他推了一下，他撞到铁柜子上了，把别人的柜门撞得陷进去了。"我正想质问，他急忙解释道："老师，我们错了，修柜子的钱我们出，你别批评我们。"说着就要去掏钱。

我赶忙阻止，然后问他们有没有撞伤，他们摇摇头。我欣慰地说道："咱先不讲赔偿的事，我想知道你们是怕我批评才来主动认错的，还是觉得自己做错了事情要承担。"他们想了想，怯怯地说："都有吧！"

我说："很好。首先，为你们的这份勇气我感到很高兴；然后为你们的勇于承担而骄傲。我还想知道，你们为什么主动来找我认错，你们就真的不怕我批评你们？"

"也怕，但是我们知道您迟早会知道的，况且您说过我们是一家人（我们的班规总则），想到这儿也就不怕了。"

我点点头，说："真好，从这件事中你们学到了什么？"

这下张幸洪抢先说："以后在玩耍的时候小心点，不能弄到别人的东西。"

"最好不在走廊和教室过激玩耍，这里有很多棱棱角角，碰到哪就不好了。还有呢？"

"犯了错误勇于承认。"

"对，这是一个男子汉必须具备的！还有吗？"

他们相顾狐疑，其实我只是随口一问，然后就叫他们回去的，我接着说："我很感动于你们今天的行为，所以柜子的事我会帮你们处理。回去吧！"他们舒了一口气，道了一声"老师再见"，正欲转身离去，我补充问道："回去以后该干吗？"他们迟疑了一下，看着我的眼睛，豁然开朗，齐声说"知道"，便跑开了。

一节课后，两个女生跑来问我，说她们的储物柜被两个男生不小心撞得陷进去了，怎么办。我说他们两个怎么表示的。两个女生害羞地告诉我，他们道歉了，说您会处理。我表示是的。

最后，看她们并没有责怪的意思，便拿起电话打给了后勤。

不禁想起我的这些"土方法"，想起我们一起制定的班级公约：我们是一家人……同学间相互尊重和欣赏，相互理解和宽容。

有时候，我们老师必须去相信孩子的接受能力，哪怕是多唠叨，多婆妈两句。

逃学去救鸟

晚自习时间到了，有几个女生还没有回来。

过五分钟，还没有回来。我询问过后，便叫羊去女生厕所找找，又去别的老师办公室找找。我有点着急了，在走廊上徘徊着。半个小时过去了，终于在一楼出现了几个身影，有说有笑。我有点生气地盯着她们，安静的校园却又使我无法呼唤她们。好在她们抬眼望见了我，于是跑了起来。

她们倒是很自觉，径直跑到我面前。"嬉皮笑脸"地看着我，我沉默地盯着她们几个，她们下意识地低下头，挤眉弄眼地相互"挤兑"着。

眼神交流得差不多了，我便把她们领进办公室。

"说。"我直截了当。

"老师，我们关爱生命去了！"XR在这个时候还有几分性情。

"有一只鸟受伤了，被鸟妈妈……"其实这个事我在询问学生她们去向的时候就知道了，XN是个有爱心的女孩，前段时间还在关心我那只老迈多病的校猫，留了祝福和猫粮在我的办公桌上。

"作为人，我肯定要被你们的善心感动，真的！"我停了停，"但是作为老师，我有点不同的意见！你们关爱了自己的生命没有？"我一句急促激动的话语，着实把她们心底那点侥幸击了个粉碎。又是一阵沉默和眼神交流。

"老师很生气，来，你们关爱一下我这个生命。"

"老师，我们确实不应该在不恰当的时间做所谓的正确的事情。"这是我经常跟她们说的话，其实，她们懂。

"着迷了，就忘记上课的事情了。"听了这个话，我很自然地想到了龙应台那篇《放学》，"长长的路，慢慢地走，孩子你慢慢来"。

"好，我解释一下我为什么那么生气。"

"我的3个孩子不见了，在上课后半个小时才回到教室，你们知道这半个小时我是怎么过的吗？你们要出点什么意外，谁的责任？你们说关爱生命，那你们关心我的感受吗？让人担心，是不懂事和不成熟的表现。"

每次跟XN说话，她都会用她那标志性的眼神看着你，都不带眨的，你都不忍心说出太重的话来。

"这个时候，大家都在认真做作业，学习、思考、阅读。你们还没有做完作业，就擅自离开课堂去'关爱生命'，试问，你们这是关爱自己生命的表现吗？自己的事没有做好，该做的事没有做好，对自己的事是不是应该有'责任优先'意识？"

XR脸上的表情凝重了些。这些话，我不知道当讲不当讲，但是不能再讲下去，"自己的事没有做好，就不能去管别的事"，这个潜台词似乎不对。

"鸟生病，受伤，被淘汰，这是自然规律。你们是有善心、爱心，你们要去照顾那只鸟。试问，你们有这个时间和能力吗？你们能照顾一次、一天，能照顾十天、百天吗？能确保这只鸟成功存活在自然界？"

她们一个个摇着头，整齐划一，连方向都一致，我心情缓和了一些。

"人要有善心，但是行善举，就要量力而行，你们是未成年人，是学生，要看自己有没有行善的能力。"

……

一阵沉默之后，XR说："老师，我们回去关爱自己的学习去了，可以吗？"

过了两天，我问XN："鸟怎样了？"

"老师，它终于还是飞走了。"

撕　书

　　冬智同学曾经是我的课代表，他是个接受能力和理解能力都很强的男孩，曾经在我的课堂上语出惊人，我们第一次"访谈教学"的时候，他就是主角。他乒乓球打得很好，我曾经试着跟他过招，我这三脚猫没几个回合就败下阵来。但是不知道从什么时候开始，他很少帮我收发作业了，或者说是忘记了他该有的这份责任。课堂上开始开小差，经常捧着一些非文学类的课外书啃得津津有味，忘乎所以。我的书架上摆了好多没收上来的书籍，其中有几本就是他的。我常常和他们约定，只要有一定程度的进步，就能拿回书本，但是他几乎没有拿回去过。

　　他的成绩渐渐在平均分之下徘徊，那次参加市里的乒乓球赛，他得了好成绩，我试图把他的自信心激发出来，但是没有多久，便恢复如常。

　　期中刚过，正是我们老师进行反思、改进教学的时候。他依然考得不好，依然忘我地在课堂上看着书。长期满怀期待、望生成龙带来的失望，再也压抑不住那瞬间的怒火，我竟然一把将书夺过来，在大庭广众、众目睽睽之下，撕成两半。

　　气愤出走，我已不敢回头再看坐在椅子上的那个本已经信心不足的小男孩的神情——他会战战兢兢吗？

　　就在我思考着怎么安慰那颗破碎的心，低垂着头站在讲台上时，猛一回头，丁丁正在那偷偷看着课外书。还没有想明白的我，双重受伤后，居然还有人在我伤口上撒盐。霎时有点耐性被挑衅的感觉。冲过去，以迅雷不及掩耳盗铃之势抢了过来。孩子们还没有反应过来怎么回事，我已经将书精准地丢到了垃圾桶。

　　我就那样低着头，上了一节课。

可以幼稚，但不能放弃优秀；如果发生了这样的事，我还无动于衷，占着中国老师的"权威"而正常地顺其自然的话，那也许我就不配做他们的"孩子王"了。

我问丁丁："书已毁，怎么办？"

"没事，我会去买一本，赔回去。"他早有解决办法。

我还期待着他接着说，但是他微笑的表情告诉我，没有下文。我说："这样吧！我赔钱给你，这样我心里好受一点儿。"他表示："不用，下次我不会这样了。"

是啊！他就是那样淡然的人。就像上次他在升旗后，竟然淡定地在我的课堂上换衣服，依然是在大庭广众、众目睽睽、光天化日之下。我说："我一直把你奉为咱们6班男生的榜样，性格稳、学习稳、安静。但是你之前这两件事，让我突然觉得你很幼稚。作为一名优秀的学生，别人能做的，你要做得更好；别人不愿做的，你要敢做；别人做不好的，你要做好。这就是我对你的期望，原谅老师的鲁莽，因为确实有些失望后的失望让我没有冷静。"

我问冬智："你是不是对中国的教育有些抵触。"

他的回答很坦然："是有一点儿。"

我问："有没有想过出国？"

他很直接地说："没有，国外也不好，太松，不适合我。"

我接着问："那如何调和？老师今天这样对你，你不怪老师？"

他回答："有点儿，但是也是我不长记性。"

我老调重弹："人生有三件事，自己的事，做好；别人的事，理解；老天的事，接受。你现在无法改变这个体制，也没法逃离，那就接受。课外书就像你爱好的乒乓球一样，是业余爱好，你的主业依然是学习。尝试着改变你的现状，专注于课堂、作业，以你的智商，你会是一个全新的你。改变能改变的，接受不能改变的。"

我查找了那两本书的来源，决定去图书馆交罚金。就像当年我撕掉了姜尚辰的书一样，为自己的暴脾气买单。

谢谢你撕我的书

这是我上次"师德丧落"撕掉冬智的课外书后收到的回信。这是对我内心极大的安慰，我心里的石头终于落下，不用再低着头、揪着心上课了。

Dear老大：

很抱歉因为看书给您带来的许多麻烦。您的那篇文章我看了，让我深有感触，所以我决定写一篇文章来向您说明这一切。

在刚刚开学的第一节课，我就喜欢上了您幽默的上课风格，喜欢上了您丝毫没有一点儿老师架子的讲课方法。我上课积极举手，并赢得了您的信任，当上了语文课代表。

在第一次考试结束后，我发现竟然没有及格，在全班都是倒数。我顶着全班舆论的压力拿回了我的考卷，一看基础28.5分（或许是因为太差了，这次考试的分数我一直记得）。我仔细翻看试卷，难以置信这是我写的。那一节课我是怎么过去的我也不知道了，晚自习我不好意思再去收作业，我只记得我不断对自己说只是一次单元考，没事的，可这却好像是一颗毒瘤种在了我的心里。

之后再上课我哪怕是知道问题的答案也不好意思再举手发言，每一次站起来回答问题都感觉全班另外41双眼睛都看着我，我的脸上总是火辣辣的。直到有一节课，我只记得您又提起了那一次考试，并当众揭开了我的伤口（或许只是随口一说），我的心里多少还是有几分怨气。我开始赌气不听讲，上课总是光顾着抄笔记心里却想着其他事。我开始跟着WHY、LHC等人混日子，成绩直线下滑。

一次次考试的失利，彻底打散了我小学时的傲气。我记得您又找我谈了一次话，希望我重新燃起刚开学时的那份激情。我也不断告诉自己不要被生活所打败，于是我又开始写一些小文章来聊以自慰。后来，文章被一些捣乱的人看到了，只换来了嘲讽，我撕掉了全部，我告诉自己不要被他人左右，可我发现我做不到。我越是不在意他们，就越是不可控制地去想他们的做法与想法。或许从那时起我又一次沉沦了。

到了初二，刚开始我努力学习，坚持了大概有一个多月吧！期中考试前夕，我发现又有些控制不住自己了，变得浮躁了。我想看书可以让心静下来，我来到了图书馆，可事与愿违。在其他同学的推荐下，我拿起了悬疑小说，之后就放不下了。我总告诫自己到了学习时间要放下了，可我做不到，它无时无刻不在吸引着我。那段时间，我上课总是在想后面会发生什么，晚自习早早写完作业又抱起来看得津津有味。我一方面仍旧在不断告诫着自己，另一方面却又在不断打破自己定的规则。我不再跑步锻炼身体，不再复习和预习。终于，期中考试结束了，却以20名的成绩草草收场。

期中考试结束后，我更加放纵自己，可我心里的那股声音依旧在不断影响着我，有时我看书看着看着就开始发呆，我感觉自己活在了一个恐怖的梦中，无时无刻不在面对着思想斗争，也就在这时我想起了您，我希望您能给我一个指引。我几次走到办公室门口，却又犹豫了几分最终无功而返。直到那一节课您亲手撕掉了我的书，其实我是有几分庆幸的，因为我不用再受这个东西的影响了。

一个星期后的晚上，你把我和DD叫到办公室，其实谈话的内容我都已经猜到了七八分，但我心里却有着几分欣喜，或许是因为从小比较调皮，我比其他同学更希望受到老师的重视和表扬。老师您的每一个低沉的声音都深深嵌入我的心坎。您问我们要不要赔，我们又怎敢让您去赔呢？再说，我也不想再在那些乱七八糟的书籍中抬不起头，我果断地说了不。不过还是要对您说声对不起，让您心里这么的过意不去。您又问我心里对您有没有怨恨，我感激都来不及又何来怨恨一说呢？

我一定不会让您失望的，老师，谢谢您！

（这个孩子后来以黑马姿态进入名校）我真的愿意相信，老师的一举一动都能掀起孩子内心的涟漪甚至波浪。当孩子愿意努力一分的时候，会胜过我们努力十分。

再次为自己的举动说声抱歉。

吵架和打架

一、我不喜欢他的作风

学生会组织了足球赛，每班报8人。对于这种非官方的活动，我一向都是交给孩子们自己处理。体委来找我："老师，我拟定了足球赛的名单，W很想去，我觉得他不喜欢传球，担心他不积极训练。他在宿舍哭了很久，应该是有很大意见。"

"不喜欢传球是你个人的看法？"他点头。"你们之前并没有训练过，不积极训练也只是你的一种担心，并没有发生过是吗？"他抿着嘴点头。"这名单是你定的，是吗？"

他回答是肯定的，我叫他拟一份心目中的名单并在班级公示征求意见。我预想的结果出现了：W拿着名单来找我，名单上有他的名字，而且很显然是把某位同学剔除后，才有了他的位置。我告诉他，我很欣赏他一心为班级出力的举动，但是希望他讲讲为什么会哭。

"老师，我跟体委一直都很要好的。可是自从上个星期开始，他好像就不理我了。这次球赛，很多人都说我有能力参加，可是他偏不让我去。"

我们打算换个话题，就问他："在'你们关系出现危机'和'他怀疑你的团队协作能力'这两个原因中，你更希望是哪个？"他习惯性地在嘴里鼓起一口气，然后放空。这个时候，他是无法作出选择的。我接着问："那你有问过这个很要好的朋友为什么不理你吗？"他又鼓着嘴巴，摇头。我又问："那你是如何判断他不理你的？仅仅是没有说话？"他还是那样鼓着嘴巴，点头。我紧追不舍："那你有没有跟他说，跟他推荐自己？顺便跟他说上话呢？"他还是重复着鼓着嘴巴摇头的动作。

我只能接着叨叨："你拿来的名单，把自己加上去了，我看到删去了一个同学的名字。"他睁大眼睛看着我。"那么，你认为，被你换掉的那个人会怎么想？他会不会和你一样失落伤心？"他还是鼓着腮帮，然后眼神流露出豁然和羞怯，吐掉那口气，再舒了一口气，坚决地说："会！"我接着说："再往下想，那位同学会怎么看你？是，你很想参加，想证明自己，想为班级做点事，别人何尝不是。那么，你的做法和体委是不是如出一辙？"

他突然大声地说："老师，我知道了。"

二、一箭双雕

一事解决，但是还不完美。

晚上，我把两位叫到一起。"怎么着，二位，你们现在关系怎样啊？"体委是个放得开的人，他抢着说："我们关系一直很好啊！"说完，默契地与W相视一笑。我故意开玩笑地说："那他说你有一个星期没有理他了。"他回答很轻巧："哪有，老师，只是很少说话，外语节忙，不能叫不理。"

我接着损他："那你揣测人家不传球，不积极训练。你们有训练过？"他摇头表示没有。

"你们看啊！我是这么想的：你们自认为是好朋友，就应该无话不说，而且直面说。那么，人家没有不理你，你揣测；人家没有不积极训练，你揣测人家。我一直认为，真正的好朋友，是不能揣测的，人心禁不起揣测。人与人之间，你不说，他不说，就会误会；你说了，他不理解，就会误解。"

"还有，做干部、管理者，要有一种民主思想。要商量，不能自作主张。还有，把球队名单扩大到12人的大名单。"

"遵命。"于是他们互相推搡着走开了。

三、打架了

"老师，班里面打架了！"黄榆桐焦急地来办公室找我。

我赶到教室，两个人正剑拔弩张，无言怒视。课桌倒在地上，书本散了一地。两人之间站着"维和"的同学。我走过去，先"各打五十大板"，然后把二人"流放"到我办公室，其他人自习。

小胖还在抽噎着。我没有好脸色地说："不准哭，想打架还掉眼泪，你还能再矛盾点吗？在气势上你就输了，赶紧擦干眼泪，我不喜欢掉眼泪的男生。"他还在啜泣，我丢给他一个橘子，"来，帮我剥了。X，你讲，注意是细节描写，不是概括主要内容。"

X开始跟我叙述事件经过：我上厕所回来，看见他们几个人围在电脑跟前，小胖此时正在用电脑。我于是拍了小胖的屁股，我的本意是提醒和告诫，但是没有考虑力度，把他打疼了。他质问我为何几个人一起玩的，就只打他。我说因为我进来只看见你在操作。于是，小胖就把我的桌子踢翻了。正想理论的时候，法官把我们推开了，您刚好也就进来了。

小胖的橘子剥好了，战战兢兢地递给我，我命令道："怎么着，剥好了，吃啊！"他刚想往嘴边送，却突然停下来，整个递给我。我开玩笑地说："你以为我是胡大嘴啊！整个吞。"他于是掰成小瓣，递给我。我满意加卖萌耍宝地说："你也吃，快点，乖。"于是，他小心翼翼地吃起来，剥橘子，吃橘子，他的心情平静下来，悄悄地把橘子皮揣进自己的裤兜里。

我接着递给X一个橘子，他很识趣地到一旁去剥了。

我接着审案："小胖，刚刚他讲的是事实不？没有出入吧？"他点头。

"那你现在能告诉我，你踢他的桌子，是因为违规操作电脑被打，还是因为他只打了你一个心理不平衡。"

"心里不平衡！"说完，又哭泣，X同学不断给他抚着后背。

"那你当时跟他理论，是想让他把其他同学也打一下，你就心理平衡了，你就不会踢翻他的桌子了，是吗？"

"是的！"还抽搭，X递给他一瓣橘子，他还不忘小声说："谢谢"。

"哦，这样啊！如果当时在操作电脑的是其他同学，你只是在旁边看着，别人被打了一下。然后呢？这个同学也跟你一样想，要X把你也打一下，他才心理平衡，你怎么想？"

"我会觉得他不够仗义。"他刚说完就不好意思地抿着嘴巴了。

"好了，我觉得你已经想通了，是吗？"他点头。

两个人一边走，一边分着橘子吃。

每个孩子都需要一个舞台

学校每年都有大型的文艺汇演，外语节、艺术节，举办得很隆重；还有一些小型的集体展示活动，孩子们很重视。参演的孩子们，不管是主角还是配角，甚至是跑龙套的，都积极主动，乐此不疲。在繁重的学业压力之下，他们依然能精神抖擞，游走于舞台和教室之间，很是难得。

没有参演的孩子，从专注的眼神和激动的鼓掌中能看出来，有的表现出积极的羡慕；从面无表情甚至昏昏欲睡的神态中能看到，有的则表现出没有参与感的嫉妒。观众毕竟是大多数的，不能吝啬欣赏；演员是少数的，但是光鲜背后的辛苦是需要掌声和被欣赏的。

欣赏是一种能力，是一种尊敬。

我的儿子总被老师反映不愿意参加集体活动，也不愿意说话和展示自己。记得小班的时候，在家里给他教得好好的一首歌、一个故事，一到了幼儿园，站到孩子们面前，就扭扭捏捏地捏着手指，不肯出声。接下来，很多活动都是如此，我一直很不解，无解。

识字课课堂开放，我决定去看看。儿子见很多大人来了，还看到我了，立马坐得端端正正的，我给他竖起大拇指，他给我回了一个军礼。老师每一次邀请孩子上台，儿子都把手举得高高的，嘴里不停地说着"我来，我来"。见机会有限，他甚至不惜主动跑上去展示。我开始想：是因为我去了的缘故，之前我给他排练讲故事、唱歌，是因为给了他很多表扬和机会？

还有一个现象：买回来的玩具，热乎劲过了之后，就会被束之高阁、冷落。有一次，我把玩具带到小区下面玩。他起初闷闷不乐，也不怎么玩玩具，大部分时间都是我在玩。一会儿之后，来了几个小朋友，还跟着大人一起围观。这个时候，儿子来劲了，一个劲地给围观的人介绍起来，手舞足蹈，他于

115

是开始珍惜起那些玩具来。

孩子需要被欣赏、被关注，那是兴奋剂、强心针。

外语节刚结束，看了文艺演出，很多家长感慨：羡慕那些多才多艺的孩子，他们在舞台上光鲜亮丽，被我们的孩子睁大眼睛羡慕着。

在台下的孩子就一定是没才没艺的吗？一定还有很多有才有艺的孩子，他们有表现欲望和能力，只是犹豫不决，被动罢了。有些孩子一旦开始展现真我，就会越来越好，至少，他享受了快乐。

想到这儿，我替那一部分孩子感到遗憾。就算真的没才没艺，上去享受一下、感受一下、体验一下舞台，也许也能找到什么呢？

新年伊始，临近期末，考试很重要，我还是决定开展一个"我来露一手"的活动，以个人节目为主参加本次活动，而且每个人必须参加，上舞台多的要主动当配角指导一下那些不常上去的孩子。我相信给孩子精气神，给他们表现的机会，找自信也很重要。很多孩子一直做观众，让他们做一回演员很重要。周日的6：40，大家就摆开了架势，一股青春的气息迎面扑来。

安琪打扮得漂漂亮亮，跳了一支异国舞蹈！

很少说话的冠旭在大家的呼喊声中吉他弹唱《平凡之路》！

腼腆的陈奕希悠悠球玩得出神入化，炫！

嘴都不敢张开的张云薄居然表演了独唱！

"骨灰级观众"周子睿和常栩宁表演网络神曲！

胆小的张皓然抱着只练了一天的乐器就上台了！

平常大大咧咧、管不住嘴的肖儒鉴居然能吹奏"忧郁的箫"！

以前很害羞地饶育嘉完整、顺利地唱完一首歌！

还有，

还有不苟言笑的洪杨轩的日语演讲，刘雨佳的英语演讲；

熊浩云在大家的期待中跳的那段动感街舞；

彭雨涵的绕口令，谭桢讲的笑话；

陈祉锜讲"民国人和事"，积累深厚；

"女神姐姐"黄楚嫒优雅地教大家包糖纸，还给大家发自己做的糖；

看不出来李畅宇和傅健翔也吹奏乐器；

特别是崔浩和班宇当场给我和同学们画漫画像，生动有趣；

小瑀（小胖）、波哥和"孙老师"把全班都逗乐了，我也看到了小胖"最精神"的一面；

……

就像有个孩子的妈妈说：每个孩子都希望被肯定，由于孩子性格各不相同，有些孩子会去主动争取，有些孩子生性内敛，我们不能说哪种性格更适合参加，但我相信，每个孩子如果被调动起来，都是舞台上那颗闪耀的小星星。

就像王俊老师跟我说：自从游历走上舞台后，最近数学考了两次满分了。虽然是个例，但是每个孩子都需要一个舞台，需要被欣赏，需要掌声，这一点是毋庸置疑的。露一手，敬真我，有自信，够豪迈。当他们走下舞台，是不是多了几分自信。

每个孩子都需要一个舞台，也许舞台上那个才是真正的他；你给他舞台，他给你更真实的自我；她也许不苟言笑，默默无闻，甚至很少抬头……那不是因为他们没有才能，他们只是没有想好，只是在犹豫，在纠结，在等待着被召唤……

有的时候，学校就是一个舞台，老师就是导演，学生就等同于演员。教育的故事每天都上演，演员也可以自导自演，导演需要根据需要布景、修改剧本，并挑选、调教演员，给他们一个舞台，电影就会更加精彩纷呈。

从此，孩子从这个舞台，走向另一个舞台。

我不想上学了

还没有到返校时间，女学生就约了我：下午要找我聊天。我只得提前返校在办公室等她。她探头看了看我，办公室还有其他老师在场，"老师，能换个地方吗？"

我们就坐在五楼的"风雨亭"，那里视野开阔，风景好，是一个释心的好去处。刚下过雨，空气有点闷热。她不语，我只能开口："你哭过了？"

"我不想上学了！"

这对我来说如当头一棒，我没有任何心理准备。"怎么，在老胡的班待腻了？"我只能开着玩笑，缓和尴尬的气氛，也给自己留点思考的空间。

她很坦诚，显然是经过深思熟虑后才要跟我聊。

她说，就是不想上学了，并没有想不上学之后干吗去；她说父母逼着自己学很累；她说自己还算努力，但是总力不从心，先前跟自己一个档次的同学都跑到前面了；她说害怕考试，莫名的害怕，一到考试就有阴影；她说父亲管得死，要求严，甚至有点独裁；她说从小就很喜欢跳舞，父亲觉得容易跟不三不四的人混在一起，不让跳了；她说在学校参加活动跳舞，那是自己最快乐的享受，但是都是瞒着父亲去的，可是内心分明"很想让爸爸看看我跳得多么享受"；她还说自己还享受静静待着看书的过程，各类书籍，传记、历史评论、青春小说，但是因为"要学习"，基本没有多少时间看……

她还想哭，但也许之前哭过了，已经没有眼泪了。

她说，其实很讨厌父亲的这种教育方式，但是又可怜他，因为他为家庭奋斗过；她说自己的姐姐就是在这种教育方式下熬过来的，虽然学习很好，可是却跟爸爸的关系很差，最近还闹僵了；她说父亲对她很失望，自己又何尝不是？……

我说了4句话：

1. 你来学校找我，就意味着你是决定返校的，只是有点底气不足。

2. 你没有其他极端的想法，因为我从你哭过的眼睛里看出隐忍和坚强。

3. 你爸爸的霸道也有你的责任。你从来没有想过哪怕是用语言上的争辩的办法来争取你的爱好，只是一味地隐忍，你应该从你姐姐那里吸取教训。

4. 你剪短了头发，说明你还是决定从头开始，决定破釜沉舟一回，带着"走着瞧"的回击式的态度。

她肯定了我的说辞，大大的眼睛看着我，剪短的头发没有透露出应有的干练，暑假前的青春靓丽一去不返。

"我有时候觉得，出家了是不是就没有这些烦恼了！"难道这就是她剪短头发的意思？

我又被吓了一跳，内心冒着冷汗，心跳加速，我顿时感觉到了责任重大。看着四下无人，我掏出了随身携带的香烟，我跟她示意，她笑了笑，"我们都知道了！"

"这是秘密，只有你一个人知道！"我发誓，从教十年来，第一次在学生面前抽烟。

"我会保守秘密的！"她挤出一点儿笑容。

我问了几个问题：

第一个问题：跳舞是爱好，还是理想？

第二个问题：如果有机会重新选择一回，敢不敢大声说出自己的想法，并说服他人，坚持下去？

第三个问题：考试的目的是什么？

她说：跳舞是爱好；

她说：中考结束后要好好跳舞，就算拉着爸爸当保镖，在他的监督下也要坚持。

第三个问题她回答不出来。

我说：出家了你就不能跳舞了，我也不能抽烟了；

我说：恭喜你没有强迫自己把爱好变成理想和职业规划；

我说：如果你真的能说服你爸爸，我相信你不用理发、不用出家也会是一个全新的自己；但是前提是，明年暑假你会有一个满意的结果，这样就有了

"更多选择的机会"。

我说：你害怕的并不是考试的过程，而是考试的结果。结果这回事，三分天注定，七分靠打拼。打拼就是一个过程，这点你已经做得很好，还有三分你也不必去揣测天意。就你目前这样的状态，你距离你爸爸的期待和自己的定位差距都只有30分左右，你有没有信心从现在起，再相信老师一回，再相信自己一回，再相信你爸爸一回，用一年的时间再学30分。

她很坚定，说这个肯定没有问题。

我说，考试的目的其实就是证明自己一回，一回就够了。

我说，明年的班级毕业会上，我想看你跳舞，可能的话，你教我一段，我也去跳一段。

我说，明年成绩出来后，还想看你再跳一段舞，也许是最后一次看你跳舞。

我说，明年的暑假，你肯定有大把的时间，与其回味童年和过往，不如你跳着青春的舞蹈，去创造青春、塑造青春，虽然这个青春来得有点晚。但是，因为喜欢，任何时候开始都不晚。

她终于露出了久违的"羞涩"，说："再说吧！"

我问："你今年几岁？"

她答："14！"

我问："你决定活多少岁？"

她答："100吧！"

我笑问："你还剩多少年？"

她答："86年！"

我问："你还要读多少年书？"

她答："8年！"

我问："还剩多少年？"

她答："76年！"

我问："你还要考几次试？"

她答："3次！"

我问："哪3次？"

她答："中考、高考、立业成家！"

我问："如果没有考好，你还有多少时间？"

她答："76年！"

我问："76年长吗？"

她答："很长！"

我问："76年用来跳舞怎样？"

她说："那估计得跳到吐！"

我问："用来看书？"

她答："会枯燥！"

我问："用来跟你爸爸走着瞧？"

她答："我爸爸也许都不在了！"刚说完，她的眼泪就要下来了。

我说："老师那会儿也不在了，没有人知道你曾经那么喜欢跳舞，那么害怕考试，没有人知道你中考和高考的成绩，只有你知道你是×××！你哭什么？"

"老师，我走了！我还有很多时间和机会！"

我掐了烟头："保密！"

"你也是！"

砸手机

同事找到我，拿出一部手机。那是一部她刚从学生那儿收缴来的手机。说是学生在上晚自习的时候，偷偷拿出来聊天被抓了个现形。在她的教育下，交代了"犯纪律"的事实，并"供出"了聊天的对象：对方姓甚名谁，假称是"外国语学校"的学生。同事到教务处查证后，发现其实对方就是我们班某位女生；同事又调取相关视频信息，证实了整件事。

同事给我看聊天的截屏：语言亲昵、卿卿我我、青春懵懂，萌动着好奇的"成人肥皂剧"情节。我看了，脸上虽然笑着，考虑到学校的规章制度遭到挑战，课堂的严肃性遭到破坏，内心还是思索着如何处理。

我经常在周五放学后看到她手中拿着的手机，她都说："我每次都放在生活老师那里的，周五放学方便联系家长！"我竟然相信了她。

此时，她站在我面前，我开门见山："把手机拿来给我。"

"我的手机放在生活老师那里了呀！"

我重复着："把手机拿来。"

"什么手机？"她接着伪装。

我说得很直白："昨晚晚自习玩的手机！"

停顿了数秒，这个时候她应该知道我的意思："手机在宿舍，不在教室。"

我说："这么快就窝藏起来了？"

"老师，我今天没有玩，昨天也没有玩，我只是没有及时交给生活老师……而且……"她还在解释。

"停——"我加大音量，"你知道我最不喜欢你哪点吗？就是解释，就是借口多。"

"可是……老师……可是我真的没有玩啊！"她也加快了语速。

"你不要狡辩了，老师敢直接叫你来，肯定是掌握了确凿的证据。监控视频资料，包括你们聊什么我都知道。"我把底牌亮出来。

"那您说我聊了什么？您知道什么？"被揭露后，她的不满情绪立刻就上来了，比我还着急，那是一种"被质问""被侵犯"后的无奈和控诉。

我一下子从椅子上跳起来，指着她的鼻子说："要不是你刚刚说了个'您'，接下来我的处理会让你很难看。我现在不想跟你讨论聊了什么，该不该聊，我懒得关心那些。我现在考虑的是，要不要让你父母知道。"

"不——"她一下子哭了出来，"老师，我真的是无意的，而且我不知道他是谁。我聊那些是好玩的！"她还在一个劲解释，并规避问题本身：带手机进入校园，并带入教室玩耍。

我拿起她的作业本就丢了过去，"还解释，你还不知道你的问题在哪是吧！你现在要做的是上交手机，认识到问题的严重性，想想怎么弥补，而不是在这跟我东拉西扯。"

她还想解释，我出言制止："我只想就事论事，不想听你说其他来试图减轻我对整件事的看法。你看看你自己的学习状态，上课没有精神，自己又不努力，学习成绩不好，你反而有这样让我费解的举动？"

她依然哭着，似乎我戳到了她的痛处，哭得更厉害，"老师，我也想学好呀……"我似乎又感觉到了无助、无奈和她的开脱之意，说："别说了，什么叫'我也想学好'，你现在应该告诉我'以后再也不会把心思放到别处，我会努力学好，希望老师帮助'！"

"老师，我真的想学，但是……"啜泣的时候，她很难说上话。

我只能转移话题："能告诉我，你哭什么？"她答不上来。我只好缓和情绪，"你不觉得这个时候应该哭的是我吗？"

她一脸愕然："为什么？"

我说："人最痛苦的事就是：你期望的那个人总给你失望；你相信的那个人总带给你失信；我心碎了。"她看似有点不忍，把头偏向一边。"还为什么？我那么信任你，每次在校门口看到你的手机，都相信你会主动把手机给老师；还有，前段时间我们才进行了深刻的交流，你信心满满地给我保证，我多么欣慰，可是才过了多久？你说，我是不是有点太容易相信人了？"她摇头。

"就一部手机，你说就算我气一上来，把你手机砸了，能弥补我心灵的创

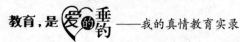

伤吗？"

"老师，你别说了，我等下就去把手机当你的面砸了，可以不？"她开始"活"了。我其实还是有点后怕的，只好说："我哪里知道，你觉得我还可以相信你不？"

"可以。下午我就把手机拿来，当你面删了微信，卸了QQ。"她信誓旦旦地说。

我说："你打算破釜沉舟？"

她又开始出现一脸愕然的表情，于是，我只好用半文言半白话的口吻跟她讲起"破釜沉舟"的典故来。讲完，她说："老师，我知道了。"

下午，她把手机拿到我面前，"微信、QQ已卸载，手机怎么砸，就这么往地上丢吗？"

"嘭——"

第三辑

课堂：不务正业和本本分分

学生不是老师的学生

孩子不是家长的孩子

他们就是他们自己

他们应该成为他们自己

3

第一课：做一个有爱有故事的人

请你们拿出一个本子，给本子取名为"积累本"，在醒目的位置写下16个字：一手好字，一口好话，一腹好辞，一笔好文。

我是一位语文老师，但是我很少讲语文。首先，欢迎大家来到我的语文聊天室。（一阵热烈掌声）谢谢大家的掌声，所谓掌声，其实就是手掌和手掌相互撞击发出的声响，我相信课堂就是头脑和头脑相互碰撞、闪现思想的地方。鼓掌分很多类别，有卖力的，有卖萌的，有热烈的，有淡定的。下面我问大家一个问题，你把答案写在你的积累本的第一行：请问，你觉得你一分钟可以鼓掌多少次？

下面我们实践，用你认为最切实可行的方法鼓掌，越快越好，脑子里想着"我要为谁鼓掌"，自己计数，开始……时间到！

"达到或者超过了刚刚写的那个数字的举手！"全部学生举手。

"超过一倍的举手！"全部学生举手。

"超过两倍的请举手！"有大部分学生举手。

……

"超过六倍的举手！"依然有一个学生举手，"通过这个游戏，你明白了一个什么道理？"

叶昕蕊：人的潜能大于自己的想象！

余欣颖：不要好高骛远，不要妄自菲薄！

李昕颐：纸上得来终觉浅，绝知此事要躬行！

刘恩彤：万事皆有可能！

胡馨月：心中有目标，只要你努力，就会达到或者更好！

李子龙：只要你愿意努力，你就能做的比你想象的还要好！

孙瀚桥：只要你想做，就会想尽一切办法去做！

邓可欣：想会好，做会更好！

晋艺丹：对自己要求越高，结果就会越好！

……

我相信，你们此刻就有了写随笔的素材了，写作就这么简单。

现在，请大家回头，把黑板左边的话读一遍：有家有爱有故事！没错，我们的相遇，就是故事的开始。我就是个讲故事的人。每个人都是有故事的人，我们讲别人的故事，别人讲我们的故事。别人的故事讲多了，就成了名嘴；自己的故事被人讲多了，就成了名人；当你的好故事多了并被全世界的人传颂着，你就成了伟人。今天要讲的故事跟猫咪和文字有关，请你在听的过程中记录下你最欣赏的细节或文字。文学的世界少不了猫咪。爱伦·坡有一只猫咪，海明威有一只猫咪，马克·吐温有一只猫咪，布罗茨基有一只猫咪，博尔赫斯有一只猫咪，村上春树有一只猫咪，老舍有一只猫咪……

我，也有一只猫咪。

2010年的一阵秋风刮过，刚跑完操，男生们搭着我的肩膀走回教室。教室旁边的空地围了一圈女生，我好奇地扒开人群：彭可维正抱着一只被猫妈妈遗弃的还未睁眼的小猫咪，喂着牛奶。我的心瞬间被这爱心融化了。接下来的课堂，大家一致决定读郑振铎的《猫》，我们谈论生命，谈到平等，讨论爱。他们用班级的序号给它取名"小五"。孩子们要上课，下课了还要照顾猫。孩子们乞求我收留它，我的爱人听说后，义无反顾地决定把小猫咪接过来喂养。

就这样，我的生活中从此多了一只猫，我和孩子们从此多了一条爱的纽带。我记得孩子们帮我普及宠物喂养常识，我负责动手实践，他们负责动笔描写；早读的时候，孩子们说要去操场朗诵朱自清生命的赞歌《春》；傍晚的时候，我和孩子们带它到操场散步，大家一起朗诵莫怀戚的《散步》；我记得它在某一晚走丢的时候，是孩子们在大清早就抱着它敲开了我宿舍的门；我出差的时候，孩子们会照顾它并帮我整理宿舍。

就这样，温暖的学校多了一份人文关怀。它在校园里晒太阳、偷听体育课时的憨态可掬，午饭的时间它被许多师生喂食时的受宠若惊，下雨天它送我们一家三口到校门口、儿子为它打伞的满满爱意，都让人怦然心动……后来出于安全考虑，它被要求远离人群。在全校大部分师生的倡议下，它重新回到我的宿舍，回到它最初的样子。无数个夜晚，它蹲在我的电脑旁边看着我备课、写作；无数个白天，我在陪别人的孩子，而它在陪着我的孩子和我的爱人。

这就是我和我的学生与这只猫的故事。它丰富了我和那一帮孩子的情义，它让我们懂得教育的遇见需要努力和成全；它见证了那个班级在2013年中考出现了3个800分以上的孩子，见证了那一届学生为学校第一次带来了深圳市中考第一的荣誉，也见证了我从一个愣头青渐渐成长为优秀教师、优秀班主任……

所有的故事都是同一个故事，都是爱的故事。我们的故事仍在继续，我好像没有更好的办法来留住这么多丰富多彩的每一天，留住那么多丰盈多姿的生命。我于是拿起笔，孩子们也拿起笔，写下那些想抑扬顿挫说出的话，写出30岁和13岁的故事：比如朱正兴校长叮嘱我"胡子比猫的还长了"，比如我出差的时候学生跟我说"你的猫想你了，胡爸爸"，比如讲《背影》的时候我们一起哭，比如两个班的学生挤在教室里给我唱生日歌、送的礼物却是猫粮，比如有家长要给我介绍爱猫的人做女朋友，比如有的家长以照顾猫的名义帮我照顾怀孕的妻子，比如家长跟我说他有闲置的房子可供我和猫居住……我竟然都拒绝了！

9年的陪伴，我的教育日记从爱猫开始，积累了80万字。胡乔枫、李冉秋、饶育嘉也开始了自媒体文学创作。这些文章里记载着这样一些片段：我站在讲台上，对着下面交头接耳、兴奋异常的孩子高声喊"闭嘴，你们这群野猫"，而他们则"喵"的一声低下了头；课堂上，我疯狂地拍着桌子，下面正坐着我的"篮球王子"刘嘉铧，而我却不知道他迟到半个小时就是为了救助一只受伤的小鸟；我曾经当众撕了"叛逆生"栗冬智的课外书、砸了学习特困生黄榆童的手机，然后又道歉并赔给他们，最后一个考上深外，一个语文得到A⁺，他们写信给我说"感谢虎妈猫爸"。曾经，有家长揪着我的学生的衣襟，恶狠狠地质问着"为什么打架"，而我则抓着他的衣襟说"你有只病猫还发什么虎威"；曾经，校长跟我说"教育不是万能的"，可是我却偏执地认为"猫都能养好，只要有爱，一切皆有可能"……我曾一度认为学校会容不下我这样个性张扬的年轻人，我像爱猫一样爱我的学生，这是对生命的尊重，也是对教师这份职业的铿锵呐喊……

其实，我想说，男教师首先是一个男孩、一个男人。一个男孩或者男人，大抵是在事故中开始，在故事中成长，在恨的教训和爱的教育中成熟。

如今，猫老了。每年的学校开放日，已毕业的他们都还要去我那里看一看，摸一摸，抱一抱。我的公寓，就成了学校的AAAAA级景区。如今，我也老了，我所说的老，是作为老师的老，作为丈夫的老，作为父亲的老。我还有一只叫"大师"的猫，一只叫"小示"的松鼠，一只叫"叮当"的狗，一只叫"乌龟"的乌龟。它们的名字都是学生起的。可以说，动物的灵性丰富了我的教师生活，让我不甘平凡、坚持写作，让我在本本分分的教与学、上课与考试之余能做点不务正业的事：比如等待和希望、自由与回归、爱与被爱。如果说，等待和希望是生活的智慧，那么，自由与回归是人性的本真，而爱，是教育的精髓所在。

我和我的猫互相陪伴已经9年了，如今它将接着见证我和你们互相陪伴的3年。请齐读：陪伴，就意味着，我们愿意把自己生命中最宝贵的东西奉献出来，那就是时间和青春。你们要知道，要记得，青春，就是时间最美的故事。

青春真的是最美的，初中3年，高中3年，大学4年或者8年，我只能陪你们走一程，山一程，水一程（孩子们自己就接着背完了）……人就是会讲故事的动物，人的一生就是一个故事，你把这些故事写完，你就成了名人、伟人。

可以说，是故事创造了人类社会。所以，希望你们做一个有故事的人，做一个勇敢追求故事的人，做一个书写故事的人，在语文的世界书写精彩的人生。

假如你不认识陶渊明

这节课准备上《五柳先生传》，这是陶渊明托名"五柳先生"给自己写的传记。课前，按照惯例叫几个学生起来"说一说陶渊明"。巧合的是，叫的都是男生，但是除了个别男生说"是文学家""是晋朝的""他喜欢菊花"之外，其他人都说"不知道"。这把我给气的。

我把每个男生"眼杀"了数秒，看到刚跑完步的女生"白里透红"的可爱的脸蛋，我故作严肃地说："我可爱的女孩们，以后身边有男生，你们要问他'知不知道陶渊明'，如果他说'不知道'，我劝你还是趁早远离他。如果他连陶渊明都不知道，这个男生可能就是个不会生活的男生，他多半不会在一个山清水秀的地方给你建造属于你们的别墅并陪着你到老。你们要记得老胡说的，因为我觉得你们以后会感激我，因为我就很了解陶渊明。"女孩们都笑了，男生们有点羞涩、脸红。

我接着说："作为中国文学史上第一位山水田园诗人，陶渊明的一生虽然是在他自己建造的'世外桃源'中度过的，从同时代的人把他称为'幽居者'中就可以看出。但是其实如周茉和畅宇所说，他是一个有壮志和用世之心的人物。他只是把田园看作是与腐朽现实对立的一片净土，在这里带着浓厚的浪漫主义情调怡然自得地生活。

"你看这三个条件：守着一片净土，情调，怡然自得。多少男人能做到？我们来看看这个男人的自传。"

1. 豪宅

先来看住的地方，"宅边有五柳树，因以为号焉"。国家的篮球馆叫"五棵松"，陶渊明住在"五棵柳"。"榆柳荫后檐，桃李罗堂前"，除了柳树，还有桃树、李树，看看人家的居住环境。"环堵萧然，不蔽风日"，简陋的居室空空荡荡，风和太阳都能进来。虽然家徒四壁，但是你看看：田园风格的装修简约朴素，落地窗，全景屋顶，能仰望星空、能晒日光浴，南北通透。

我看那位回答"陶渊明喜爱菊花"（不过很不错，他说"晋陶渊明独爱菊"）的男生还在走神，调侃道：不像某个男生，他要是建个房子，他会在房子前面摆盆菊花，并自号为（同学们说"菊花先生"）。他这才羞涩地抬起头，拿起笔。

2. 打扮

看看人家穿的。"短褐穿结"，粗布短衣上打满了补丁。棉麻质地的衣服彰显品位，还有碎花、格子，绝对的混搭、另类着装，俨然是乡村风格中透露出潮流。

3. 食

我们来看看吃。"箪瓢屡空，晏如也"，饭篮子和水瓢经常是空的，可是人家安之若素。陶渊明用一个古代贤者自比，他是孔子的弟子，（孩子们一下子就反应过来，颜回：一箪食，一瓢饮，在陋巷，人不堪其忧；回也不改其乐。贤哉，回也！）这样的男人，连饭都没得吃？但是，你别忘记了，"好读书……每有会意，便欣然忘食"。你甚至不用做饭，或者你不想做饭，你就给他一本书，他就饱了。而且还省去了"做饭之累、洗碗之苦"。（不知道哪位同学隐隐说"老师你真有体验"）

4. 性格

"娴静少言，不慕荣利"，他安安静静的，很少说话，不羡慕荣华利禄。他是一个安静的美男子，跟他在一起，任凭你怎么说他、吵他，他都不会还嘴。你说他的时候，他把书放下听你说，说完他拿起书接着看。虽然他没钱，但是，他天天在家，跟你讲故事、分享读书的真谛，不会因为要工作赚钱而天天见不着人。而且他偶尔有应酬，"亲旧知其如此，或置酒而招之，造饮辄尽，期在必醉，既醉而退，曾不吝情去留"。性格好，人品好，亲戚朋友都喜欢他，有酒有肉会叫他去。他也不矫情，去了就会尽兴，没有繁文缛节，吃饱喝足就回家，不会夜不归宿。

5. 志趣

也许你会觉得这样的男人多无趣，其实不然，他有着自己的志趣，别的男人有的他有，别的男人没有的他也有。"好读书""性嗜酒""常著文章"。

　　萧统说"陶渊明诗篇篇有酒"，你看"春秫作美酒，酒熟吾自斟""盥濯息檐下，斗酒散襟颜""欲言无予和，挥杯劝孤影""欢言酌春酒，摘我园中蔬"，还有他的《饮酒》系列。他的酒多数是自给自足，自斟自饮。

　　除了天性喜欢喝酒，没有其他不良嗜好。虽然他很贫穷，但是他会写文章呀！"常著文章自娱，忘怀得失"，看书、写文、喝酒，比起现在那些看手机、打麻将、忘乎人生之所以的人还是好很多的吧！他文章写得不知道有多好。这样的文豪男人，放到现在轻松拿个奖、讲个学，噢，他不是真穷，他是安贫乐道吧！（有个男生说：谁看得懂呀！我回答：陶渊明想说"你不懂我"）

　　下课铃响起，我走出教室，问栗冬智："你认识陶渊明吗？"他毫不犹豫地回答："绝对认识。"

背书扼杀了灵性？

学生站在讲台上做读书分享，分享篇目是《五猖会》。作者先极力详尽地写赛会的盛况来表达自己对看会的渴望，然后父亲说"去拿书来""不背出来不准去看会"。最后，我"一气之下""梦似的背完了"才被允许去看会。然而此时"我却并没有那么高兴，水路的风景，盒子里的点心，五猖会的热闹，对于我似乎都没有多大意思"。

"文章表达了作者强烈谴责封建强权教育对孩子天性的扼杀。""我相信大家都遇到过类似的事！"分享者的话引起了下面学生的强烈共鸣，大家开始交头接耳、议论纷纷，以致后面的分享显得有些听不进去。

分享结束，我走上讲台。

我想，你们的议论绝不是对鲁迅先生的文章的赞叹，而是因为文章的人和事引起了你们对自我生活经历的共鸣，说明你们也有类似的经历。

（下面又是一阵"故事大会"的杂音，有的开始讲起自己的故事。我接着说。）

我也有过类似的经历。依然能想起来我当年没有做完作业偷跑去玩，被父母抓回来，捆在村口的梧桐树下，被禁止吃饭的情景，最后还是我的奶奶，也就是我父亲的妈妈，我妈妈的婆婆把我解救回去的。奶奶给我吃好吃的，还安排我睡在她的床上的情景，我还想起我的爸爸妈妈一脸"懵逼"的神态。

（下面开始一阵笑，有的说："老师你也有曾经。"我说："没有我爸爸妈妈的昨天，怎么有我的今天？"）

我最近也开始为儿子的学业发愁，他也不愿意背书，不愿意长时间写作业，至少不愿意被强迫。他曾经喊出"家里怎么变成了学校，爸爸妈妈怎么变成了老师"的句子来。他曾经也反问我"爷爷奶奶骂过你吗"，我跟他讲起这段经历，他最后感叹"爸爸你小时候怎么那么不听话"。

（下面又是一阵笑。于是又有反应快的孩子说："老师你也有今天。"我说："没有我的今天，怎么有他的明天？"）

很庆幸我的儿子没有说出"如果你骂我，我就叫爷爷奶奶来骂你"的话来，他应该还没有这么高的情商觉悟。但是，我愿意相信你们作为哥哥姐姐的觉悟。

抛开文章写作先不表，抛开封建强权教育暂且不说，鲁迅当年没有牢骚、没有抱怨，配合完成了"强权教育"，扫兴去看了五猖会，这成了他丰富阅历中的一段，成了写作思考中的感想，成了日后回望人生的一笔财富。他想影射的，也许仅仅是强权教育方式或者枯燥的强记方式，而不是这段经历、父母本身。

1926年的鲁迅，汗牛充栋，书不离手，笔耕不辍，阅历丰富，著作等身，已经是大文豪。他当然有能力、有资本、有资格这么说，也有人愿意听。说到底，这个时候的他，已经是个成功人士，他喜欢说就说了，这是一个成功文人的"真我"。但是即便如此，我想他的父亲会感到高兴，但是应该不可能会为自己的行为"忏悔"，因为"父辈昨日的坚持，才有了后辈今日的样子，成功或者失败，开心或者忧伤，那才是人生的多样性"。一代人有一代人的思想行为，经验教训都是后人用自己的思想总结出来的。

当年他没有说，是不敢说，还是压根没有想过要说，无法考证。但是我相信那个时候他说不出什么所以然来，所以他照做了。《鉴略》还是记得的，"三味书屋"里背的枯燥无聊的古书也是记得的，也成了他写作的素材。至少，在强权教育下，他还是懂得"背吧"，或者，这是他那个时候应该做的。

这是不是告诉我们，成功前只需明白"应该做什么"，成功后才说"我喜欢做什么"。遗憾的是，现在很多人，很多年轻人、读书人，还不大明白这个道理，常常把"我喜欢"挂在嘴边，一不如意就觉得"兴趣""快乐""自由"被扼杀了。没有实力作为基础后盾的呐喊，不但没有人听，没有说服力，反而会被人说"too young too simple，sometimes naive"，真的要明白，"以约束为前提的自由""毫无争议的快乐"是需要领悟的。

好了，孩子们，好好听讲、好好背诵该背诵的知识，如果你们有意见，先求同存异，不要因为有质疑、有心声而停下求学的脚步。如果你们有意见或者建议，先保留。明天是你们的，时代是你们的，世界是你们的，你还害怕失去的没有弥补的机会吗？你有时间改变你想改变，改变你能改变的，改变别人改变不了的。在这之前，就先改变自己的吧！

行动，是爱的最佳表达方式

——《金色花》和《荷叶·母亲》

1. 两篇文章在是写"金色花"或者"荷叶"吗？

文章在写孩子对母亲的依恋，歌颂纯洁的童心和高尚的母爱；借荷叶来赞颂无私的母爱。

2. 为何是金色花，不是牵牛花、喇叭花、狗尾巴花？

金色花是印度的圣树，母爱和童心是神圣的。

3. 金色花是指孩子还是母亲？

是指孩子。因为第一句是"假如我变成了一朵金色花"，这是作者想象的结果。

"假如"是一个神奇的写作技巧，可以说是写作神器。艾青也喜欢，他说"假如我是一只鸟，我也应该用嘶哑的喉咙歌唱……为什么我的眼里常含泪水，因为我对这土地爱得深沉"；普希金也喜欢"假如"，他说"假如生活欺骗了你，不要悲伤，不要心急"；海伦·凯勒也喜欢"假如"，她说"假如给我三天光明"……假如，让我们的选材更宽，让我们的写作范围更广，让不可能的事变得可能，让写作变得含蓄、梦幻。

就像泰戈尔不可能基因突变变成花，但是变成花可以让他所做的事变得更美好，情感更芬芳；就像海伦·凯勒不可能有三天光明，但是"假如"可以让我们体会光明之于人的重要性，特别是对于一个双目失明的人的重要性；就像艾青不可能变成鸟，鸟人是不存在的，但是变成鸟更能让人体会他对土地的热爱，"兽犹如此，人何以堪"……

"假如"也可能让我们对写作素材的思考变得理性。就像你们碍于身份，很多素材没有办法写，那么你们可以"假如我是我孩子的父母""假如我是我爸妈""假如我是我的老师"。将心比心，你可能会少一些牢骚、多一些理性看待那些"逼你学习""看重学习成绩""题海"的问题。

4. 为何要变成一朵金色花？

逗妈妈玩，为妈妈做事。

5. 做了什么事？

看着妈妈工作，跟妈妈捉迷藏，给妈妈散播香气，投影在妈妈的书本上，变回人听妈妈讲故事。

6. 这些事有什么共同点？

表达了对妈妈的依恋；都是妈妈曾经为我们做过的事。

7. 孩子有说过什么话吗？

自始至终都没有。

8. 这告诉我们什么？

少说话，多做事。

说得很好，海明威说，我们用一两年来学会说话，却用一辈子来学会闭嘴。想想我们曾经年少无知的岁月，想想即将进入的青春期；想想父母曾经的默默付出，再想想他们即将而来的更年期。有的话多，有的话少；有时忍不住，有时默默反抗；或者说得多，做得少；或者说得越来越少，做得也会越来越少。爱的表达，有那么一两次就足以震慑人心，但是行动，永远是表达爱的绝佳方式、最高境界。说一万句爱，不如做一件事；找十个理由，不如做完再说。

我变成一朵金色花，去为妈妈做那些妈妈曾经为我们做过的事，这就是感恩中最有情趣的方式。最后，孩子变回人、做回人，依偎在母亲的身边，再次请求她讲故事。那此时的故事中，是不是多了故事的主人公和创造者。你们何时去认真观察过母亲的工作，观察过母亲看书？除了怨气，何时给母亲送去香气？等她老了，能否主动陪她捉一回迷藏，再像小时候那样耐心地听她讲讲故事？或者，你给她讲讲故事？再做一回人，做一回妈妈的孩子！

9. 文章在写孩子为母亲所做的事，你们为什么说文章依然能体现"母爱"的主题？

也许作者想告诉我们，母爱才能养育出子爱，作者借子爱来写母爱。

是呀！养育子女是动物都具有的本能，而赡养父母才是人类真正的文化之举。赡养父母、孝敬父母，要靠嘴，更需要行动。泰戈尔同时也想告诉我们，换个角度写作，我们平常写母爱时，都是写母亲为我们做了什么，今后我们是不是换个思路？写老师、写奶奶……

10. 在文中，母亲有说什么吗？

说了两句话，开头说"孩子你在哪里呀？"结尾说"你去哪里了呀，你这个坏孩子？"这告诉我们写作首尾要呼应。

11. 作者仅仅选取这两句话，有什么用意？

这两句话在日常生活中最常用，有生活气息；这两句话最能体现母亲对孩子的那种"挂念"，"坏孩子"并不是骂人的话，写出的是母亲独有的矛盾的爱。

两个"哪里"，两个疑问代词。我们知道小时候的我们是"十万个为什么"，可是你们知道吗？自从有了孩子，母亲成了"十万个为什么"，她们人生最好的年华都花在寻找如何把一个"小傻瓜""小笨蛋"变成"大孩子""大心脏"的道路上。

12. 荷叶跟母亲有什么关系？

文章借荷叶保护红莲不受风吹雨打来比喻母亲呵护子女不受生活困难、成长烦恼的打击。

两篇文章看似写物，实际都是写人，或者说写到了人、写成了人。朱自清写《春》最后写到人，老舍《济南的冬天》要写人的感受，这两首散文诗也不例外。这些似乎都在告诉我们，人和生命应该是文学最终的归宿。离开了人和生命的文字，是没有灵魂和温度的。

最后，看看你们窗外，这里就有一棵小叶榕，它是咱们的感恩树，它高大宽厚，你们是不是可以写"小叶榕老师"；想想你的母亲，想想她喜欢的花或者植物，或者别的什么东西，你能为她变成什么，为她做点什么，写点什么。

只要孩子一张口

最近听老师们反映，班级孩子很沉默，上课几乎不发言。也许是天气原因，他们很困乏，无精打采，似乎不愿意张嘴。我想看看怎么回事。

这节课我们来认识一种啮齿动物——旅鼠，来解开一些谜团，提出一些自己的看法，探讨一些问题。

旅鼠有三大奥秘。旅鼠的第一大奥秘是，繁殖能力惊人，为动物世界之最。一对旅鼠，一年就有近百万后代。

旅鼠的第二大奥秘是，旅鼠的繁殖并非年年如此，一旦繁殖过多，就有种种奇怪的自杀行为，或停止进食，或在天敌面前主动挑衅，或改变毛色，吸引天敌。

旅鼠的第三大奥秘是，旅鼠死亡大迁徙，数百万旅鼠汇成浩浩荡荡的队伍，奔向大海，葬身大海。

简单地说，就是繁殖能力强、设法自杀、死亡迁徙，你们对哪个问题感兴趣？不管你对哪个问题感兴趣，希望你能有自己的看法。

张璨璨："当然是对繁殖能力强比较感兴趣，跟人一样。"

谭小蕙："我倒是对设法自杀和死亡迁徙感兴趣。就算是为了后代生存，我想在这些旅鼠里面一定也有不愿意自杀的。"我问："你认为它们不愿意自杀的根据是什么？"

"因为没有生命会那么愿意死呀！"我希望她接着说下去，她眨了眨眼睛说，"动物都有求生的本能！"

栗冬智："它们是为了子孙后代的繁衍生息、生存空间选择自杀，这是极好的。"我问："自杀了，谁来繁衍后代？"他说："生了再自杀嘛，反正繁殖能力强。"我接着问："那么，繁殖能力强，于是生完就自杀，等待后代的还是自杀，是吗？真的管用？"

张昊天："我想，繁殖能力强的物种，竞争压力就大。那也势必存在承受能力强和承受能力弱的情况，那么，承受能力弱的要么逃避，要么选择死亡，优胜劣汰。"我问他承受能力如何，他说"很好"。

王茗雅："我觉得它们这种行为是为了给后代留下强大的遗传基因。基因强大的被选择留下来，而那些基因不强大的被选择进行未知的'死亡迁徙'！"我说："你觉得我在旅鼠中能活多久？这个物种太恐怖了！"

孙睿嘉："我开始觉得，它们沿着既定的路线迁徙，很奇怪，似乎没有了自我意识；要么这可能是'自然选择'的结果，大自然为了某种平衡，选择了它们进行这不可思议的行为。"我说："自然选择，很棒的理论，我似乎也从中听出了'不能盲从'的意思！"

伍思齐："它们一定向往着某个地方，或者担负着某种使命。但是它们不知道前路有什么凶险，更不知道'有去无回'。"我说："你觉得会是什么地方呢？回去的时候研究一下好吗？"

周茉："我认为它们被某种神秘的力量驱使着，这种力量能超越自然科学和生命科学的研究范畴。"谭小蕙接着补充："它们跳进大海后，也许会进化成的某种新的物种也说不定！"女孩子的想象力真是不得了，科学、文明、魔法、神秘的力量全都在一起，有些只有在语文课堂才能出现。

谢雨嫣："旅鼠应该不会有那么高的智慧。直接一点，可能就是因为食物短缺而变得疯狂！"我说："为什么食物会短缺？"她说："有诸多原因，自然遭到破坏，气候变暖……好吧！跟人类有关。"我说："好，说到人类了！"

李炫驹："我觉得这是自然选择，三种让人目瞪口呆的情况集于某种物种一身，而且还能不灭绝，让人匪夷所思。"我说："那赶紧回去研究，别匪夷所思了。"

傅健翔："我觉得呀！旅鼠是有智慧的，它们用一种比较残忍的方式在实行'计划生育'，就是为了可持续发展。"他说话一直是一套一套的。我说："看来旅鼠的智慧高到可以让社会主义国家把它们的方法借鉴为'基本国策'了。"

常栩宁："我认为这是自然选择和自我选择的结果，自然界有优胜劣汰的法则。旅鼠中优秀的都选择坚强地活下来，而那些愚蠢的，都自杀了。"我说："大家记住了，胡老师的学生，常栩宁的同学，以后不管怎样，都不会做愚蠢的事情。"

孙英鹏："它们很多是近亲结婚，由于繁殖能力太强，它们的自杀行为慢慢成为一种基因遗传，然后近亲结婚遗传的概率很大，自杀就成为一种遗传了。近亲结婚危害大呀！"

游历："作为活化石，以蛔虫为例，因天敌强大所以生殖能力强，在数量上要占优势；如果天敌少了，生殖能力又无法控制，只好自行了断。"我说："可以理解为'食物链遭到破坏'吗？"

胡安琪："它们生那么多，是为了提高品种优良率，优秀的品种才会被它们的父母留下来！"我说："如何判断是不是品种优秀？它们的父母这么'大义灭亲'？"

李畅宇："旅鼠只在种族数量过多的时候才自杀，用自杀的形式来使得部分旅鼠有足够的资源得以存活下去，人和旅鼠有相似之处。《但丁密码》中说'当人们赖以生存的资源不够的时候，就是他们灭亡之时'，但是人类不会自杀，由此看来，旅鼠比人类高级、高尚。"（掌声）

李炫驹："优胜劣汰。就像某种鸟在哺育子女期间，会将鸟宝宝奋力推下悬崖，强者飞翔，弱者下地。"我问了一句："那你觉得，如果鸟宝宝有选择，它愿意吗？"

秦宪微："假如旅鼠有个统治者，它会将较差的派去自杀，让种族更好的延续。"我说："这是人类思维吧！"

常栩宁："以前人口增长慢，后来因为条件改善，人口慢慢增多。旅鼠会自杀，而人类不会，那需要一切辅助。就像《但丁密码》中，有两个人发明了一种毒药，可以进行类似'优胜劣汰'的筛选，但是毒药后来没有成功投放。"我说："什么工具？把毒药偷出来？"她说："不会呀！但是人类不应该毫无节制地繁衍下去！"我说："讲得好，但是生命有选择的权利。"

李炫驹："以前，旅鼠生活在不同的岛屿上，有一个岛屿的旅鼠变异了，想死，但是总有一些留了下来。但是其他岛屿上的旅鼠太多，饿死了很多。于是想迁徙到这里来，迁到这里来，这里有自杀的变异基因，如此循环。"这孩子有写小说的能力。

最后，我想说说我的想法。生命有求生的本能，所以我对"旅鼠大规模设法自杀"表示质疑；我还有一个感悟，为了所谓的延续而选择"自杀"或者"大义灭亲"，不符合生命的本能；我还有一个观点想分享给大家，不能盲目，不能盲从于别人的描述，我们应该大胆去求证。

就像我们看到鸵鸟为什么没有攻击性？金鱼的记忆力真的只有几秒？狗真的是只能看到单色或者"黑白色"的动物吗？温水真的能让青蛙快乐地死去，为什么不跳出来？幼鸟被别的物种触碰之后，真的会被鸟妈妈遗弃吗？这一切，都等待着我们去发现。我相信我们中就会有这样的孩子出现。

李炫驹在我要离开的时候说："自然选择？食物短缺？"我说："食物短缺，你会自杀？"他说："额，不会！"我说："敬畏自然！"

学生阅读10分钟，讲了25分钟；我讲了10句话，说了5分钟。"只要学生一开口，课堂亮点处处有"。而且，你能发现，每个班级和集体的关注点是不一样的。这就是语文有趣的地方。

那么，回到开头那个问题，也许不是孩子不愿意说，不是他们不愿意回答问题。也许是，老师把问题都讲完了，所以，让我们重申"三教问题"：

教训：老师问，学生答。

教导：老师讲，学生听。

教育：学生问，老师答。

教训多了，孩子腻烦；教导多了，学生逆反；教育多了，学生逆天，老师成长。

三读《背影》

一读：2010年

一开始我就毫不避讳地告诉大家，朱自清是我的偶像。我还特意梳了一个那个时代朱自清的"三七"分头，我就站在屏幕旁边的照片前让他们对照；我也特意把我的照片跟朱先生的照片放在一起，让他们看看我的狂热：他是有绝对才华的散文家、诗人，是有高尚才情的儿子、丈夫，是有崇高骨气的民主战士。他用《春》告诉我们仁爱美好的生活，用《匆匆》告诉我们时间的宝贵，用《背影》告诉我们细品父爱。

总结的时候，我放慢了节奏，我说："朱自清先生不仅用他绝对的才华为我们抒写了一曲父爱的赞歌，更用他高尚的才情告诉我们：不是亲人间不能理解相互的心，而是我们没有打开心灵的眼睛。生活中不是缺少爱，而是缺少发现爱的心。朱先生不仅用文字启发我，更用情感感染着我。大家还记得我写的《我的父亲》这篇文章吗？"

很多同学点头，有的还议论开来。

"我在文章的结尾告诉大家，由于父亲过去的种种不是，那年回家我与父亲大吵一架，我还拍了桌子，还给他跪下……"我有点说不下去了，每次说到自己的父母，我都会抑制不住自己的眼泪。我开始哽咽了，喉咙不由自主地沙哑，声音开始断断续续，但是我忍住了眼泪，坚持说了下去。"……父亲在年后便和老乡外出打工去了。到现在，我都没有和他联系过一次。妈妈和姐姐都劝我，但是我过不了自己这关……五月份他过生日，姐姐给我发来他的号码，在他的电话响了几声后，无人应答，我就匆匆挂上电话。……到现在，我甚至不知道他在哪儿，不知道他的号码，更不知道他怎样了。50多岁了……

"我想起我结婚的那个冬天，为了给我装修新房，他忍着关节炎的疼痛，忍着腰痛，挂了点滴后就马上投入了劳动中，大年三十的晚上，他还在忙碌着，而我只能束手无策地站在旁边看着。我想起那耕牛、想起那挑谷的担子、想起那饭菜、想起那行李箱，我顿时觉得我失去了人性……

"今天，我站在这里，我向着远方的他鞠一躬，我希望得到大家的宽恕……（深深鞠一躬）

"不管你觉得父母做错过什么，我都希望大家珍惜身边的亲人。他们给了我们生命，就已经足够！"依稀中，看到了麦嘉琳去擦拭眼泪，看到了曾钰雯忍着眼泪，看到了张幸科，还看到大家静静地、温柔地看着我。

蓦地，响起一阵掌声。

二读：2013年

记得上次讲到这篇文章，讲到自己的父亲，我流下了眼泪。今天又一次讲，不一样的学生，不一样的心境，连同我的身份都不一样了。我把这篇文章定位为：一个男人对另一个男人的细腻的感情！孩子们对这个话题很有兴趣！

我跟他们讲：这个男人我很仰慕他，大学时代我曾经把他的照片放在桌边，坐下来的时候，我就那样看着，希望能从那里找到一些对我人生有用的东西；后来我又把自己的照片也放在他的照片旁边，我希望自己能向他靠近；我就这样仰慕着他，直到现在。他就是朱自清，是我的偶像，我仰慕他，不仅是因为他的才，还因为他的情，更因为他的气。

孩子们说：父亲给他买了橘子，他很感动。

我说：那个时候橘子很贵呀！而且很珍贵，一辈子都很难吃到，一个成熟的男人把自己对一个年轻男人的细致关爱放在橘子上，所以朱自清很感动。

孩子们笑了，我想，他们知道，这个橘子是温暖牌的，是无价的！

我说：朱自清考上北大后，父亲顶着家境惨淡的压力给他操办了一次体面的婚礼，这给背影涂上了一层凄美的色彩，这是文章中隐形的背影。

我看钟燕鸣和邹承智笑得开心，就打趣地说："你笑什么，羡慕人家啊！"孩子们又笑了。

孩子们说：看着父亲离去的背影，朱自清哭了！这是分手时候的背影。

我说：一个男人看着深爱自己的男人离去的背影，念过往、看今朝，很是感伤，所以流泪。但是我们用分手合适吗？

孩子们说：用离别吧！

我说：分手是感情的结束，离别只是暂时的不见，（我故意说："你见或者不见"，6班的孩子没有反应，5班的女生接得很顺溜。）但是情感一直联系着！

于此，我跟他们讲起昨日我和儿子的事：对于这种父子情，我以前讲这篇文章的时候只能在我的父亲身上体会到，如今，我已为人父，我也能以父亲的身份去体会了。每次上班的时候，儿子都会抱着我的腿，但是昨日，情况升级了。我跟儿子说再见了后，他跟我到电梯口，电梯门缓缓关上的时候，他探头看着我，眼神是那么忧伤，我被爱挽留，于是走出去，抱了抱他，他笑了；我再次离开的时候，爱人抱着他跟我说再见，电梯门再次缓缓关上的时候，他失声大哭了；我再次被爱征服，只好再次把他抱在怀里，他摸着我的脸，然后又把头埋在我的肩膀上。爱人的眼睛湿润了，不知道是羡慕还是感动，而我也快忍不住了！已经六点了，我必须要走了，我把他放在家里，自己快速离开，只留下那一阵眷恋的哭泣声来声讨我离去的背影。我背对电梯门，差点儿没哭出来。我想，这就是父子情吧！晚上，爱人就要我在学校附近租个房子住一段时间，这样可以每天回家缓解儿子的恋父情结。（讲到这里，眼泪又快流出来了，我于是赶紧进行下一个话题。）

子悦说：文章最后提到了背影，朱自清想到这些年父亲对自己的照顾和关爱，回忆起父亲的背影，伤感落泪。

我说：孩子们，这一生你们会跟自己的父亲相处多久？假设平均寿命是80岁，30岁生孩子，那么，你们这一生中将有50年的时间跟自己的父亲在一起。时间流逝，在父亲身上，你们还有多少事情没有行动的，一次细致的观察、一篇真切的文字、一次惬意的散步等，你们可以做多少次。而父亲，却不厌其烦地一直做着。

朱自清写父亲，就以父亲的背影为线索，没有惊天动地的付出，几个细节、加上真情和文字功夫，成就了这篇美文。我们是不是可以受到启发。

三读：2016年

我们来看看文章的写法：4次背影让朱自清的良心激活了，4次流泪说明朱自清感情激动了，4句话语是父亲的铁汉柔情，4次自责朱自清的心灵净化了，这就是朱自清的背影。

毛丁说：难忘父亲忙碌的背影；曾俊午说：父亲那双有些洁癖的手很白净；诗曼说：父亲的满头白发让她在吃饭的时候停顿了数秒；陈祉锜说：父亲的歌声不好听，但是这歌声曾经带给过她欢乐；傅健翔说：父亲那停留在非智能时代的手机有着某种为了家庭作出的牺牲；胡安琪说：父亲瘦小的身躯承载的是他儿时的苦难和给自己儿时的付出；陈容若说：父亲多变的语调折射出的是父亲不变的期望；李畅宇说：父亲穿衣服不好看是因为他的肩膀不宽厚却有着朴素的情感。

我说：明明是两年都不见了，明明是有着成见，明明是一个封建专制的家长，为什么在字里行间我们没有看出来？

有人说：当我们多年以后再来回想这些事，用一颗成熟的心去体验那种半生半熟的状态，才读懂了父亲。也有人说：记得老师说过，要真正读懂父母，除非自己为人父母；要理解老师，除非自己做老师。

毛晨羊说：现在我觉得，一直也觉得，我父亲挺好。

游历说：现在开始明白父亲在我很小的时候对我严厉，包括打骂，我曾一度很不解，甚至讨厌。

饶育嘉说：我的父亲一直很好，现在来看，更好。

吴钇萱说：现在我看我的父亲，觉得他不那么凶了。（我看见她在本子上写着"父亲的微笑"）

彭程说：有一次我三天没有打电话回家，我的父亲给我发短信：孩子，是不是父母做错了什么……

我说：全天下的父母，也许都有一个共同点，那就是多情，具体点说是自作多情。那是他们岁月沉淀下的生命去灌溉那半生不熟的生命时，有的毫不领情时的尴尬又不离不弃。

张昊天说：有一次我和父亲顶撞起来，他打了我几个耳光，我没哭，我发誓这辈子都不再理他。晚上，我躲在被子里装睡，爸爸进来，给我盖了盖被子，用手轻轻抚了我的脸。那时候我觉得他很做作，现在看来，无奈、自责、疼惜都有。

璨璨说：我的爸爸是个特别理智的人，我曾经觉得他给我变的魔术那么小儿科，但是现在这么一看，难得。

　　黎泽莹说：我的爸爸很小家子气，经常跟我们姐妹两个抢东西吃。有一次他在医院唠叨，我很烦，叫他走。他真的就走了，而且坐在医院门口3个小时，任凭我奶奶怎么劝都不进来。现在想想，其实那就是"小孩子气"。

　　张昶说：我一直觉得我的父亲很木讷。有一次我把花瓶打碎了，拒不认错，他盛怒之下把我的屁股打肿了半边。晚上，他坐在我的床边，看着我的屁股，抱着我哭了起来。其实，他虽木讷，感情却很奔放。

　　茗雅说：我的父亲以前从不管我，也没有时间管我。我爷爷去世后，他把工作辞了，就开始唠叨我，管我生活的方方面面，几点睡觉，几点起床，吃什么，学什么。我突然觉得没有了自由，甚至顶撞了他。有一天晚上，我看到父亲抱着爷爷的遗像哭了起来，我好像就能明白……（她已经泣不成声）

　　我说：一个人成熟的标志，就是看他什么时候知道善待父母。

因为爱情：被删掉的课文

犹记得3年前我在黑板上写下这篇文章的主题的时候，毕业班的孩子们在紧张于笔记、问题分析方法的时候，终于心花怒放。3年后，2017年9月的某一个晚上，经验主义作祟，我满心欢喜地准备备课，这篇文章我喜欢，我确信我的孩子们也会喜欢。我拿出当年用的课本，上面密密麻麻地批注了我想跟孩子们说的话。

备好课，我心花怒放，满心期待课堂上的火花。拿着那本旧课本和新的备课本，我照样在黑板上写下这个话题，孩子们眼睛放着光，女生你看看我、我看看你，羞涩地笑着；男生一大半互相指指点点，露出异样的笑容。当然也有几个不知是故作矜持还是不为所动。

但是，此时我才知道，这是一篇已经从初中语文课本中删掉的课文。2016年8月，初中语文教材进行调整，九年级（上册）教材中唯一删掉的文章。

这篇文章就是苏霍姆林斯基的《致女儿的信：什么是爱情》。

孩子们在课本中找不到，急了眼，我只能尴尬地说：明天我们再讨论。我把文章打印出来，还增加了《爱情就是责任》这一篇目。

关于爱情，我一直觉得不宜在班会上以严肃的、教育的方式进行，在语文课堂上艺术地讲，一定会有更好的效果。

上课！

1. 质疑

大家读过了，有什么感觉？

女孩说："好好的课文为什么要删掉？难道我们不配谈爱情？"

男孩说："少儿不宜，影响学习！"

HYX说："文章出现了'上帝看到窝棚旁坐着一个男人和一个女人。他们面前的田地里是一片成熟的谷物。而在他们旁边放着一只摇篮,摇篮里躺着熟睡的婴儿。'有了孩子,也许编教材的人认为不妥!"

我说:"摇篮没有孩子,哪来的你?"大家笑了,有的说:"这是生命的传承,想多了!"

RYJ说:"奇怪,为什么是爸爸跟女儿讲'爱情',妈妈讲不是更好?"BY说:"父亲如山,母亲如水。父亲讲的爱情能给女儿值得信赖的感觉!"男孩子们鼓掌。

ZCC说:这个故事有童话色彩,苏霍姆林斯基用童话来给女儿解释爱情,让人觉得容易接受又让人觉得爱情的美好。我说:"你能发现写法,这个阅读很深刻。"

2. 想过"爱情"吗?

我问:"想过这个问题的举手!"有一半的学生举手。

"想过这个问题又问过父母这个问题的举手!"只有零星几个人。

"我想听听你们的父母是怎么说的!"

FJX:妈妈说,如果大学还能再相遇,那肯定不反对,现在就算了。

LCY:母亲说,人生每个阶段对这件事的理解是不一样的,年轻的时候只看得到树叶和花朵,有日子了也许就能看到果实,但是要摘到果实、得到根基,那得需要时间。所以,还是等等,慢慢来!

LZC:我的妈妈跟我讲,还在初中的时候,我的妈妈就坐在我爸爸的后面,她经常踢我爸爸的凳子,然后,爸爸就会把作业悄悄让妈妈看。后来,他们在一个单位上班。

我补充说:"然后,他们身边就有了一个摇篮,那里面躺着你!"LZC红着脸坐下,学生们大笑。

"其他想过这个问题的人为何不问?"大家一致的回答就是"不敢"。

"那估计一下,如果问了他们会怎么说!"这个问题一问出去,大家就面面相觑,然后交头接耳,"那还了得""肯定被怀疑早恋""学生还是好好学习、天天向上吧"……

3. 上帝、天使和人

这封书信,最核心的部分就是祖母讲的那个童话,这个童话里有几类人?

学生:"上帝""大天使""人"。

这个童话里，告诉我们哪些东西？

学生："爱情""忠诚""心灵的追念"。

是谁发现了爱情？学生说是"上帝"，在我的质疑下，有的学生开始说"天使"。

我接着问："上帝在干吗？"

SYP：上帝给了男人和女人土地、窝棚、铲子、谷粒。一年后，男人和女人有了孩子，有了房子，他发现了一种所不能理解的美和不能理解的力量。50年后，有了很多男男女女，他发现了一种无与伦比的美和更大的力量。又3年后，女人去世了，他发现了一种不可理解的美和一种跟以前一样的力量。

"上帝有这种发现后，他有什么情绪？为什么有这种情绪？"

第一次勃然大怒，因为人类未经批示就创造爱情；第二次怒不可遏，那种对彼此的却不是对造物主的忠诚让他不安；最后一次，他伫立凝思，默默离开。

你觉得上帝在想什么？

"为什么我没有爱情！"大家笑。

"羡慕嫉妒恨！"接着笑。

"他明白了什么是爱情！"捧腹。

"他思索着，我创造了人类，而我却无法理解爱情，悲哀！"

我说：我突然觉得，至少在爱情面前，上帝不是无所不能的。就像上帝离开之后，文章说"从那时起人就成了大地上的上帝"。人创造了爱情，同时也掌控着爱情，主宰着自己的命运，我想，苏霍姆林斯基是不是同时也告诉我们：能把控自己的情感、主宰自己的命运的人，就是上帝。

"那么，爱情到底是谁发现的？"

"是大天使，因为每次上帝不知道答案的情况下，都问大天使，大天使告诉他爱情、忠诚和心灵的追念。"

"为何要由天使来发现，而不是上帝？"

LSM："这个很明显，苏霍姆林斯基想告诉我们，爱情是神圣的、美好的，爱情是天使的化身。"大家顿时鼓掌。我说："我觉得你就是智慧天使的化身，能发现爱情、善待爱情、忠于爱情、能够以人的方式去爱的，就是天使。"

4. 爱情是什么？

上帝除了发现美和力量之外，每一次到来，还发现什么？

学生："男人和女人你看看我，我看看你，相互传情。"

这句话，也许是苏霍姆林斯基对爱情最好的描述。他为什么如此描述？

SRJ：两个人在一起，爱情会使得对方变得美好，那才算是爱情！

我说：这也许就是父母谈爱情色变的原因了。

HXR：因为眼睛看到的最真实。

PKX：只要有爱，看一眼都是爱情。

LCY：爱情藏在生活的细节中，藏在日子里。

ZC：我爸爸告诉我，两个人过一辈子都不腻烦，那种感觉就是爱情。

看看，给孩子一粒种子，就能开出花来，就能生出智慧的果实。爱情并不是可怕的"早恋"，早恋不等于爱情，爱情也不是早恋。我播放了《最浪漫的事》，大家有的笑，有的静静地听着。

我总结说：人类因为有了爱情，贫穷变得富足；因为爱情，富足的生活有了忠诚；因为爱情，忠诚的生命变得永恒；因为爱情，人类就成了自己永恒的上帝。如果你们想了爱情，觉得自己有了爱情，你也一定会像上帝那样，发现美和力量；如果没有，那么，也许你还要等等。

《因为爱情》的歌曲响起。我跟大家讲起我的故事：

昨天我和妻子一起去幼儿园接孩子放学，儿子被我俩牵着，一直走到十字路口，我们等着红灯。儿子突然撒开手，我下意识地想去拉他。可是，儿子只是拿着我的手，搭在妻子的手上，并说："过马路了，爸爸要保护妈妈！"我不仅被这句话温暖到，更神奇的是，我的心里有某种触动。我问妻子："我们是不是很久没有牵手了？"她说："你才知道呀！"

我想，这就是爱情。

孩子们热烈地鼓掌，他们还有话要说。

TXH：正值青春期，爱情似乎是朦胧可感的。以前和母亲讨论过这个话题。母亲笑我是"俗"是"浅"，我想也是：在某个阶段对某某有好感，也不是爱情那种从一而终、大彻大悟的味道。

WMY：爱情不是朝朝暮暮，应该是"天涯若比邻"，就像我爸爸妈妈那样，相隔十万八千里，也不怀疑。那种神奇的力量让我敬畏。

LXJ：苏霍姆林斯基讲的爱情，应该不是专指男女之间的爱情，他是泛指的，是一种爱情观，古今中外人类共同的爱情观。

……

下课铃响起，我希望他们把想说的话写在随笔本上。

这就是我的爱情课，我并不怕在毕业班跟孩子们讲爱情，也不怕青春期的孩子有"爱情"。最可怕的是，孩子不能爱，年轻人不敢爱，中年人没时间爱，老来无人爱。"万物生存、繁殖、传宗接代，但只有人才能够爱。同样，从人本身来说，只有能以人的方式去爱的人，才成为真正的人。如果不善待爱情，便不能提高到人类美这一高度。"

希望，我不是最后一个跟他们讲爱情的老师，或者说人。

孩子说：早恋和爱情

是谁，在孩子的"三观"形成的过程中，埋下种子、撒下狗粮、开出花痴，除了父母，也许就只有他们自己了。如果，这个"三观"中，还包含爱情观的话。

我曾以为，不该在此时这片平静的湖面掀起涟漪，因为害怕泛滥，我戒备森严，小心翼翼。

我曾怀疑我是个情圣，在跟他们讲故事的时候，他们热烈鼓掌。但是，当他们的思想满溢的时候，我发现其实我也孤陋寡闻，我听得那么虔诚。

苏霍姆林斯基《给女儿的信》，让孩子们情思泉涌、文采飞扬、思绪万千却又在情理之中。

这40分钟，是宝贵的，需要好好收藏，好好珍惜。他们说。

马若晴：虽说有"早恋"这个词语，但或许根本没有这种情感，现在最多的也只能算作是爱情的种子在萌芽罢了，甚至可能只是一场角色扮演。

薛天博：问过母亲对爱情的感觉，她说"爱情很简单，其实没你想得那么复杂，就是两个人一起把这辈子走完"。

吴虹雨：我想，任谁，都无法给爱情一个准确的定义，无论是相互传情的人类，还是深深思索的上帝。但是爱情有时可能很美好的地方在于：它让你获得了比爱情更多的东西。

栗冬智：只要心中有情，爱就无处不在。

孙睿嘉：大概爱情可以理解为"爱"和"情"。情是由爱而生的精神反应。

周茉：马尔克斯说，安全感、和谐、幸福加起来似乎就是爱情，但是它终究不是爱情。让自己或者对方变得更美好就是责任，爱和情有时甚至让真理不值一提；具有良好的爱的能力之前，要有爱的态度。

马克行：我认为真正的爱情，是能在多年后，依然能像多年前一样牵着彼此的手走过马路，仿佛TA就在身边，却不急于此时。

曾俊午：《给女儿的信》我看了十几遍，但是没有明白第五封信（《爱情就是责任》），他想表达的只有经历过才能有所感悟。而这个问题，也会一直常驻我心，伴随一生，去理解它。

游松恺：它不仅仅存在于同一个世界的人中，更能跨越生死；它能诞生新的生命，也能挽救一个死去的灵魂。没有人知道它是如何产生的，但是发现的时候已经无法抹除了。

李悦想：妈妈说过这样一段话："你啊！在上大学的时候，就应该轰轰烈烈地去谈一场恋爱。不管那个人怎样，只要你足够爱他，就勇敢去做一个敢爱的人，但是，你真正结婚的时候，你还是要看看对方的人品，无关金钱。你爱上一个渣男不要紧，但是嫁给一个渣男会毁了一辈子。"

彭程：爱是一种能力，情是所有感觉的糅合。鲁迅对许广平说"胸前的玫瑰子变成灶上的饭粒子"就是这种糅合。

卢伊静：中国式的家庭里，父母是几乎不会向孩子提起爱情的，甚至在家庭里"爱情"成为一种禁忌。能拥有苏霍姆林斯基这样一位父亲，是一件幸运的事。

谭小蕙：青春期的爱是朦胧的，在某个阶段对某某萌生好感，也不带爱情那种从一而终、大彻大悟的味道。

傅建翔：曾和妈妈泡茶，就"爱情"一事聊到深夜，得到的回复是："世间没有绝对的情，具象也好、缥缈也罢，只体现在两个人生活中的一举一动间。"

孙英鹏：爱情是人类智慧的最高结晶，因为他无国界、无限制。

张云薄：我觉得爱情，它就像文中所说的那样，是人类独有的，它决定了人类半辈子的命运。你如果草率地对待它，那命运也会草率地对待你。所谓年少轻狂，不也带着一丝草率吗？

陈容若：婚姻是爱情的坟墓，我却觉得婚姻是爱情崭新的开始。意味着从此爱情中又多了一份事物：忠诚、责任。

古翊莹：我特别不建议在爱情中为对方一次又一次地放弃。这样会给付出的一方一种不良的优越感，让得到的一方逐渐产生恶性的依赖感。当有一天，一方不愿意再付出或者妥协的时候，裂缝就会出现。在不对等的关系中，感情会陷入一种克制。我所期待的爱情，是两个人可以踩着对方的影子，是的，哪怕仅仅是影子，在路上慢行，一步一步变得更加优秀，一同成长。

吴钰萱：虽未与母亲深刻讨论过真正的爱情，但是也在父母平时不经意的眉眼间相互传情的宠溺的眼神里，在父亲不经意用手拢过母亲鬓角的发丝时知晓了一二。

彭可心：每个人都是因情而堕落的天使。

黄晓睿：提到爱情，我首先想到的是赛格林先生的一句话："我认为爱是想触碰又收回的手。"我想，我们学生首先要成为优秀的自己，然后嫁给或者迎娶爱情。在这个年纪萌生的多半是青涩的喜欢。

游厉：正如培根所说："夫妻恩爱，使人类得以繁衍；朋友的爱，使人性得以完善；不合适的爱，会让人走向堕落！"

陈芄瑀：爱情过于深奥，我只是看到了表面。这时我并不感兴趣，因为想过了也不会有结果。

我想，很多少年的第一堂爱情课，应该在父母那里学习。但是，如果只能自己领悟，只能纸上谈兵，是不是会"多么痛的领悟"。

很多成年人的爱情课，都是在生活中领悟，亦或者，会在少年那里找到一些诸如激情、忠诚、美好。至少，也应该给少年们爱出一个样子来。

稼轩词云：

少年不识愁滋味，爱上层楼。爱上层楼。为赋新词强说愁。

而今识尽愁滋味，欲说还休。欲说还休。却道天凉好个秋。

我想，如果可以望文生义的话，如今的少年，是识得"愁"滋味的，他们不是在强说愁；恰是我们，欲说还休，欲说还羞，却道：去他的投鼠忌器的早恋，去他的老夫老妻。

祝福我的孩子们，愿他们有个灿烂的前程……祝福那些在孩子成长过程淬炼出了爱情观的父母——你是否知道你的孩子如此丰富。

永远不要低估一颗追求美的心。

《诗经》：有想法有追求

上课。

1. 说还是不说

我：人类，包括很多生灵，都有情感。大家认为人类高尚的情感有哪些？

学生：亲情、友情、师生情、母爱。王茗雅说的"对生命的敬畏"、洪杨轩说的"同情和善心"独树一帜。

我：不要那么含蓄了，我知道有一样情感你们憋着，就是不说，你们不说，今天的课就没法上下去了，大声说出来吧！

罗瑞佳：还有别人的爱情。（她这个修饰语用得妙。）

我：情感的核心内涵，就是爱。爱发自内心，出于真情。关于爱情，许多文学作品、影视作品都有过描述，来分享几句吧！

彭程：你还记得大明湖畔的夏雨荷吗？

谢雨嫣：男主为了女主患上了霍乱！他的母亲说，这就是爱情。

周茉：我相信生命中会有一些人爱你，给你养分。当你失去他们的时候，没有人能填补心中的那块空白。

陈正邦：杰克在奄奄一息时，仍对露丝说"好好活下去"，爱情不需要多么长情的告白。

王茗雅：歌德说"我爱你，与你无关，就算我此刻站在你的身边，依然背着我的双眼，不想让你看见，就让它只隐藏在风后面"。我说：瞎说，我看见了。

我：白居易说"在天愿作比翼鸟，在地愿为连理枝"；李商隐说"身无彩凤双飞翼，心有灵犀一点通"；元稹说"曾经沧海难为水，除却巫山不是云"；秦观说"两情若是久长时，又岂在朝朝暮暮"。

思考：两首诗歌，男主人公都做了什么？

答1：与女主相遇，然后单相思。

答2：大胆地追求，琴瑟友之，钟鼓乐之。说明不光要有才华、有想法，还要行动，心动不如行动。

答3：永不言弃地追寻。不管伊人在哪（水一方、水之湄、水之涘），无论天气（白露为霜、白露未晞、白露未已）怎样，不怕艰难险阻（道阻且长、道阻且跻、道阻且右），他都不放弃（溯洄从之、溯游从之）。

思考：你觉得诗歌中的男主和女主怎样？

男主：

答1：执着、痴情、耐心。

答2：浪漫是浪漫，但是反应也太慢了，女主一直没有回应，他就不知道换一种方式？

答3：文艺君子。为了获得芳心，他努力学习，而且很含蓄，没有那种简单粗暴。

答4：有点傻。首先，一个人在"辗转反侧""寤寐思服"，单相思；女主并不理他，也许人家就只认为"你是一个好人"。

女主：

答1：窈窕淑女，文静美好。文雅、安静、美丽、好心对应的是才华、性格、气质和内心。完美。

答2：内敛、情趣高雅，能接受的追求方式是"琴瑟""钟鼓"。

答3：调皮高冷。男主这么热烈，她却毫无表示。

答4：做作。你们懂的，喜欢就喜欢，不喜欢就是不喜欢。

思考：你们觉得他们最后会在一起吗？

王茗雅：我觉得他们会在一起，这才符合诗歌的美好特征。

张昊天：不会。他们俩是不同阶级的人。女主是农家女，男主应该是知识分子，很难。

彭程：功夫不负有心人，那么努力，那么有才，我相信会成功的。

孙睿嘉：两个人都有点装。也许爱情就是得不到的才美。

孙英鹏：他们两个的空间距离隔得太远，总是求之不得，或许这就是暗示。

肖儒鉴：男主方法不当，我觉得不会在一起。

黄晓睿：他们可以做好朋友。

张云薄：他们的父母同意他们在一起吗？

游历：这是义务教育标准实验教科书，是国家审定的。而国家的规定是"禁止中小学生早恋"，所以这个故事的结果一定是个悲剧，告诉我们"早恋"的"后果"。

思考：两首诗的景物能换别的吗？（关雎、蒹葭）

谭小蕙：不能换吧！比如鱼鹰（关雎），它们一辈子就认一次配偶，一起筑巢，一起哺育子女，自古以来就是美好爱情的象征，换成别的就不好了。

宁宇洋：不能换。两种景物都跟水有关，关雎对爱情很忠贞，芦苇（蒹葭）在水上成片生长。爱情的忠贞、朦胧，细水长流的特征体现出来了。

谭桢：换成红豆、鸳鸯也可以啊！鸳鸳鸯鸯，红豆红红。

思考：《关雎》和《蒹葭》都是爱情诗，主题和内容，甚至手法运用都相似，这样编教材，不是重复吗？

陈正邦：我觉得不会呀！一首热烈，一首含蓄。这就是爱情，这就是爱情双方各自应该有的态度。

我：这两首诗是《诗经》之首，孔夫子说它们"乐而不淫，哀而不伤"。两首诗虽都为爱情诗，但是风格和手法都有很大差别。《关雎》重在叙事，《蒹葭》重在抒情描写。《蒹葭》即物起兴，借别的事物来写爱情，"蒹葭""水""伊人"构成了爱情那种由"朦胧"和"距离"而产生的美。

我们今天读情诗、论情人、讲情美，只是因为情本身的美好，爱本身的美好，诗本身的美好。万水千山追寻，只为你；一水之隔遥望，心亦足。体会爱与被爱，体会等待与希望，体会自由与回归，就是"美好"！

科举与高考

《范进中举》，主人公范进是个士人，一直生活在穷困之中，又一直不停地应试，考了20多次，到54岁中了秀才，接着去老丈人胡屠户那里借盘缠准备参加乡试，却被胡屠户冷嘲热讽一番，最后偷偷跑去考试中了举人，没曾想喜极而疯，多亏胡屠户一巴掌把"文曲星"扇醒，故事在以张乡绅为代表的左邻右舍的曲意逢迎和胡屠户的虚伪贪婪中结束。

"科举改变命运，扭曲灵魂"，文章也反映了世态炎凉。

"这不就是高考吗？"一个声音传来。我决定暂停接下来的教学计划，这像是一个历史遗留问题，夹杂着对现在选拔制度的些许不满。

那我们就来讨论一下"科举和高考（中考）吧"！于是下面开始了讨论，学生们都有话说，有的还很激动。

曾俊午：必须承认，高考是目前最好的选拔制度。每年那么多考生，好的大学却不多，在如此竞争力下，对于寒门子弟，高考无疑是最公平的。西方教育制度在中国是行不通的，中国的人口数量摆在那儿。制度就没有完美的，改革需要一步一步来。

彭程：应试是手段、方式，教育需要适应社会需求。社会需要，人才才能被需要，否则就会被社会淘汰，或者只能"游走在社会边缘"。以后的社会是智能社会，对人工需求会越来越少，对人才需要会越来越高。我们现在痛恨的微积分、各种算法，以后会越来越有用。

李诗曼：科举制度注重古典文化和政治，考中后就只有做官一条路。而高考注重思维和创新，大学给人提供很多就业选择。相较于科举制度，高考要开明太多。现在的社会跟以前大不一样，以前只有政治和经济，现在还有娱乐、服务、艺术等行业。人们的生活选择多、兴趣更广泛。

　　周茉：我觉得无论是科举还是高考，对思想都有一定束缚。两种制度需要学生背下太多的知识点，考试中又没有太多的开放性题目。古代读书人至少目标是明确的，要走仕途；现在的教育，很多学生根本不知道自己学习为了啥。

　　谢雨嫣：科举制的考试范围仅限于"四书五经"，而高考有理科，让我们有实际应用的可能。但是无论是科举还是高考，其实都只是一种手段。只不过科举的就业面狭窄，而现在的人上大学后会有更多的选择，就算你考不上，只要人够聪明、够努力、有天赋，在某一个小的领域也有作出成就的可能。

　　张粲璨：假如在古代，不善作文的人一定一事无成，现在有了更丰富的选择。其实不管在哪种体制下，学习都不是为了做官或者进入某一个阶层。知识本身就非常重要，可惜很多人就忽略了这一点。

　　王茗雅：制度与教育需要相互适应，人才为社会的变革服务。封建社会以才选官的制度是悲哀的。高考虽然是应试，但是给了人更好的选择和未来，至少给了你成为想成为的那个人的机会。各种学习，其实是提升自我的过程，得到更好的未来：语文决定眼界和深度、数学决定周密度、外语决定广度、科学决定方向和严谨，历史决定阅历和明辨，政治决定思想的维度。所以，科举和现在以高考为导向的教育本质区别在于：制度不同，面不同！

　　孙英鹏：我觉得科举也挺好的，他告诉读书人一个明确的方向，而高考要求全面发展，"样样都会，样样不通"。民国时期的教育制度就很好，张充和英语零分、数学大题全空、语文满分，照样上北大。那是一个思想飞扬的年代，每一个文人都可能是文豪，是真正的知识分子。公车上书，几万份请愿书都是殿堂之作。我建议（注意是建议）现在的教育还应该加上一门书写课，因为汉字的书法能带来一种正气，一种骨气，是民族魂。（鼓掌）

　　洪杨轩：高考与科举，就如同两棵不同的树的主干，扎根在时代的土壤之中。科举时代，士人为了仕途去参加考试，那是时代的需要和趋势，科举也许就是缺少枝叶的枯木，古老神秘，但是曾经也给社会和底层人民带来过生机。高考是一棵枝繁叶茂的树，每一片叶子、每一颗果实都是自然的精华，就看你汲取了多少养分。也许有人抱怨高考让学生吊死在一棵树上，那是因为我们还没有想到更好的选拔方式，学习，只有学习它，今后才有可能改革它。

　　傅健翔：科举最初为基层百姓提供了被选拔的机会，打破了世袭制。慢慢成为统治阶级束缚人们的工具，抑制了近代自然科学的发展。高考给了全国人民一个相对平等的竞争机会，并不是一个固化的思想制度。它或许只是一个人生起点，成绩好坏只不过是你迈步的快慢、大小而已。

李畅宇：每一种制度的初衷都是好的。就好比体育考试，最初是为了增强孩子的体质，但是现在的考查标准越来越苛刻。巨大的压力让学生除了劳累和抵触，感受不到任何快乐。

肖儒鉴：如果没有强制性的体育考试，你们谁会主动去跑步？我以前300米都跑不完，现在呢？3 000米都能应对！很多强制性的制度，其实就是为了激发人、挖掘人，为了抵制人的惰性。

黄晓睿：一直觉得待在自己的国家学习挺好的。对于我而言，去哪里上学都是要学习，而学习之路，必定是艰辛的。高考的现实意义使得每一个人都能获得一个更高的教育平台，以便更好地发展和适应社会。你不高考，就只有三条路：拼爹、搬砖、出国。（鼓掌）所以，高考是一种普惠的教育制度，当然对于少数人来说，不高考或者抵触高考，那可能你有更好的资源。在找到一个更好的制度前，高考是一个相对公平的教育竞争制度。有压力，学生不能逃避；有期许，家长要调剂。即使输了高考，也不等于输了未来。被一种制度或手段打倒的人，不能算是强者。

游历：第一，教育有"三个面向"，高考在改革，朝着多元化发展。第二，教育的前提是国力，我们是一个发展中国家，扎实基础、加强理论无可厚非，国力渐强的时候，我相信会加大动手能力的培养。第三，世界上没有绝对的公平，教育必须面向大多数人，兼顾弱者。所谓不公平，只不过是庸人的哀号。第四，与其抱怨，不如适应，将来改变。高考制度无关对错，仅仅是你的态度流露和你汗水的流量。

古翊莹：在同样的环境和时间内学习相同的内容，然后进行分层。只能说，高考不能对所有人公平，高考是必要的，考好也是重要的。但是你有选择权利，前提是你有选择的能力。

李炫驹：时代决定统治，统治规定教育，教育培养人才，人才造就时代。

班宇：高考是科举的完善和升级。我觉得高考很公平，我们在城市里，各种教育资源就已经胜人一筹，对于广大的农村孩子来说，他们怎么出人头地，一没钱、二没背景，教育落后，高考就是他们为数不多的平台。你们那些可以出国、可以拼爹的人，就是站着说话不腰疼。不要在怨天尤人、牢骚满腹中沉沦了，只有足够努力，让自己变得足够优秀才能改变。

……

从最初的难以启齿、羞于表达，到越来越激烈，大家意犹未尽。虽然有人说"老师不是高端人才"，也有人说"读大学有什么用"，还有的以我为例证说"就像老师您读大学后也只能在百外教书"，栗冬智也形象地说"小升初就是童试，中考就是乡试，高考就是会试，大学就是殿试了"。

对高考，或者说对现在的教育制度，我同他们交流了几点看法：

1. 中国的教育从传统中走来，继往开来。中国人民是一个善于学习的民族，一个善于修正的民族。就像你们今天讨论的科举，不也在历史的洪流中淘汰出局了吗？而西方的现代教育制度至少也沿用了200年了。

2. 中国的教育是全民教育。这一点与鼓吹民主、宣扬个性的西方教育形成了鲜明对比。西方的教育将个性发展和个人需求所放的位置有点过。个性和个人凌驾于共性和集体之上，这其实会损害到大多数人的利益。

3.中国教育注重态度，西方教育注重实干。中国是农业文明社会，西方是工业社会。勤劳朴实、谦卑坚忍是中华民族在黄土地上积淀下来的精神态度。中国的老师精耕细作、夯实基础、一天天一遍遍不厌其烦，目的在于培养持之以恒的精神态度；中国的老师认为精气神是学习成功的核心要素，方法、能力、智力次之。再"有教无类"也进行着"因材施教"。

4. 中国的教育享有特权。单从"尊师重道"的传统来讲，就是如此。在中国，教育者是被尊重的，这不得不说是教育的一大优势。这让中国的教育者在教育理论和教育实践上（不管是古代还是近现代）都摸索出一些让世界教育界匪夷所思的深刻而实用的宝典。

5.任何人都有选择教育的权利，也有被教育的义务。不管如何，如果你有困惑，就说明你还需要学习；如果你有怀疑，也请你继续学习；如果你有更好的选择，你就更不能辜负学习。不能否认，中国似乎是唯一一个把"义务教育"通过国家立法的形式确定下来的国家。

问题不可避免，但是不逃避。不管哪种体制，问题都不可避免。教育不均衡（区域不均衡、个性共性如何均衡）、教育不完善（教育内容、教育手段）、应试明显（如何顺应时代）、学业过重（如何整合）、教师队伍（巩固教师形象、地位，顺应时代发展）……这些问题，在媒体资讯发达、言论越发

自由的时代，其实都已经很民主地摆上了桌面，大家很热忱，教育界也并不忌讳谈论。

如果，你还是质疑中国教育，还执意师夷长技，那就出去看看。因为我相信你肯定讨厌人云亦云、道听途说。但是不管如何，请对教育保持耐性，对学习保持热情，对教育者保持尊重。

上完课，同学间就流传出一句话：好好学习，否则就让你中举。

我的第一本书

今天要上《我的第一本书》，我想和大家谈一谈自己的第一本书，可是我怎么也想不起来自己读的第一本书是什么。距离上课还有15分钟，我还是拨通了母亲的电话。"妈，我在上学之前有没有读过书啊？"

"废话，你在上学之前肯定没有读过书啊！"母亲反应还是很快，一语道破了我这个愚蠢的问题，因为我想第一本书肯定是在上学前遇见的。（孩子们听后笑了。）

"我的意思是在上学之前有没有接触过书本！"我解释道。

"没有！"她的回答很坚决，这让我有些失望。

"真的没有吗？像我这么聪明的孩子，我上学之前没有读过一本书？"我还是不相信。

"你问这个干吗？"母亲有些疑惑。

"我今天要跟学生讲《我的第一本书》。"

"哦，这样啊！要这么说，你在上学之前跟姐姐们一起读过书。姐姐们放学回来在背书的时候，你都会跟着读：古诗、数数、口诀，你们姐弟四个把房梁上的灰都能震下来。你三姐最活泼了，带着你拿扁担当话筒，扫帚当琴（吉他或者琵琶一类），一起唱从学校学回来的歌呢！"妈妈笑了笑，感觉她已经快速沉浸在那幸福里了。

（孩子们笑了）我也笑了，姐姐们是我的第一本书。

"你们那时候没有幼儿园、学前班的，8岁多了，直接就上的一年级。你去报名的时候，雷老师和尹老师（我的启蒙老师）在那考你，说你数到十就收你。你一口气数到三十，他们就高兴地说你'是一块儿读书的料'。其实你那时候都能数到一百了。"然后，雷老师就直接推荐我任"学习委员"。（孩子们听到此处鼓掌。）

是啊！我上一年级的那一天，是妈妈亲手缝制了布书包，书也是她帮我包好的，还给我取了个学名叫珍存，并帮我写在书本上，希望我好好珍存书本，珍存这读书的时光。

上五年级的时候，老师要我们准备《新华字典》，5块钱一本。可是家里穷，妈妈不肯买，说是去邻居叔公的儿子那借一本就行了。强烈的自尊心驱使着我的眼泪，我哭着说："不给我买新的，我就不去上学。"妈妈说："你不去上学，我也没有新的字典买给你。"还是父亲去借的。可是借回来才知道，不仅没有封面，连"部首查字法"和"拼音查字法"都缺了几页。自尊心驱使我不肯接受，从下午1点哭到5点，妈妈的态度都不肯改变，说："书是用来读的，不是用来显摆的！"最后，我只能带着那本破烂字典去学校。每当要查字典的时候我都不敢拿到桌面上来，低着头、合着双腿、利索地翻着。由于没有部首和缺一些拼音，我便直接翻找。这锻炼了我查字典的速度：看好拼音就按照自己的估计翻看，八九不离十。

这是我的第一本工具书。（讲到此处，孩子们静默，他们大概无法理解那种物资匮乏年代的生活。）

到镇上读初中的时候，我很喜欢我的语文老师，自然而然的，也就喜欢上了语文。小姨是在供销社工作的，那里有一个书籍专卖柜，每次我去她那里的时候，都会翻看一下书柜里的书。印象中，那里是镇上唯一有书卖的地方。那段时间，我看上了一本语文教辅资料，叫什么名字我忘记了。那里面有文章分析，有作文讲解，也有课外知识积累。我深深地喜欢上了这本书，一有机会去供销社，我就会到书柜看书，偷偷背下一些内容。几次想跟妈妈说买下那本书，但是因为之前的经历，我也就放弃了这个念想。赶集的时候，妈妈也会去供销社跟小姨聊聊家常，我也会借机去看看妈妈，顺便到那里去看看书。

又是一个赶集的时间，我照例到供销社去，我照例拿起那本书看着，妈妈说："喜欢就买下吧！"我看了看标价：19.8元。我摇摇头，"算了，妈，我需要就来姨这里看就好了！""贵是贵点，你买下也就不麻烦了！"说着就去付钱了，我看到小姨还跟妈妈推搡了很久，两个人嘴里还生怕被人听见似的说着什么。

我终于得到了这第一本教材以外的书。后来小姨告诉我，妈妈在集市里蹲了一上午贱卖了背来的米，得来了30元钱，本想去老中医那里扎针的（她的手一直有些毛病）。

后来，我越来越喜欢语文，我的语文老师也越来越喜欢我，他建议我多看书，还塞给我一本《三国演义》。我受宠若惊地勉强读着，我知道了神机妙算的孔明，知道了忠义双全的关羽，知道了骁勇善战的赵云，知道了奸诈狡猾的曹操、讨厌的司马懿……我会讲借东风草船借箭、过五关斩六将、赔了夫人又折兵、单刀赴会……这是我读的第一本真正意义上的课外书，我也铭记了我的老师。

上高中了，爷爷从箱底拿出一本更厚更大的书，封面很素雅精致，叫《辞源》，是一本很专业的字典，爷爷希望我考上大学。上大学后，我知道了这是我国第一部大规模的语文辞书，大都是1840年前的内容。只是到现在我都没有学会如何使用这本字典，而且里面的字义很生僻，都是文言文。这是我的第一本专业性书籍。

一生中，我们会有多少本书，我们会记得多少本书，我们会珍藏多少本书，我们又丢失了多少本书。不管我们读懂了多少本书，都不会忘记第一本书。

与孩子聊童年

1. 一句话写童年

我叫我的学生写"童年"，他们说"这在小学都是写烂的题材，还要写吗？"我觉得他们过于乐观了，一个能真正把童年写好的人，得需要多么丰富的阅历，多么纯净的心灵，多么安静的心。而且我的要求是用一句话。

陈祉锜：回忆起我的童年来，没有女孩该有的粉色梦幻，只有抬头仰望天空时的无聊。

毛晨羊：回忆起我的童年来，并不遥远。小时候的我不过是还没有起飞的风筝，童年的风指引我向天空飞舞，风柔和平稳，我在风的怀抱里。

陆冠旭：小时候觉得睡觉、吃饭、刷牙都是浪费时间；现在想想，其实睡觉是幸福的事，因为有梦。

张雅菲：我的童年在最平凡的城市中、最平凡的小区里、最平凡的小洋房里。如今，我仍然生活在最平凡的家庭，过着平凡的生活：父母和我都过着三点一线的生活，我们奋斗着、努力着，只为在平凡的世界过得不平凡。

孙英鹏：我的童年，没有顾忌，没有忧虑，是一阵放荡不羁。

杨凡：我的童年，在旅途中，成了一名青年。

张赫：我的童年，在灰黄的土地上，在朱红的春联中，在红瓦房的屋顶上，在翠绿的大树杈间。

李云鹏：我的童年有乡土味。

吴钇萱：我的童年没有风雨，没有荆棘：妈妈为我开一条路，爸爸为我清除障碍，弟弟给我的旅途增添乐趣。

肖儒鉴：我的童年没有烦恼，没有苦闷，没有忧愁，只有一片天马行空的白日梦。童年这条路上有无数个路口，我却没有来得及好好选择。

宁宇洋：我的童年，只有一个词——挣扎。我不清楚童真是什么，或许只是爱父母，所以做着他们希望我做的事。

吴虹雨：也许所谓的电子产品真的有害，也许我们看的喜羊羊真的无脑，也许我们这一代真的"早熟"，也许我们的童年真的不懂得陪伴。可这真的是父母给我的最好的童年——没有电子产品的童年。

孙睿嘉：音乐是人思想的精灵。回归复古，破旧的老街，惬意的气息，不过是一抹单调的色彩罢了。我的童年，撒在了深圳这片年轻、幼稚的土地上。

罗瑞佳：我的童年，远远望去是彩色的：红手印、黑凉粉、黄土地。

林家栋：我的童年，父母很忙。照片上那个总是抱着我的人，我也喜欢被他抱着的人，我还喜欢在他身上撒娇的人，就是我的四叔。

李悦想：我的童年和我的童年梦，似乎被蒙上了一层纱，你可以很轻松地揭开，却又不敢轻易揭开。我就这么浑浑噩噩地活到今天，活在了当下，活进了青春。

李诗曼：大概我的童年就是如此吧！平淡无奇、平凡无色，只有那么一点儿总是存在的期待，满足了日复一日的乏味生活。

栗冬智：一个人坐在房间，小区又传来了熟悉又陌生的欢笑声，不知何时眼泪已经流到嘴角，有些咸咸的。装玩具的箱子倒在地上，卡片散了一地。走到窗前，关上窗户，手有些发抖，一扇大门缓缓打开。

毛丁：回想起我逝去的童年，满载着欢乐，满载着幻想，被埋葬在一片花草里。

谭小蕙：童年里，学过琵琶，急于求成，却丝毫看不到成果的我很快就气馁了。母亲让我去学缝纫、绣十字绣，这些倒是让我很有兴趣，偶尔也可以给自己缝一件汉服，再绣上几朵牡丹，也算是满足了童年所渴求的"爱好"！

黎泽莹：那真是一段短暂而绚烂的时光，如帝斑蝶扑棱着翅膀带起的风吹散了昙花，是泛金的橘红色和淡色的紫罗兰。

2. 童年是什么

北岛曾在大学里教散文写作，让大家写写童年，发现几乎没有人会写细节，这个非常可怕。高尔基的《童年》是这样的：每一句话，每一件事，人们每一个表情，每一个动作都深深吸引着我，一种甜蜜的忧愁之情充满了我的心头……外婆说起话来，有点像特别用心唱出来似的，娓娓动听，一句句话好似一簇簇鲜花，那么温馨，那么鲜明，那么生动……我记得我的父母……他们干什么都是在一起的，肩并肩地依偎着。夜里，他们常常谈笑很久，坐在窗子旁边大声地唱歌，弄得街上的行人都来围观。那些仰起头来往上看的面孔，让我想起了饭后的脏碟子。

他的童年被迫流亡到别处，他说："这所有的一切都让人感到不安……这儿的人们少有笑容，偶尔有人笑，你也不知道他在笑什么。吵闹、威胁、窃窃私语是这里的说话方式。孩子们谁也不敢大声地玩耍，他们无人搭理、无人照顾，尘土一般微不足道。在这儿，我感到我是个外人，总感到如坐针毡。我疑心重重地注视着每一件事情的发生和发展。"

我记得，每年"六一"儿童节，学校都会有庆祝活动，在我就职的中学，每年初一的学生也会有"告别童年"的仪式。在我看来，其实那更像是狂欢，那时的他们才是真正的自己。

当有一个孩子说"我的童年的关键词是'挣扎'"的时候；当有孩子说"我的童年的关键词是'学而思'"的时候；当很多孩子说童年是"五彩缤纷"、是"快乐"、是"无忧无虑"，我却从他们的表情上看不到色彩、看不到笑容、看不到轻松的时候；当他们"把童年写成爸爸妈妈、写成在学校的读书经历、写成某一个要好的伙伴"的时候，我知道他们的童年其实没有任何体验感和阅历感。他们中很多人的童年都是在"被教育成一个样子"，走向同一个地方，认识同样的人，或者说他们的童年中没有自己。

在中国义务支教百年的德国人卢克安认为：孩子们最需要看到的是，有一个人，他在做真实的自己。在陪伴着我的时候，他忘掉了所有的想法，仅仅保留着真实的自己。卢安克尽量少用语言跟孩子去解释什么，他尽情地带着孩子们做游戏，玩耍。"语言很多时候是假的，一起经历过的事情才是真的。"

3. 什么才是童年

那日我去接儿子放学，去得晚了，实在是因为我不愿意和那些老奶奶抢占位置。我把卡递给保安，他说了一句："他肯定在玩玩具的，要收拾一会儿。"然后就进去通知老师。他出来的时候，说："他一个人玩得很认真，很开心，而且会玩。这样的孩子以后肯定有出息。"我用一句"但愿是"回应了他。

他接着说："你别看那些很听老师的话的孩子成绩很好，长大以后不见得好，反而是那些有点调皮、会自己玩、不言听计从的孩子会混得更好。"这个"混"字，也许更多的是经济上的独立和强大，更是一种自由。

有一位家长跟我说：虽然气人的事很多，但是偷看她写的作文发现她还是挺懂事的，也有上进之心。前段看《朗读者》朗诵还泪流满面。过去一直自认为对孩子负责任，但伴随孩子青春期到来后发生的种种，才意识到过去只做到了形式上的陪伴，心灵上的陪伴是极其不够的。

"体会"比"知识"更重要。不管是成人，还是孩子，真正的教育，是自己教育自己，"知道"和"体会到"是两码事。很多事，年轻的时候无法懂得，懂得的时候不再年轻，那都是体验不够。

爱人说："我们以前什么都没有，什么都没被教，什么都没学，除了物质不丰富，不也挺好的吗？"

我们常说：教育的目的是帮助他们成为他们自己。所以，改变不是目的，也不是我的责任，但改变会自然发生，那就是成长。

你的选择决定你是什么

　　"他高中毕业于著名的重庆南开中学，在美国入学标准化考试中，得到绝对高分，托福考试中，又获得让人惊讶的满分成绩；2005年，获美国耶鲁大学全额奖学金，后获得耶鲁大学文科学士学位……这样一个妥妥的学霸毕业后毫无意外，一定是年薪丰厚、生活优越的精英，可如今的他，却'沦落'到只能生活在中国一个小小的农村里——2011年他选择到湖南一个偏僻的农村做3年大学生村官；任期满了之后，在人们的质疑声中，又一头扎进另一个贫困的山村。没有编制，没有保险，月薪1 000元……

　　"他也许不懂政治，他能做的就是帮助村民们做一件又一件小事、实事；他也许不懂经济，他能做的就是把自己的薪水花在路上，给大家找出路；他也许不想高升，但是他被85%的村民推选为民选人大代表……他就是秦玥飞。"

　　如果不是孙睿嘉同学在课堂上给我们娓娓道来，我们甚至都还不知道有这样一个人物存在，乍一看，还像香港歌星许志安。那个时候，我们正在讨论范仲淹的"先忧后乐"和欧阳修的"与民同乐"。我于是决定另觅时间来讨论。

　　哈利·波特说：决定你是什么，不是你拥有的能力，而是你的选择。

　　孙睿嘉说：人人都自命不凡，可真正不凡的人又能有几个。

　　卢伊静说：有理想、有抱负的人，纵使物质上得不到满足，也必定会是一个精神上富足的人。

　　王茗雅：即说即做，我们中多少人缺乏这种勇气。

　　马克行：我们真正应该学的是最大限度地展现自己的价值及那种精神存在，而不是方式。

　　孙英鹏：人有很多种活法，每个人都可以选择不同的方式。你们认为他为了人民，其实他真正活出了自己。

谢雨嫣：我想说，他们的生活如此诗意：不求改变世界，只求有余力帮助他人。

卓沛彤：他幸运地成为那一拨优秀的人中最最优秀的代表。中国那么大，还有那么多人在贫困中挣扎，这寥寥几人能改变什么？

王灏阳：他逆流而上，是一股清流。

彭可心：古有岳飞，今有"秦玥飞"，历史总是惊人的相似。他把看似精神病做成了理想，又将理想变成了现实。人们需要从帮助别人中获得自己的价值，一两次叫欲望，一直如此叫高尚。

李子畅：如今这个社会，多少人打着慈善的幌子，往自己腰包里塞钱。他是真正热爱这片土地的人，他也因此被这片土地上的人所爱。

肖儒鉴：青春对于每个人而言都是公平的，每个人的青春都有选择。

刘雨佳：他是中国梦的实践者。

常栩宁：这么有才华，去为国家作出更大的贡献，去教书育人不是更好吗？还有，他没有父母要赡养吗？

游历：他埋下种子，虔诚地守在大地上，静待收获的时节。

爱为乐之源，有爱才快乐。健康的心态像太阳，照到哪里哪里亮！喜欢才欢喜，讨厌才厌恶。古人之忧乐均出于"爱民"，故忧亦乐，乐亦忧。忧是"喜欢、热爱"，乐是"欢喜、开心"！

维特根斯坦说：我贴着地面行走，不在云端跳舞。这是一种务实的选择，一种平民情怀，一种中国式的贵族精神。"在地面"和"在云端"都能为国、为民、为自己。

这个社会，需要人在顶层设计，也需要有人在地面耕耘。你的选择，将决定你是什么。

最后一课：我不是归人，是过客

　　这是咱们的最后一节语文课了，课前许老师提醒我，"不要煽情，以免情绪波动影响考试"。我想，你们的小心灵哪有那么敏感。不过话说回来，情感是一个美妙的名词。今天作为咱们3年的最后一节语文课，我想跟你们聊一聊"名词"与"情感"。

　　名词有具体名词和抽象名词之分。情感，毋庸置疑，是一个抽象名词。在写作中，情感又寄寓在具体的人、事、物中。所以，在写作中，老师经常提醒你们，用具体的人、事、物来表达承载抽象的情感，换句话说，"人、事、物是情感的载体"。这就告诉我们，情感本是虚的东西，只有选用具体的人、事、物来表达，才真、细、实，否则就是假、大、空。假、大、空就是我们所说的"言之无物"。就好比，我们平时表达"我喜欢你、我爱你"，你可以说"我喜欢醒来时床头放着的那叠整整齐齐的校服，喜欢餐桌上那热腾腾的牛奶，喜欢门框里、阳台上那久久不肯离去的眼神，喜欢那吃了几十年却吃不腻的饭菜，喜欢夜里走廊前留的那盏明灯"。

　　情感是丰富的且单纯的，所以我们一旦选择了具体的名词来表达抽象的情感，那么我们就要积极赋予这个名词以丰富的内涵，这个内涵可以是情，可以是理、是思想、是文化，它们相互润泽、相互丰富，却又不冲突、不累赘。比如说粉笔，它可以是"知识的精髓""教师的风采""书法的魅力""教育的智慧"；比如说工艺品，可以是"手艺""智慧""文化"；比如说稻香，可以是"劳动之苦""生活之艰""收获之乐""乡村之美""热情之人""希望之时"；比如说炊烟，可以是"回家的方向""在家的快乐""离别的不舍""别后的期盼""留守的孤独"……

　　所有我们赋予的这些内涵，我们都要通过具体的人、事、物来展现，通过细腻的描写来点缀，这叫"言之有物"。也就是说，我们赋予这些名词的所有内涵，都应该能找到相应的故事。反过来说，既然我们写人、写事、写物，也应该能体现出相应的生活、内涵、思想、文化，这叫"言之有意"。

人其实也就是一个名词，是一个有着丰富情感的名词。

一天天，一年年，一辈子，尝试尝试再尝试，学习学习再学习，努力努力再努力，就为了把这个简单的一撇一捺的名词丰富得有内涵。简单，丰富，内涵，是不是觉得有些矛盾，有些难以理解？

在座的各位，你们今后会进入不同的高中、不同的大学，走向不同的领域，希望你们会努力把人这个名词丰富，用情感、哲理、思想、文化丰富头脑与心灵。最重要的是，你们要做实事，做具体的事。真实很重要，做对的事，遇见正的人，珍惜好的物，"人"才会具体、丰满起来。

或者，你也可以细致描绘这人生：看得仔细，听得认真，做得精致，过得细腻。保持固执又简单又丰满的心灵，把我们力所能及的事做得更加一丝不苟。

（朗读）

> 我打江南走过
> 那等在季节里的容颜如莲花的开落
> 东风不来，三月的柳絮不开
> 你的心如小小的寂寞的城
> 恰若青石的街道向晚
> 跫音不想，三月的春帷不揭
> 你的心是小小的窗扉紧掩
> 我达达的马蹄是美丽的错误
> 我不是归人，是个过客

我不是归人，是过客。在今后的学习生活中，你们会遇到很好很好、更好更好、最好最好的老师。他们或者帅气，或者个性，或者激情，或者深沉，或者努力，或者智慧。

> 一年一年，一届一届，迎来送往
> 这是老师的宿命

你们没有来到我面前的时候

我总说这会是最好的

你们到来的时候

我又口是心非

你们是带过的最差的

你们要离开了

我又痛悔不已

你们是最好的你们

对于你们漫长的学习生活来说，老师真的不是归人，是过客；对于我接下来的教育生涯来说，你们也是过客，但是希望你们会偶尔做归人。如果三年来，老师有做得不好的地方，做了让你难以理解的事情，对不起，那个时候的我不是最好的我；如果觉得老师还不错、可以、很好，那么，也请你接着用这个美好的想法去发现更多更好的老师，做更好的人。

孩子，别着急哭。时间会告诉你一切，谁是归人，谁是过客！归人又如何，过客又何妨。人生有"三幸遇"：遇见愿意陪伴的父母，遇见负责任的老师，遇见懂你的伴侣。如果可能，有个人在你最美的那些年华里，陪伴过你，奉献给你，懂得过你。

再见了，孩子们！再见了，语文！再见了，青春！

下课——

让孩子做一个有故事的人

做一个追求故事的人

做一个书写故事的人

4

请食学习之苦

（一）

那是20多年前的事了。我在镇上的中学寄宿。家与学校之间是一段5公里长的泥石路。

一个周五下午，大家等待着回家。寒风乍起，冻雨绵绵。放学了，我却没有带伞。我想象着这是一个多么美好的机会，因为终于可以遇到"作文里的经典桥段了"：父母雨中送伞，伞面微倾。《平凡的世界》看了几十页了，精神食粮到底没有抵御住体肤之饿：吃了一个星期的罐子咸菜，回家可以吃上一顿新鲜时蔬了。心想：一个农村娃，哪有那么多矫情的温馨。于是决意顶风冒雨回家。

一路上，不断遇到"经典桥段"的父母子女，有的父母还带着外套和吃食。我总安慰自己：也许下一个转角我就遇到爱了。风越来越大，雨越来越密。在风雨中，我已经冻成狗——浑身上下无干处，手脚如麻未断绝。我的内心开始不安起来，越走越气愤：我的父母难道会完全想不到自己还有一个在外求学的儿子，正在冒雨前行吗？

一向乖巧懂事的我开始在心里责怪起父母来，"太不称职了！"已经走到最后一个拐角了，转过弯，上了坡，就是家。哪怕这个时候他们出现也能弥补我内心的失落和创伤呀！终究是没有等到，我站在坡前，定住了，泪水开始往下流。"多么狠心的父母呀！"就那么一瞬，我忘记了回应村里大婶给我的招呼，我忘记了那麻木的手脚还剩下的最后一丝力气。

没有勇气不回家，我一脚踢开门，家里没人。我书包一丢，坐在灶前，恨不得把整个身体塞进灶台去烘烤。我浑身开始冒热气，冰冷的泪珠变成了热泪。带着不解和怨念，最后竟然睡着了。

是奶奶把我从睡梦中叫醒，此时衣服已经干了一半。她麻利地剥光我身上的衣服，扶我到床上，用棉被把我裹得严严实实，然后开始在灶上忙碌起来。我只听得锅碗瓢盆的声音，迷迷糊糊被罐下一碗呛人的热汤，只听见奶奶说着"读书小子真吃亏，天天吃着辣子灰（辣椒晒干，或碾成粉，或泡在坛子里，作为干菜）""读书那么辛苦，身体就不要紧吗"的话便再次睡去。

高烧两天，我两天都没有和他们说话，他们照样早出晚归。好几次鼓起勇气，想跟他们说说"读书枯燥辛苦""读书何用""读书就是一条看不到头的路"之类的话。我也想跟他们谈谈"文学"，聊聊"梦想"，更希望他们好好安慰、鼓励一下受伤的我。这一切想想都觉得是个笑话：他们日出而作、日落而息，物质的贫乏也让他们的精神世界变得荒芜，我又何必在这样的环境中以"知识分子"的身份自居。

我甚至想过：就算像姐姐她们那样年纪轻轻辍学出去打一份工，也比我成天堆在书本里更有实际意义，更让他们牵挂，更被他们肯定。

（二）

这种情绪一直盘旋在我的脑海，直至我中考发挥失常。那个暑假，我戴着眼镜，撸起袖子和裤腿，细皮嫩肉杵在水田里，四周是等待着收割的金黄的稻子，还有待插的禾苗。热浪将整片田野覆盖，乡亲们"面朝黄土背朝天"，用白乐天的"足蒸暑土气，背灼炎天光"来描述此时此刻的情景最适合不过了。"我接下来的人生就这样望到头了吗？"

父亲示意我到田垄休息，他下意识地递给我一根烟，我一愣，厚着脸皮接过来。

"读书辛苦吗？"我点头。

"种田辛苦吗？"我点头。

"有什么不一样？"我想用老师讲的"脑力劳动和体力劳动"来回答，父亲已经点燃了他的劣质香烟，接着把火递给我。

"想好了？"我又是一愣，思索着这个"想好了"为哪般。

"读书辛苦，但是日子是看不到头的；种田辛苦，日子一眼就望到头了。看不到头的生活一定会比看得到头的生活辛苦吗？哪个有意思你要想好！"

没有半点犹豫，我就把烟卷砸到了水田上。我能想象到：当年他们没有来学校给我送伞，他们肯定也在田地里做着一成不变的劳动，就像他们数十年如一日劳作着的样子。劳动只增加了他们的皱纹和劳动经验，他们也许想象不到一个读书娃幻想着的那种"温馨"。

……

后来，身边只有少数同学上了高中，有的上了大专职校。有很大一部分履行义务教育的义务后，就走向了生活——打工或者生存。他们觉得读书辛苦，至少眼前是这样；他们的父母觉得学习无用，至少目前是这样。

我上了高中，考了大学，虽然不是名校；我选择了自己能做好的、喜欢的职业，虽然收入不高。后来来到改革开放的窗口——深圳，成家置业。每当我站在阳台上，看着车水马龙，灯火阑珊，用着日新月异的智能科技，感受着与时俱进的生活，还做着与读书、学习分不开的事情，我就越发感觉自己的认知界面不断扩展及由此而发现的自己精神世界的渺小与贫乏，这让我惊奇与自豪。我曾屡次发现，每当我觉得辛苦，每当我遇到遥不可及甚至令人害怕的情景时，我会想起那煎熬的5公里路，想起那交错相通迷宫似的田间小路，想起我辍学的姐姐，想起我的那些同学。然后告诫自己和自己的学生，还有自己的孩子：学习之路虽然艰苦而漫长，却是变化发展的，这远比那生活之苦要有意趣得多。

（三）

读书辛苦，但是日子是看不到头的；种田辛苦，但是日子一眼就望到头了。这句话一直萦绕在我的心头。所以，我今天想用这个故事来告诉那些即将参加高考的曾经的学生和这些即将参加中考的现在的学生：请你多吃学习之苦，少尝生活之麻。

就在前几天，在《人民日报》看到一则文章，上面问到"为何有些人宁愿吃生活之苦，也不愿意吃学习之苦"。最好的答案是：生活的苦可以被疲劳麻痹，被娱乐转移，无论如何只要还生存着，行尸走肉也可以得过且过，最终习以为常，可以称之为钝化。学习的苦在于，你始终要保持敏锐的触感，保持清醒的认知和丰沛的感情，这不妨叫锐化。

文章认为：

生活的苦大多是可重复的，而人的适应能力非常强，持续经历同样的苦时间久了，痛苦的体验和效应会逐渐减弱，让人进入习惯性无助的状态。这种状态虽然不是特别舒服，但久而久之也不会特别难以忍受。

但是，学习的苦是非重复性的。学习本就是认知边界不断拓宽的过程，需要你主动思考和汲取。而学习的内容往往是循序渐进，不如生活的苦那样重复，所以你无法进入麻木的状态，而是需要不断面对新的知识和学习目标。

一个是眼前伸手可得的欢愉和快感，一个是延迟满足感的精进过程。

这些年，也常常会从大学群、高中群、初中群、老乡群里得知各式同学的消息。他们很多人在走着父辈的老路，打工、结婚、生子，在乡村的世外桃源建一栋房子，然后接着打工，东奔西走做一些政策活儿，攒钱、装修房子，却很少思考更好的出路，或者说，他们根本没有时间、精力或者能力来思考。

相比，但凡多读了一些书的，都会不一样：或者在老板那里熬出了头，或者凭借多年的学习积累创业单干。

学习虽苦虽漫长，但这也是一条避免你过早走上那条更加麻木、恐怖的道路的捷径。至少，这让我们保持着对生活的热情、希望和勇气。

（此文特别献给参加2018年中考百外5、6班，献给参加2018年高考的曾经的百外5、6班的孩子）

179

我有一把戒尺

　　魏巍曾经这么写他的老师：她从来不打骂我们，仅仅有一次，她的教鞭好像要落下来，我用石板一迎，教鞭轻轻地敲在石板边上，大伙儿笑了，她也笑了。鲁迅先生也曾这么描述他的寿镜吾老先生：他有一把戒尺，不常用；有罚站的规则，也不常用。

　　这两个细节一直深埋在我的教育海洋中，时常能赶来一层层波浪。一来，这两篇文章一直在中学语文教材里；二来，"戒尺"和"教鞭"是以前教育者的标配，现在是教育的敏感神经。

　　小时候，我的母亲经常在家里的门檐上挂一根竹编。那竹子比粉笔还细，竹节很密，活像兵器中的"锏"。那东西打人很疼，母亲不常用，倒是父亲会常常拿下来吓唬我。我常常把它藏起来，或者干脆丢到村子的小河里去。灶台前的柴火堆里的那些杉树的针状叶，也是母亲常常用来"惩罚"调皮男生的工具。那杉树针叶从青绿色开始就一直挂在灶台的墙上，母亲会常常试探性地取下来要"刺"我好动的双手。

　　我的妻子，也有一把半米见长的塑料尺子，就放在儿子的书桌上。用来敲打书桌，指点书本，有时候也拍打儿子弯曲的背。情绪激动的时候，她就晃着那塑料尺，指着被罚站在角落的儿子，塑料尺"咻咻"地发出声响。儿子时而战战兢兢地躲避，偶尔我在旁边的时候，会求助似的看向我。每当这时，我便一把夺过尺子，"小子，妈妈都敢惹，你不知道妈妈是爸爸的什么吗？"有时候他会回答"老婆"，有时候真的慌张害怕会回答成"妈妈"。

　　印象中，上小学的时候老师都是有"教鞭"的。我的启蒙老师雷老师有一根很光滑的木棍，手指那么粗，一头大一头小，她就是用那根木棍教会我们拼音和认字。有时候她会敲打黑板或者桌子警告我们，但是印象中没有用作他途。有一次，我和她的儿子追逐打闹，她便叫她的儿子取来教鞭，对着她儿子的手板就是一鞭子。我正要伸手过去，她却只顾着对她的儿子说教，全然没有把我和我伸着的手放在眼里……我那个内疚啊！

我的启蒙数学老师也有一根教鞭，或者说那是一方规整的方木条，她用这根棍子画出直线和图形。她经常把那根棍子放在作业本上方，一起抱过来。然后拿着鞭子，一个一个发本子。我们一个个小心翼翼地走过去，如果她在我们头上轻轻一点，说明作业很好；如果她的棍子在本子上一点，你就得看看她指向的位置，"那里错了，注意……"；如果她的棍子指着你的手，那你就乖乖拿着笔，在作业登记册上"记账"，到了次数就乖乖地递手过去吧……有一次老师忘记带教鞭了，只把作业往讲台上一丢，本子全散在桌子上。她带的三角板狠狠地砸在讲桌上，断了。看着她那气急败坏的样子，我们都害怕极了。苟强子说："老师，你不是说三角形是最牢固的形状吗？怎么坏了！"大家笑了，老师无奈地说："还不是被你们气的！"

我遇到了那么多手执教鞭、目露凶光的老师，却从来也记不起被哪个老师鞭笞过。能记起的，就是扬起教鞭时，那指点少年激扬文字的样子；能记起的，就是那教鞭敲击黑板和讲台时，混着沙哑的嗓音的鞭策；能记起的，就是那棍棒指着我们的鼻子却指引着我们的目光。渐渐地，我遇到的老师，再也没有了教鞭，但是我的心中却一直悬着一根鞭子。

我的妻子一直说现在的老师大多都不敢管教孩子，同时她也说"不要打骂人家的孩子"。但是，我的教室里一直悬着一根教鞭，那是多年前一个男孩留给我的纪念，大概是他第一次登上舞台后留给我的道具。那是一把竹制的剑，他把所有的装饰都去掉了。我曾经用那根木棍把他逼上了舞台，指指点点，敲敲打打，他终于上了舞台。我现在把它悬在教室黑板的上沿。我告诉我的孩子们，"那是我们的家法，如果你犯了原则性的错误，我就会请家法。我希望它永远安静的悬在这黑板上方，甚至尘封在那上面。每当你们看着黑板的时候，你就要提醒自己，那上面有家法；每当你们不看黑板的时候，黑板最上方有家法在盯着你们。"

有一天，陈俊宏告诉我："老师，我们的家法掉到黑板后面去了，黑板与墙壁间有了缝隙。"我问为何会自己掉下去，他说："我犯了一个错误，我想去请家法，我不够高，就把它蹭下去了。"

"孩子，你自己心里知道就好了。不要告诉任何人我们的家法不见了！"

对于有敬畏之心的孩子来说，对于有责任之心的老师来说，"教鞭"一直都在心里。想起现在"战战兢兢"的教育者，想起一小撮投诉达人，想起那些未经社会雕琢却"很厉害"的孩子。教鞭，一直也应该在教育者和受教育者的心里。

被砍掉的柳树

——于课堂聊校园景

马尔克斯在《百年孤独》里说："无论他们到什么地方去，都应该记住回忆是一条不归路。一切以往的春天已不复返！那狂乱而又坚韧的爱情不过是瞬间即逝的现实罢了。"但我相信，青春不会是这样。

百合校园没有百合。百合在我们心里只是"香远益清"的青春无形，无处不在。倒是在短短的斜坡一带满是高大的木棉，它在我们眼里恰是火红青春的真实存在。木棉下面还有一株春时会盛开的杜鹃，惹眼的时候也会吸引有心的师生走近瞧一瞧那份藏不住的血色浪漫。

其实，角落里还有一棵柳树。我意识里把这仨称为"百合三友"。我问过我的学生，他们都不知道有这么一棵柳树的存在。它应该感到幸运，我知道它的存在。我靠着她跟我的儿子讲起"春天的故事"。

那年春天，连日淫雨霏霏，总是脚步匆匆。好在那天早上天晴了，我牵着儿子温热的手，慢慢地走着。"爸爸，那是什么树？"我抬眼望去，道旁那棵柳树不知何时已垂下绿丝，她固执地偏向另一边，羞涩地回避着路人。在这条坡道上，人们或埋头或仰天，眼神专注、目标明确，加之周围高大红艳的木棉正是炫目的时刻，估计也只有像儿子这样慢步斯伐，又低身段的人才能看到吧！

爸爸，那是什么？

那是柳树。

柳树是什么？

柳叶飘飞时，春天就来了。

春天，春天在哪里？哦，柳树就是春天吗？

是的，你看到的就是春天。

自此，每当路过那里，我都会停下匆匆的脚步，我想起儿子眼里的柳树：春天，就在心里有春天的人的眼里。

朱自清先生的《春天》，那是一曲生命的赞歌，学完后我带着孩子们在户外早读，临走时我折下一枝柳条，将它插在水瓶里，叫他们以"又是春天"为题作文。孩子们说我不爱护花草树木，不尊重生命。我说，人非草木，孰能无情，她在履行她的美学和诗意的崇高使命，尔后我会将她植于土或化为春泥。

我又想起儿子的眼睛，我提笔写道：

> 折一枝柳叶
>
> 握于手
>
> 环于首
>
> 晃于眼
>
> 植于心
>
> 物是人非又一春
>
> 春天在青春的心眼

洪湖公园的荷花开得正盛，我带着儿子前往观赏。那是雨后时分，天气闷热。小家伙在曲曲折折的荷塘边欢呼雀跃，没有多久便汗湿了衣衫，索性光着膀子，这下他终于安静了。眼前弥漫的是田田的叶子，袅娜的花朵。小家伙突然叫起来："为什么夏天还有春天！"我先是一愣，这么不合逻辑的表达。我想纠正的时候，小家伙转过身，指着荷塘边的柳树问我。

过了这么久，没想到这孩子竟然还记得。我一时无语应答，我望向爱人，她正吹着泡泡，逗玩儿子也娱乐自己，她是无心理会我的。我想，泡泡易碎，君子不常，曲曲田田婷婷缕缕脉脉，但美好是他们的，春是柳树的——儿子就是这么想的。

我对儿子说："柳树只是想绿得久一点儿，春天就会更长一点儿，爸爸妈妈和你都会开心多一些。好柳树决不放弃，好春天也决不放弃；好爸爸妈妈决不放弃，好孩子也决不放弃。"

回到学校，我和儿子就去寻找那棵柳树，我们竟然再也找不到了——不知道什么时候被移除了——难道是它长得不好，或者是它太寂寞了？"爸爸，柳树去哪儿了？"望着儿子那失望的眼神，我木木地说："它去了别的地方，去送春天。"

我深感愧怍。我常常站在高大的教学楼，凝望着那个角落，一所南方的学校，怎能没有柳树？一所学校，应该要允许长得不好却很努力要长好、很孤傲却能坚持长的柳树存在。大概是热心的人觉得它不够和谐。木棉能开英雄花、能飘清白絮，杜鹃也能一枝独艳。柳树只能长叶子，等风来摇它的裙子——这样静静的，不也十分美好吗？

又提笔，凑了几个句子，纪念那不知何时不见了的百合独柳：

那是一株角落的柳树

遗忘在孤僻独艳的杜鹃旁

木棉花落后

风流总被雨打风飘絮

凭谁问

英雄一瞬

奈何要分青红皂白

冬天的蜜蜂

洗手间，靠近窗户的地方，干净明亮。

倏地，瞧见一只昆虫。定神细视，原来是一只蜜蜂。

这已经是冬季了，它还保有生机。我用纸巾拨弄着它，也许是纸巾上的花香吸引了它，它顿时有了精气神，张翅舞爪地粘在上面，任我晃动，也不肯放松；许是累了，它终于松开了那份芳香，仰面掉落在地板上。它又开始了挣扎，触手向上挥舞，屁股向头部弯曲，嘴巴试图去接连，它想把身体弯成一个圆弧，这样的话，翻身的机会就大很多了吧！但是它始终就差那么一点点。闪过一个念头，我想帮帮它。我把纸巾拧成长条，去撩拨它的尾部，看它的"针"尚在否。但是没有得到想要的结果，只好让它爬在了纸条上面。

蜜蜂不属于这个季节，也不属于这个地方，它该待在艳阳下，花丛中，忙碌在热情里。我把它带离这里，置于办公室前的花坛中，这些植物青色尚存。它没有向上爬的力气和念想了，慢慢地、试探地，向植物根部爬去。

它的翅膀已经无法扇动，一个夏季的勤劳，耗费了它最骄傲的活力。

能爬向大地，回归自然，就已经是它最本质的愿望了吧！

我想：它是如何活到今时的？是背负着使命，还是气候的温暖让它留恋？它努力过，在属于它的最美丽的季节；它坚持着，在不属于它的时间和地点；在它心里，永远有鲜花和春天。

风可以吹走一张白纸，但是吹不走一只蝴蝶。生命需要拼搏，生命需要尝试——相信自己，不相信命运！这就是我对孩子们说的话。

没有比努力更美好的学校，没有比行动更长远的目标

（一）

新欢旧爱，都在开学季一起向我发来留言。忙得不可开交之时，都无暇顾及这些心声，甚至都没有时间与那些回来的旧爱畅谈一番，只能闲下来看看这些留言。

"几年前我哭着进百外，几年后又哭着出来。"

"我所有的运气，都用在遇见百外的老师和同学上了。"

"孩子刚刚离开百外，就计划什么时候回去看老师，这样的师生情太难得一见了，老师们给了孩子足够的温暖，才让他们如此思念。"

"去高中的前一天，孩子让我开车围着百外绕一圈。一段时间以来，开心的事，不开心的事，都会给曾经的老师留言。"

"百外就是百外，是我一喊就心颤的名字。"

"以前在百外经常会想家，现在在高中天天想百外。"

"孩子今天和我说，妈妈，你可以在家里种一棵和百外一样的树吗？"

"今天给孩子叠校服，孩子说，百外的校徽留着，不准拆！"

"老大，上高中了，我遇到了一个像您一样的班主任，超级像，也是语文老师，也让我们做积累本，也让我们看《人民日报》，就是课没有你讲的好，想你的课了。百外真好，百外老师真好，百外真的育人。另外，万家好（食堂）是真的好。"

"人说前世五百次回眸才换得今生一次擦肩而过，那我是不是上辈子光看您了才能得到您教导3年，我觉得上辈子我一定是个好人。"

"老大，我好想你，高中语文课上老师讲的东西你都讲过了，比如意象啊，现代诗啊！那首《错误》，当我在素材本看到它的时候，感慨万分。这里号称'四大名校'，真的比百外差太远了。"

"我在班级当了班长，班主任是个年轻的女孩子。开学第一周就是忙活，到家也是忙。以前打死我也不上补习班，现在我自己选择主动去。忙着作业，忙着演讲……谢谢老师。"

"老师，说实在的，我对这个所谓的名校高中有点失望，老师没有那么负责，学生的水平也参差不齐，特别是那些直升的，还有指标生，极度不适应啊！"

"老师好，我在深外进的是创新实验班，虽说师资很强，但是我觉得和百外老师也差不多。我稀里糊涂地当选了学习委员，宿舍没有独立洗手间，食堂饭菜也不好吃。"

"老师，王同学在宝中很受欢迎，同学们知道他是百外来的，觉得很是稀罕，女同学说他是班树，做了英语课代表，百外的孩子到哪儿都发光发热。"

"睿在班级当任课代表和心理委员。上周宿舍没有装修好，所以住在了小胖家。近期打算回百外老家看看。"

"周同学回到家的第一件事就是丢下书包回老家看老师。见一个哭一个，委屈、落差、失望……"

（二）

闲下来，一一回应，而这些，也是我第一次班会讲给现在的"新欢"的话。

1. 教育是一场遇见，有责任和爱的遇见是难能可贵的

人的一辈子有"三幸遇"：遇见愿意陪伴的父母，遇见有责任的老师，遇见懂你的知己伴侣。于千万人中遇见，不早不晚，不偏不倚，这是不是很神奇？这是不是很美好？所以，首先要祝贺你，因为你加入到了一个很特别的班级，这种特别，更多的是因为你的存在而特别。或者，你即将遇到一个很特别的班主任，你会遇到你特别喜欢的老师。而这次遇见之后，你将开启一段或喜或悲的旅程，去遇见各式各样的同学，遇见风格不一的老师，遇见轻重缓急的课堂，遇见未知的自己，直至遇见真正的自己。所以，无论你在新的旅程中遇到什么样的环境和人，你都应该有"不以物喜，不以己悲"的旷达胸襟，要相信一切都是最好的安排。

2. 教育是一场寻找

这场寻找发生在人与人、师与生、思想与思想的美妙相遇之后，寻找是教育的终极目的。在家里寻找爱的教育，在学校寻找智慧的教育，在集体中寻找心灵的教育。你在找别的，别的也在找你。所以，我还想祝贺你，你和你的父母找到了一所你该遇见的学校。而这次寻找之后，你将独自开启新的寻找的旅程。去寻找自己的优势，去寻找好的习惯，去寻找好的方法，寻找才华，寻找努力的方向……最终要寻找到最美好的自己。不要埋怨已选择的路布满荆棘、不如人意，也不要去幻想那条未选择的路是否美丽诱人，只有脚踏实地地把这条路走下去，你才有可能走出更多的路来。

3. 教育是一场等待，一场充满希望的等待

十月怀胎是母亲的等待，一朝分娩是父亲的等待，"哇"的哭喊是生命的等待。幼稚等待成熟，春花等待秋实，云朵等待雨水。最初，总是孩子坐着等待父母、学生坐着等待老师；后来，总是父母站着等待孩子、老师站着等待学生。等待着爱与被爱，生命都在等待着塑造，而教育就是要塑造孩子的生命。不管如何，在教育这条曲曲折折的河流上，有的清澈，有的浑浊，有的奔腾不息，有的死水微澜，有的水到渠成，有的恣意改造……但人们始终相信，并把希望寄托在这条河上，等待着水珠融入河流，等待着河流流入大海，并成为大海的一部分。如此看来，教育是集情感和智慧于一身的，因为人类所有的情感和智慧都集中在两个词上：等待和希望。这场等待里，有麦田守望者，有灵魂摆渡人，有农夫，有园丁，有船夫，有水手……所以，请你，我的新欢或者是我的旧爱，无论如何，都要让这滴水、这条河保持流淌，等待汇入大海。

4. 没有比努力更美好的学校，没有比行动更接近的目标

从你走进新环境的那一天开始，所有的一切都是全新的开始。你过去的辉煌成绩，你过去惊人的天赋，你过去处处时时的焦点，或者，你过去成绩一般、基础薄弱，表现不温不火，是角落边缘的常客……此刻，都没有关系了，所有人在新的平台都是同一个起点。谁能坚持、谁能日积月累，谁就会让人望尘莫及。不妄自菲薄，也不低看别人；不恃才傲物，常怀"三人有师"之心。如果，你有才华，我更喜欢努力的你；如果，你没有才华，努力会平衡一切。

记得我的话，想不如做，做，总有办法。行动，永远比想更容易接近目标。在这个社会，如果你不努力、不行动，甚至连比拼运气和天赋的机会都没有。

所有的一切，都归结为一句话，孩子，不要让过去决定你的未来。过去，只是参与者，不是决策者。

那有信的日子

我们和孩子们在学习诸葛亮的《诫子书》。最后，我们生成了四句话作为总结：

> 认识一个人（诸葛亮）
> 学习一种交流方式（以书诫子）
> 体会一种情（父与子）
> 留住一张纸（信的文化）

最后聊到书信，讲到"写过信没有""多久没有写过信""那渐行渐远的书信时光""那有'信'的日子和这无'信'的时代"。

我们还聊到"鸿雁传书""鱼传尺素""驿寄梅花""青鸟探看""云寄锦书"……纸短情长，古老的文字、信物上寄寓着便纵有千种风情，更与何人说得伤感。

我们聊到"陌上花开，君可缓缓归矣""暮春三月，江南草长，杂花生树，群莺乱飞""意映卿卿如吾""你是人间的四月天"……言简意赅，重新拾起这些被忽视、被抛弃的古典明珠，道一声"执子之手，与子偕老！"

我决定来聊一聊"有信"的日子。因为前段时间孩子们的随笔透露出一些信息，我想，可以借着这个机会进行一下"爱的教育"。

（一）

那个时候，我在镇上上小学。我的姐姐们已经辍学外出打工，我的父亲也在外谋副业。家里就剩下我和母亲。

穷乡僻壤与外界唯一沟通的方式是书信。村主任家倒是有一部电话，但是每次打电话都要人家传话，甚是不便，有急事的时候才使用。

姐姐们差不多每个月写一次信回家。收到信的时候，也是由我来读给母亲，要把书面语翻译成家乡话。姐姐们也就小学文化，自然不会有太高深煽情的语言，主要内容是一些家常和问候。我读得很慢，读到"关键"的地方，母亲会要求我多读几遍。读完，母亲又会拿过去再翻看几遍，生怕错过些什么。

回信的任务自然也落到我头上。吃过饭，母亲收拾好那张一米见方的餐桌，垫上一张废旧报纸，一张不知道哪里弄来的白纸铺在上面，就着那盏昏黄的钨丝灯，再点上一盏煤油灯。她示意我坐下，然后就侧坐在我的旁边，托着腮帮子，就开始构思着书信内容。我写好了问候语，再回头看看她。疲惫的嗓音焕发着精神，泥土的家乡话能说出情意绵绵的话。她会不时修正，"关节隐隐地疼"这句话不该写，"农活很多"这句话要换成"今年的谷子长得好，玉米也很大颗（饱满），花生也要拔了，红薯条也会晒好"，又会问我"要注意安全"该如何表达……

一两百字的信，我们娘俩愣是能写到很晚。最后，母亲捧起"大作"，然后递给我，要我读一遍才放心。对我来说，这是那会儿最难的作业；对母亲来说，那是那时候她能陪我"作业"的唯一机会。

信件由我返校的时候带到镇上寄出去。花两毛钱买个信封，八毛钱买张邮票，装入信件，封好口，翻来覆去检查看看，再塞进绿色的邮筒。

然后开始一段漫长的等待：寄去思念，等待下一次思念的到来。

（二）

上中学的时候，我说不上玉树临风，好歹也算是小鲜肉一枚：浓眉大眼、欧版双眼皮。加之成绩不错，说学逗唱也能来点，算得上是受欢迎的人。

有一天晚上，在班级复习比较晚才回宿舍。经过小树林的时候，我还在背着知识点。突然蹿出一个人影，我还没来得及作出反应，手中就多出了一封信。借着微弱的月光，只看得见那是装饰精美的信封，上面写着两个人称代词，中间还有一个符号。宿舍熄灯了，躺在床上心怦怦地跳、砰砰地叫，脸红耳热、翻来覆去睡不着觉。

我能想象出里面的内容，好奇心驱使我爬下床，偷偷走到洗手间。那里灯光实在太暗，就连封面的大字都要使劲看。我还是放弃了，决定明日再说。我就这样一晚没有睡着。天刚刚亮，我就爬起来，冷水洗面，跑了一圈。好累，打不起精神，迈不开腿，我觉得那个信封就是个沉重的负担。

我提前赶到教室，在信封背面写了五个字，然后偷偷塞回了那个抽屉。我们就这样平静地度过了初中时光。你知道我写了哪几个字吗？

"我也尊重你！"（孩子们停了30秒，然后秒懂了似的，一阵掌声。）

（三）

高一的时候，我是个贪玩的孩子。全班80来个人，我排名67位。对文字的偏好，我只好选择文科。成绩不好，座位偏后。

有一天，她传来一张纸条。打开后，发现其实那是一封信；看完后，才知道那是读书随笔；再读一遍，惊觉那是一篇生活哲理散文。时过境迁，我已经记不起那里面是余秋雨还是张爱玲的文字了，抑或是安妮宝贝、三毛。引经据典，令人敬佩。

没有想象中的桥段，却要硬着头皮回信，还得装出"文艺范儿"。一来二去，愈发觉得自己才疏学浅，积累尚薄。于是开始去读书、积累。

后来，慢慢发展成为一个本子在我和她之间传递。

这段故事，淹没在枯燥烦闷的高考生活中，成了那功利的青葱岁月里只有天知、地知、她知、我知的无言交流。我会挤时间去图书馆看莎士比亚，我慢慢学会了留意晨光月夜，学会了在阅读中由人及己，在写作中由物及人。既不说大白话，也不矫情于人事。我知道，那些平时被我们所厌的表达方式，其实很美，让我觉得自己是个读书人，而不仅仅只有严谨的数理化和庄严的政史地。

随着高考的结束，那本"书信"不知去向。但是，我会记起我的文字传过去的时候，我的那种未知的渴望；她的文字传过来的时候，那种或被认同或被欣赏甚至被批判的热血澎湃。

那，也许是人世间最后的"笔友"时光。也许，有笔，友近。

（四）

那是有信的时代，而我们处在无信的时代。孩子们似懂非懂，但是他们觉得很美好，觉得自己遗憾地与"有信"的日子完美错过。

如今，我们用"电子"代替了"手写"，用屏幕代替了"纸张"，用辐射代替了"墨香"……甚至，还有"在一起的孤单"。电子化、智能化的今日，你是否会愿意再"矫情"一回，一笔一画写情思，一字一句明哲理。在浮躁险恶的社会中，保持一点点传统、细腻、等待的心。

孩子们，我们回不去那个时代，也不提倡大家回去。只是告诉大家，年与时驰，意与日去，但是情不能枯落，这也许是《诫子书》中"静以修身"新的意义。

敬爱的，亲爱的

（幼儿园老师布置任务，要求我们男士给孩子的妈妈写一封信，并会由孩子在3月8日这一天交给妈妈。虽然我也是老师，但是对老师布置的任何事，我都会像学生对待老师的任务那样去完成。本已经另备薄纸草书了几句，交给老师的那一刻，想起早上看到的黄风铃，我突然觉得敷衍而惭愧，于是决定矫情一下。）

敬爱的孩子他妈：

情不自禁就用了这个称谓开头，敏感的你是不是要问以前的"亲爱的"哪儿去了？你是不是该质问我"日子是不是把爱情过成了亲情？"情商一下子爆发，于是，我重新开始。

敬爱的——亲爱的：

昨夜我们一起看电影，聊生活品质直到深夜，今晨早起上班还有些疲惫。绿灯还在闪烁，我却停住了脚步，不由自主掏出手机，打开了摄像头。三月的黄风铃在乍暖还寒的时候一夜之间炫满枝头，除了树枝就剩下一树挨着挤着的黄色花朵，黄得那么干净纯粹，好不活泼热闹。我把照片发给还在睡梦中的你，不知道你有没有关闭短信的声音。我无心吵醒你，出门的时候我看到你面带微笑，不知梦中遇何人，希望这一树一树的金色能带给你一日的好心情。

我建议你送孩子上学的时候，就暂停对孩子语重心长的嘘寒问暖，暂停未雨绸缪的谆谆告诫，就和孩子一起抬抬头，看看那晨曦下的黄风铃花吧！不要着急过马路，不要催着去上学，不要打断他的东张西望。我想象着你们就像我这样伫立凝望：

> 树在开她的花，
>
> 云在摇她的枝，
>
> 你俩站着不说话，
>
> 就十分美好。

这样一想，心中那淡淡的哀愁也就被这黄色的旋风吹走，有的只是缓缓的安宁和振奋。前些时日你随我回家奔丧，家乡道旁竟是粉的桃花、白的梨花，你那样惊喜地叮嘱我"慢慢开"。我想，你一定也能为这一树树花惊艳到，原谅我彼时无心赏花。

你在8年前的这个时候嫁给我，那时的你还是一个相信爱情的义无反顾的小姑娘；你在6年前的这个时候身怀六甲，那时的你还是一个相信爱的敢爱敢恨的姑娘；5年前的你已是孩子他妈，那时的你已经是一个相信缘分和责任的母亲。这些年，你把芳华无限过成了风韵犹存，把青春热血过成了责任牵挂，把厨房客厅过成家庭日子，把两个男子过成了两种味道。8年是个坎，痒过了，挠过了，应该要舒服了。

昨晚你还对我说："我在你眼中还有价值吗？"你心中的不安焦虑，被一路上遇见爱情、约见婚姻、看见结晶、只见柴米的套路套住了，在意识少女和日常妇女之间徘徊不定分裂而来。

昨晚随儿子散步的时候，又路过了那花下。即使在亮黄的灯光下，她依然熠熠生辉。儿子捡起落花一朵，我正担心花粉过敏欲责成他舍弃的时候，他突然高声说："哇哦，好漂亮的花，送给妈妈吧！"身旁骑坐在电单车上的妇女投来的不解的目光告诉我，我对你的写照还算是恰当的。对了，忘了告诉你，我在花店下了"每周一束花"的订单，如果到时候你收到花，也请你别惊讶——在这个世界上，可能还会给你送花的男人，只有一个，或许会有两个。

如今，在我眼前的这黄风铃，她四季都是景：春枝稀疏，繁花似锦；夏生果荚，翅果纷飞；秋叶繁盛，绿油油然；冬叶枯落，凄美婉转。这不正是你这些年的写照吗？只有女人，才能给男人一个完整的家，才能让男人的家更细腻，无论在哪个季节，都会让生活如春似景。

你给我回短信了："既心疼你，又怨恨你，那么早就走，那么晚才能回，就近在咫尺。"我选择忽略了这句话。最近你总是怨我走路太匆忙，没有等你。今天我依然走得很快，还不时回头望望那些黄风铃。我想说："我走快的时候，你的脚步放慢一点儿，让你能一目一步地送我，我能一步一回的望，能看一眼你的样子。"

黄风铃的花语是感谢，感谢亲爱的你，敬爱的你。

美丽的呼唤

下班回家，我哼着那首最喜欢的《你快回来》。

还在上楼梯，我特别的脚步声，早已把儿子唤来，"爸爸——"于是，也听到里面急促的脚步声，听得锁头的弹子几次拨弄的声音，两岁的儿子已经会给我开门了。长此以往，我也就不想自己动手了。离家还有几步之遥，我便开始蹬着脚，故意咳嗽几声，开始期待门里面的回音。

有时候晚些回家，爱人在给儿子洗澡，我才自己开门。儿子隔着浴室门就扯开嗓门开始喊"爸爸，是爸爸回来了"。日久便习惯了，我就故意在开门的时候多拨弄几下钥匙，等到里面传来那令人心醉的诱音，享受一番，才迅速扭动钥匙。

孩子洗好了，我进浴室，他便要躺在床上，翻来覆去，或凭或立，急切等待我去拥他入睡。他就在那儿撒娇兼带着撒欢地喊出那让我心软的呼唤，而且连续喊着，非得你答应才好。可是，你的答应，只能让他更加"肆无忌惮""变本加厉"。于是，我只好加快冲洗速度。

有时候，洗完澡，才发现忘记拿浴巾、换洗衣物，只好殷勤地呼唤着爱人，"媛媛——"这时也会紧跟着一声娇羞的童音："媛媛——媛媛——嘻嘻嘻！"

那小小的房间，传出一阵欢笑。

呼唤，那是一种温暖地期待和需要。

倏地记起这么一个故事：有一对夫妻，老伴在浴室洗澡，在外面的人每隔一分钟就会喊里面的人一声，外面的人贴耳听到回应才罢。因为那浴室很小，通风条件不是很好。不知道为什么要想起这个故事。我总觉得，生活中的有些呼唤是很相似的。

　　小时候在农村长大，每每夕阳西下，炊烟袅袅之时，村头总是断断续续地响起农妇们呼唤她们男人、呼唤她们孩子"回家吃饭"的声音；待万籁俱静之时，她们又会喊出"回家睡觉，锁门了"的警告。声音穿透力极强，那音调、音色，自会传到该去的地方，自有人听得到、听得懂，此起彼伏。那是只能存在于久远的记忆中最朴实的乐章了。

　　爱人几时也是这样呼唤过我的，也同样具有威力，只是，更多的是在电波里。她应该没有勇气在广阔的天空下喊出那份惦念。

　　电话响起，是母亲打来的。"喂，妈！"那头良久不说话，我有些焦急，"怎么了，妈？"

　　"刚听你喊这一声'妈'，我的心肝都被麻醉了。"

　　"有那么夸张？"

　　"呵呵，我没什么事，就是想听你喊一声'妈'！"

　　"哦——妈——"良久，无话！多久，我没有叫"妈"了。

　　生活中，多少呼唤，被生活的喧嚣掩盖；多少呼唤，是我们需要，却没有静心去聆听；又有多少呼唤，我们没有勇气和时间喊出去。

　　我，曾经被多少美丽的呼唤勾引了灵魂，

哪里才是故乡

　　每个人都有出生地，最直观的故乡，应该是出生地吗？我的儿子在他外婆那里出生，三个月后搬到深圳。如果我们不提起，他是不是会记得他在妈妈出生并且生活过的地方出生，在外婆的倾心爱护下开启了生命的"第一个百日"？当我们从户政科拿到户口本时，那个出生地变成了他的"籍贯"。他大概是不会记得的，他吮吸的第一口生命之源是清江水，或者说是他母亲的乳汁，因为那乳汁也是清江水的精华。但是我却记得很清楚，儿子第一次吃到他母亲的乳汁那从眼角流下的泪珠。虽然我的母亲常常跟小不点说"这里是你爸爸的家乡，也是你的家乡"，但是多年以后，他也只能从户口本上找到一些蛛丝马迹吧！

　　父母的故乡，算是我们的故乡吗？我有一个朋友，一直跟父母住在城里。突然有一天，他说："回到故乡，一切都好！"我一直以为他就是本地人。原来他父母退休后，就一直吵着要回故乡。他风尘仆仆地把父母送回故乡后，二老精神矍铄，走垄串巷，寻找那些物是人非的痕迹，乐此不疲。回来后，他说："所谓落叶归根，就是我明白了我原来还是有家乡的。"多年后，他父母相继去世，他把父母葬在村庄的山冈上，按照二老的遗愿，墓碑就写着地名和姓名，还写着立碑者的姓名，只不过，立碑者姓名的前头也写着那个地名。

　　我的外公有一个胞弟，很小的时候就跑到台湾去了。20世纪90年代初期，历经各种烦琐的手续，举家回了一次"老家"，也是唯一的一次。我记得他去祭祖、扫墓、种树、捐钱建学校，最后带着父母的遗像还有一坛子从坟堆里捧来的泥土回去了。我记得他曾拉着外公的手，泪眼汪汪地说："父母生于此、活于此、死于此、葬于此，此地即吾乡。"

　　也许很多人少小离开，乡音已改；漂泊在外，奋斗不止；那里早已了无牵挂，"物非人非事事休"；终有一天，他停下来了，安了家。他叹了一口气：终于停了下来，从此他有了家，从此，后代有了乡。

"你是哪里人？"这也许是在一个移民城市——深圳——人们之间开启聊天模式后问得最多的一个问题。对于20世纪80年代前出生的人来说，家乡的概念是很明确的，他们也许是连接农村和城市过程中故事最多的一部分人；对于20世纪80年代出生的人来说，家乡的概念是不用思考的，他们的童年有明显的家乡痕迹，逢年过节还是要纠结一番要不要回去；对于20世纪90年代以后出生的人来说，他们的父母辈还是有家乡的，大事小事还是会跟着父母一起回去的……家乡，是回得去的。

我曾与我的学生在写作课上讨论这样一个话题："你的家乡是哪？你的故乡在哪？"我曾以为他们很多人会茫然不知。但是我错了，情感和文化的感染力是流在血液里的细胞密码。

且看：

张粲璨：故乡承载的是回忆，而非血缘。但我仍向往那种"凡我醉处皆非他乡"的洒脱，那种无牵无挂、孑然一身、孤独流浪的自由。我热爱远方，也热爱这里。

刘卓鑫：我和妹妹边走边挑着贝壳，比着谁的更漂亮，在我弯下腰的时候，她偷偷地将小螃蟹放在我身上，我追着她，把海草系在她的头发上，嘻嘻哈哈地度过了。夕阳把它的光芒射向海面，微风拂面，细浪跳跃，金色的光芒倾泻在沙滩上。鸣笛声再次响起，意味着下午的玩耍已经结束。

林家栋：无论你在异国他乡，还是在天涯海角，期待你回来的人在哪，你的故乡就在哪。

马若晴：我心中自己的故乡是自己度过童年的那个地方，因为那个地方才是你所深深眷恋着的地方，是留下最纯洁的回忆的地方，也是一个随着年龄的增长不会从你心里消逝的地方。

吴虹雨：故乡，是不是一群人、一只狗、一件事，或者，只是一种情感？我们说故乡、聊故乡、谈故乡，可真正在意的不是那个目的地，而是那种文化和乡情。

谭小蕙：那茫茫的大西北，有个清秀而美丽的地方。那儿的每一方土，都蕴藏着一个少女的灵魂。

卓沛彤：似乎只要听到故乡这个词，耳朵仿佛听见了老井吱吱呀呀的声音，眼睛仿佛看到了篱笆半人高、青石板蜿蜒几米长的景色。故乡，是那种地上的泥土直接暴露在空气中的地方，是那种二十四节气仍用得上的地方，是那种放了学就可以跳进小河摸虾捉鱼的地方。一个念头一闪而过：故乡就是家，就是有父母的地方。

李畅宇："女儿，以后不要给我立墓碑。等你定居成家后，把我的骨灰撒在你家附近吧！"我没有回答，只是望着她被故乡的悲情洒满眼底的双眸。故乡，是有亲人陪伴的思念吧！

饶育嘉：坐在摇椅上的老人，身上没了年轻的光芒，只有对家的向往。可是突然有一天，我回家时，那把摇椅不见了，坐在上面的老人不见了，迎接我的，只有陌生的房间，和不留一丝过往的痕迹。我漠然地看着周围的一切，心下只剩一股莫名的悲凉。都不在了呢，哪里是故乡？

陈容若：见证成长，令人骄傲，无限怀念的地方，即是故乡。

张雅菲：如今，我来到了人潮拥挤、车水马龙的大城市，过着忙碌的生活，我常常认为自己离故乡太远了。但或许哪一天，我去到了异国他乡，这儿便成了我的故乡。

陆冠旭：故乡，对于父母那一辈或许是永远回不去的地方，但是他们心中的故乡永远不会变。

张皓然：这些高楼大厦将那些我小时候常奔跑的小路抹去了，那些工人将我常在下面玩的大树砍去了，看到这些我不禁想问，我的故乡去哪了？

毛晨羊：在我心中，故乡更是一种情怀，而不是一个明确的地点。它或许是城市里的车水马龙，家里陪伴我成长的亲人，也可能是一整个中国。要说这种情怀，我找到了它的替代物——炊烟。烟并不是一种好闻的气味，但嗅着它总能激发我血脉里对故乡的情怀。想起那农村在灶底下加柴火的场景，想起清晨路边早餐铺子上的炉火，想起洞洞的煤炭一点点消失……炊烟的味道完全不同于香烟，香烟只能呛人，炊烟却有故乡的情丝，然而因都是排放二氧化碳的主力军，在城管的监视中泯灭。我的故乡倒影在那袅袅的炊烟里。

傅建翔：故乡是一个有诗意的地方，是充满细细回忆的地方。有柴垛，有谷堆，有黄牛，哪怕那里的一砖一瓦都写着贫穷和落后，你对故乡的执着也不会改变一丝一毫。故乡是每个人心中永远的根。有人说那梦中的呢喃，那童年的乐趣，那反复的念叨，是故乡。你最想回到的过程，是故乡。

孙英鹏：当你每天工作到深夜，身心疲惫，是什么让你坚持下去的呢？正是故乡。因为你愿意留下来，而不愿意被迫离开。

杨凡：故乡，这个看似亲切却对我们这代人很生疏的词，似乎变成了逢年过节走一趟，平时却置之不理的那个地方。或者生你养你，你却极少回去的那个地方。河流的故乡是大海，鸟儿的故乡是树林，那我们的故乡是哪里？

古翊莹：包子蒸好了，咬一口，里面的汤汁就浸满了嘴巴，带着蟹黄的香味。半透明的包子更似一座小巧的宝塔，馅儿是猪肉和蟹肉混合而成的，很是鲜美，吃得满嘴流汤汁，外婆一边用纸巾擦着我的嘴，一边又夹了一个到我碗里。摸着圆滚滚的肚子，心里也美滋滋的。

彭雨涵：故乡这个词往往是伴着童年的，故乡不是指定的地方，也没有指定的人物在其中，而是在脑海记忆中最美好的时光。

游历：后来，瓦房拆了，换成了座座高楼；松枝枯了，长成了人工林与茶园；夕阳落了，朵朵灰云遮盖；那个老人……我爷爷也已去世，只留下了那伫立山野的孤坟，凝望着远方。环望四周，哪里是我的故乡呢？

黄晓睿：我正要提步回家，倏地一瞬，风轻轻地从后面环住我的背。风一直都在，它在看不见的地方，推着我，向前走，它从未消失。

陈祉锜：在日新月异的时代，不知有多少人的家乡消失在尘土飞扬中。家乡是父母、童年还有回忆的地方。有它们在，那就是我们的家乡，我们的根。家乡变成了故乡，故乡化成了心中的一抹印记。

张赫：在故乡的山顶，我能眺望远方的另一座山；在草地上，我与朋友们追寻着小动物；在花生地里，我与亲人们共同摘取花生……故乡所给我的乐趣无穷无尽。还有那寒冷的冬天里充满红色和鞭炮时的春节，还有净澈天空中的阑干星斗。哪里是故乡？那里是生命和梦开始的地方。

刘雨佳：我喜欢每天晚饭后跟外婆去逛田埂、逛邻居家，听外婆讲种菜，养花的要素，听外婆说做面条的绝技，听外婆与邻居之间纠纷。听着听着，醒来我已在床上，外婆的呼吸声在我耳畔有规律地点缀，梦里花落知多少，耳畔呼吸陪你数。故乡在哪里？故乡就是外婆在的地方。

吴钇萱：故乡，哪里是故乡？故乡，便是你心中挥之不去的回忆，心房中愿为它留一块位置的圣地。

文学里的故乡，一直都那么美好，不分年龄，不分年代。或许也因为有文学。我曾数次猜想：他们应该有家乡，他们的家乡成了一些片段，那些片段跟父母有关、跟爷爷奶奶有关、跟外公外婆有关、跟一些童年的伙伴有关……我曾想孩子应该不会有故乡，因为年岁的缘故，他们不曾有"回不去的是故乡"这种体验……原来，孩子们知道，故乡是回不去的，至少，很难。

我们该留下点什么给他们，这样，无论他走多远，即使迷了路，都会记得回来。

我常常会想起家乡，因为我的母亲和父亲还在那里，因为一起长大的伙伴还在那里；我常常想回去，带着儿子去我童年嬉戏的那条小河，去我少时的那座山冈；我闲暇时也会回家乡，那里的星星和月亮照亮家门。时隔多年，"物是人非事事休"，我终于回到故乡，这时我才发现，我怀念的不是故乡，而是我的童年。

爱人有些醋意，"刚而立之年，且不急装深沉、附文雅。你的家乡有什么好的？"城里的女人对家乡的概念不会那么深刻，我笑着说：万里来游情愈少，微笑，笑时犹带岭南香。试问岭南应不好，亦道，此心安处是吾乡！

我们都曾拒绝母亲

最近看了一则洗衣机的广告，很有感触：母亲常常悄悄跑到儿子的公寓收拾房间、洗衣、做饭。儿子却嫌母亲把自己的纯棉衣服洗坏了，嫌母亲把自己的东西放到不好找的地方了，并说"妈，你怎么又来了""妈，你不要乱动的我的东西""妈，我不要你帮我做了"……母亲默默离去的背影，至今让我耿耿于怀。

岳母知道我们搬新家，给我们赶制了一幅传统的十字绣。这已经是第三幅了：第一幅是我和爱人结婚的时候绣的"百年好合"，里面还镶嵌着我们的照片，现在挂在我老家的墙上；第二幅是我第一次在深圳置业，她给我们绣了"花开富贵"，花开朵朵，落英缤纷，遗憾的是搬家的时候给弄丢了；第三幅，我还没有看到，据说是"家和万事兴"。老人家已是花甲之年，我可以想象：给孙子辅导完功课待孙子熟睡之后，她挂着那副棕色花纹的老花镜，撑着肥胖的身体，扛着"三高"和糖尿病，一个人靠在床头，一针一线，夜来密密缝，多深的寄托才能让老人家如此坚守。

这次，她又顺带给外孙多绣了两只小动物，也已精美装裱。如何捎过来，是个麻烦事，于是就这么拖着。但是岳母几次问起，我就说邮寄过来，岳母担心弄丢损坏，没有接受我的提议。爱人说："算了吧！家里这点地方哪还有容身之处，不要了吧！"我心疼地说："没地方也要找地方，老人家的一片心意，不论需不需要，不要轻易拒绝了。"

母亲假期前来过电话，问起"回不回家"。她其实也就是象征性一问，表达一种盼望，她知道我不会回。但老人家心里抱着那个希冀：万一真回了呢？

她说会托回家过节的表弟给我捎来一些米和杂粮。虽然我和爱人都强烈表示不需要、麻烦。但是这种时候，母亲极力用各种理由说服我们：比如绿色，比如健康，比如免费。我不知道我当时为什么会表示出那种执意不要的态度，其实老人家就是要你接受那些你自己看起来不需要的东西：她们希望她们还被需要着，你可以不啃老，但是，被儿女需要着恰恰是她们最得意的时刻。

我说："你少拿点来吧！其实有时候吃着那些东西挺好的。"然后，她又开始说这个带多少，那个带多少。

年后返城的前一夜，母亲悄悄地跟我说："儿子，跟你商量个事。要不你就回来上班。我上次碰到我一个同学，在县政府上班，他说有机会的话，他可以帮忙。"我不以为意地说："我哪里还回得去啊！什么都在这里。"母亲赶紧说："哦，你什么都在那儿？"我突然意识到我不该这么说，我解释道："政府的事，我做不来。"母亲停了停，说："你也别急着拒绝我，我帮你问问情况再说。你在外面做老师，哪里比得上在家做个'官职'光彩。我们现在年纪越来越大，除非过年，平时就我们几个老人，内心总觉得孤单……"她已经有点哽咽了，这是这么些年她第一次表达对儿女的思念。

我应该以自己的现状为由断然拒绝，但是想为她的期望留一点念想："好吧！有机会也挺好的。"

想起来，我现在很少打电话给她，也越来越少回家看她了！

每次要离开她回来上班的时候，都会在离开的前一天晚上故意忙到很晚，然后在夜深人静的时候坐下来和她聊天，那是最幸福的时刻。我会把给她带的东西展示出来，但是她除了"好"就不会有其他话语；然后提醒她不要太劳累，要多休息；最后要结束的时候，想给她端一盆洗脚水，动作却没有她麻利，我像小孩子一样看着妈妈蹲在我面前试着水温。

我走之前，也只能故意留点钱在枕头底下；当我提起行李的时候，发现比昨晚沉了很多，她又塞了不少东西。妻子不明白为什么要大老远提那些城里都有的东西，我说提的不是东西，是帮她收藏一颗牵挂的心，这样的东西，能带走的，来者不拒。说起来，那其实真的是我在城里时最缺少的绿色的、健康的、免费的东西。

走的时候，妈妈总不会忘记给一个红包，就像我还是孩子、还在上学一样。然后，她在村头那棵梧桐树下看我们登上远行的列车，不住地踮起脚、手掌平着额头张望，久久不肯离去。

我们都曾拒绝过父母，为何我们变得如此着急？我们也许不再需要他们，但是，他们需要我们。

我的父亲

——写在胡适《我的母亲》之后

　　我的父亲是个地地道道的农民，却从来都不是一个本本分分的庄稼汉。他一辈子都在想着作出一番事业让家里人和自己告别辛苦，却始终都未能如愿，反而惹出不少事端，平添了母亲和我们姐弟的许多痛苦的回忆。

（一）记忆中的耕牛

　　总听闻母亲说，父亲年轻时也长得清秀、英俊，而且身体健壮，干活更是和他的脾性一样——牛。

　　奶奶回想父亲当年的勇：他一天往山里跑好几趟，背回来好些木柴；可以背起一台木制的脱粒机；刚从地里打回来的谷子，湿漉漉的，他一个人用竹箩挑一担，总感觉不够挑，还要挂上两蛇皮袋。

　　对于这些，我的记忆深处是有印象存在的。那时候家里穷，而且小孩子又多，所有的农活都落在了父亲和母亲两个人肩上——大概有五六亩水田。没有机械，甚至连耕牛都没有。还在读小学一二年级的3个姐姐，就把家务、牲口、菜地的活一分，各忙各的去了，于是我就无人看带了。我一个人坐在田埂上，父亲抓了几把稻草作为我的坐垫。我刚学会走路，看到到处都是水田，心里不觉发怵——据母亲说，我五行缺水，所以她常告诫我不要近水，更不要玩水，所以后来我都怕水，所以到现在我都没有学会游泳。父亲走向水田，还不忘记提醒我："不要往田里面乱跑哦，那里面有水鬼，专吃小孩。"父亲所说的"水鬼"是一种能够在水面上行走的细长腿的爬行虫，我当时害怕得很，也就只敢在父亲做的垫子上坐着，玩玩泥巴，扔扔石子，扎扎稻草绳子。

有时候一抬头就看到父亲向我走来。我的父亲啊！由于没有耕牛，他用自己那宽厚的肩膀拉着铁犁，那本该套在牛脖子上的东西。他亦步亦趋地在水田里挪着，每当面向我时还要气喘吁吁地告诫我几句。而我只是无知地笑，应和着远处别人家的耕牛的叫唤，冲着父亲做鬼脸，还拍着手说："用力，用力，哞哞……"这个时候，父亲只会用他那牛魔王般的吼声叫道："别乱动，牛崽子。"而我则会马上停下来，继续幸福地看着那转身"犁"去的背影，继续看着那池塘里游来游去的蝌蚪。不时地，我还会去抓那刚刚游上岸的还带着尾巴的"青蛙"。那水是绿色的，泥巴是亮黑的，父亲新翻出来的泥土还带着香味。夕阳西下的时候，地里点缀着点点金光，父亲就在那金光闪闪里劳作着。

快回家了，这是我最高兴的时候，也是父亲最高兴的时候吧！他挑着一担谷子，其中一头还额外挂上一个蛇皮袋子，另一头则把我放了上去。我双手抓着麻绳，坐在父亲的担子上。父亲有节奏地走着，嘴里还哼着现在怎么也想不起来的曲调。我能感受到那担子的沉重，但父亲却稳稳地挑着、走着，他的瞳孔中，是家的方向。

后来，舅舅看我们家实在艰辛，便送来一头耕牛。有了耕牛农活就轻松不少了。父亲再也不用把自己当牛了。从那以后，我也就加入了村里放牛娃的行列。我很喜欢那头耕牛。它不像其他耕牛那样凶狠，它的角短而圆滑，有着匀称的花纹；它身上的毛稀少却均匀；它的脚精瘦却有力。我常常会在放牛回来的路上把它赶到溪水里去冲洗干净，然后在它经过一个土堆的时候顺势跳到它的背上。我挥舞着小竹竿，神气得就像是当年的常山赵子龙。牛是不喜欢被人骑的，所以我不敢在上面坐太久。它还有一双柔情似水的眼睛，每当它犯错了：偷吃或者践踏庄稼，打架斗殴了，抑或者满山遍野跑得不见踪影了，我就会把它拴起来，用竹鞭子抽它。每每这时，它就会用它那双眼睛盯着你，带着惭愧的眼神，这时我便心软了。我常常会在它回圈的时候，帮它捆上一捆青草……后来有了机械，我们就又把它送给了一位亲戚。听说不久就产下一头小牛。

（二）一顿饭的工夫

后来我要到县城上高中，学杂费、生活费是一笔大开销，听说这些钱是母亲一个人厚着脸皮东拼西凑借来的，父亲这个时候多是无能为力。其实，他早在我开始读书的时候就在农闲的时候外出找副业，通常都是一些挖煤和挖矿的苦力活，按理说，身为农民的他做这些应该不成问题。可是父亲每次出去都挣不回来钱，甚至还常常带着外债回来。每到年关，都会有好些上门要债的人。母亲对此只能痛苦地抱怨着。于是，他们为年货和债务无休止地争吵。父亲总会无奈发誓来年挣回来。母亲说："你父亲出去做副业都没有挣过钱，他出去只要不借钱就烧高香了，更不要说为你们买什么礼物了。"事实上，父亲为家里买回来过一口压力锅，直到去年年夜饭时炖猪脚"一炮打响"才退役。他还在我很小的时候给我买过一双雨靴，质量很好，到现在母亲还保存着，母亲调侃说以后留给我的孩子穿，并告诉孩子这是他爷爷给买的唯一一件礼物。印象中，父亲还在我读初三的时候给我买过一双棕色的宽口皮鞋，我很是喜欢。那是我的第一双皮鞋，穿了3年。这以后，我便对宽口皮鞋情有独钟了。

父亲虽然挣不来钱，可是对我还是不错的。

中考那年，父亲还特意请我的全部科任老师和校长吃了一顿饭。我是后来才知道这件事的。我不明白，我觉得那个时候，我在学校还算是个"风云人物"。父亲说："你再好都是老师教的。也正因为好，才需要老师更严厉的教育。"我说后来为什么老师们对我那样吹毛求疵。在当时我唯一清楚的一件事就是，在我们那个乡镇里，为了教育孩子会去请老师吃饭什么的家长没有几个，而父亲就是其中一个，也可能是唯一一个。

到县城上高中了。我似乎有种脱离他们管制的意识了，那个时候，我开始有点自我，容不得他们唠叨我。现在想想，从我进入学校的那一天起，他们就没怎么过问过我的成绩，他们相信我，除了一句"别骄傲"留在我的训诫记忆簿上外，似乎就没有过多的家庭教育了。进入高中后，他们确实更加漠不关心了，只是在周末回校的时候会问起"生活费够不够"。这期间，母亲受不了父亲挣不来钱又待在家里好吃懒做，也跟着姐姐们外出打工去了。我开始为父亲感到羞愧，为母亲感到痛心。

只有父亲一个人在家里操持家务，没有主妇的家庭很冷清，男人会很自由和忙乱。我一直就是那种害怕无言和静默的人，我需要一直会有人在我人生道路上不断地、直率地提醒、指责、告诫我，推着我向前走去。而父亲却是那种自己都需要教训但从不知如何去说道儿女的人。有时候周末回家休整，相对无言，只盼着早些回校，与同学一道侃侃人生的幸福和欢乐。

一般在周日的正午过后，我就会开始收拾东西准备回校。在回学校之前，我没有在家吃饭的习惯。那天父亲却在厨房忙碌着，我认为他在修补什么，所以就没有理会他，虽然总说父亲的厨艺要比母亲好，但内心终究觉得男人不该是这样的。收拾妥当，提着行李，走到厨房淡淡地对他说："我坐车去了。""吃点再走吧！我都快做好了。"他有气管病，一边抽着烟，一边可怜地咳嗽着，一边把生活费递给我，一边用渴望的眼睛看着我，望着那由于油烟熏得咳嗽而涨红了的腮帮子，我霎时觉得他真的可怜，于是就没有了意见，放下行李，站到饭桌前。他已经为我盛好饭，我最喜欢的辣椒炒肉和青菜。我端起碗，快速的扒了几口，发现桌子上只有一个饭碗，我有点惭愧地说："你不吃吗？"他一回神，赶紧说："哦，你吃，我再去弄一个汤。"我正想阻止，他已经钻入厨房了。我吃得飞快，菜都没有吃几筷子，不是味道不可口，而是我一直就有多吃饭少吃菜的习惯。吃完一碗，我走到厨房对他说："我赶车去了，不喝汤了吧！"他赶紧端过来一小碗，上面还飘着几段猪小肠，那是我们俩都喜欢的。我匆匆尝了一口，就疾步到坳上去等车，把他一个人留在厨房继续忙活。当时我心想：你明知道我不喜欢在那个时候吃饭，干吗还做那么多饭菜呢？过了一会儿，父亲也上来了，往远处张望了一下，又在口袋掏了掏，将一些零钱凑在一起叠整齐了塞给我，说："到城里读书还适应吧？看你都不喜欢说话了，以前不是很神气的吗？"我以为他还在对我考试失利不满，心里很不是滋味。父亲说完，眼睛望着远方的路口，猛地吸了一口烟。啊？父亲什么时候开始抽旱烟卷了，他以前可是很喜欢耍牌子的。我咽了咽口水，那汤的味道还鲜在嘴里。我猛然间想到了什么，攥着他刚刚给我的钱，说："我还有点东西没有拿，我去拿一下。"又疾步跑回去，重新坐到饭桌前，一碗汤、一碗饭、一半菜，还是吃得飞快，吃得很神气。吃完才发现，桌子上还是只有我用过的那一副碗筷。我重新回到坳上，父亲还在望着那个路口，抽着旱烟卷，丝毫没有觉察我的到来。他坐在石堆上，弓着背，头发有些凌乱，应该是好久没有理过了，父亲以前很爱漂亮的啊！一缕青烟升起，在他的发间缭绕着。那是人间的烟火吧！或者是从头脑间散发出来的智慧的"仙气"吗？还有那烟雾间偶现的银丝。

他好像发现了我的到来，我赶紧转头，说道："你还没有吃饭吧？你去吃吧！我等车就好了。"

"我再等会儿吧！"

我没有了意见，神气地站在他面前。

车缓缓开来，他一起身，帮我拎起那不太重的包，我神气地走上车，任由他从车窗里把行李递给我。那年我快读高三了。这时候，我才知道去恢复我以前的"骄傲"。

（三）沉重的行李

后来我幸运地考上了大学。他乐坏了，马上就在镇上的酒店给我张罗了升学宴。他激动地跟我说："看来我那几只鸡没有白费。"听教书的姨丈说，在我快高考的那段时间，父亲去拜访过我的班主任，提着一些农副产品，说是为了感恩我的进步。其实我心里明白这个进步是从哪里来的。那时我想：父亲也太老土了。但仔细一想，难怪班主任有段时间特别关注我。我感觉父亲还真有点神奇。

记得去大学报名的那天，是我头一回坐火车。我收拾了很大一箱行李，足足有四五十斤重。去火车站的途中，我只背着我喜欢的一个小包，父亲为我拉着那个行李箱。快到车站的时候，那个劣质的箱子终于承受不住了，把手断了。父亲去买了一捆麻绳，将箱子捆了个结实，手一抓便将箱子扛上肩膀。

那时候还有绿皮火车在运行。车厢地板是木板铺的，有时候能从木板之间的缝隙看到铁轨。由于不是始发站，人很多，停留时间也很短。所以当车到站之后，人潮开始涌动，车门口拥挤不堪，总有人卡在门里，行李却还在下面，我开始暗喜自己身上没有带大件行李。我很灵巧地挤上火车，可是却不见父亲，心里开始着急了。当火车缓缓启动的时候，才看到那只用麻绳捆好的箱子在人头攒动中缓缓向我靠近。我抱怨他怎么来这么迟，他只是长长地舒了一口气，把那个沉重的箱子放下来，这时我才发现，那个箱子与车门差不多宽。他抹了抹身上的汗，蹲下身子，紧了紧绳子，双手一抓，一下子就把箱子提了起来，抱到怀里，身子一挺，把箱子举过头顶，放上行李架，然后拍了拍衣服，搓了搓手，当时我就只站在旁边看着，他的手指间好像有几道勒痕。没有座位，父亲就站了4个小时，负责看着箱子，而我则拿了一张报纸，找了点地方就坐下睡着了。

终于到了心盼已久的大学了。我发现父亲比我还着急去办理手续。我赶忙阻止，他的普通话实在太普通了。他依然为我拖着箱子，从南校区一直走到北校区，就那样一言不发地默契地跟着我，任凭我忙来乱去。

终于把一切手续办妥当了。我们找了一家饭馆，胡乱地吃了几口午饭，我急着去畅游我的大学校园，但又不好意思带着父亲。我建议他去找一家旅馆歇歇脚。学校旁边有一个招待所，可能是为了方便家长住的，15元一天，偌大的房子，整齐地打着地铺。我心想，就一晚，寒酸一点儿也对付着睡吧！父亲却也很高兴地去休息了，他似乎知道我想干什么。

整个下午，我都神游在大学的校园里，怡然自得。以至于忘记了跟父亲一起吃晚饭。晚上和刚认识的室友买完生活用品回来的时候，已经9点多了，惊讶地发现父亲已经在宿舍等我，穿着那件我看起来较好却与城市不协调的衣服，挎着当年我用过的挎包。见我回来，起身向我的室友问了个好，然后淡淡地说："等你好久了，东西都买齐了没有？吃晚饭没有？"我淡淡地"嗯"了一声。他告诉我他明天9点的火车后就要回旅馆了，我问他知不知道路，问他钱够不够用，因为我知道来学校的时候他们把钱都给了我，他身上就200块钱路费，他说："够了，我算过了，回去100块就够了，要不我把剩下的钱留给你吧！"我不好意思地小声拒绝了。南方的秋天白天还燥热燥热的，晚上就凉风阵阵的，我没有送他回旅馆，也不知道他第二天什么时候走的，直至他到家后打电话给我，我才明白：我的大学生活开始了。

（四）成见

他就是这样一个人。

他对我是有求必应，他总问我"钱够不够用""身体好不好"。其实我知道，自从初中开始，我上学的费用就一直是几个姐姐出去打工挣来的。父亲也基本上是以向姐姐们"求"来应我的"求"。此期间，常听姐姐们说父亲常以我的名义向她们筹钱创业。我们都很不解，姐姐们也一直希望他能乖乖地待在家里，什么都不做的好。

我很清楚，他一直就有创业的梦想，他不想一辈子做农民。常听母亲唠叨，父亲年轻时真的很勤快，长得也很俊秀。祖父是乡政府的干部，吃的是国家粮食。那时有个政策，祖父退休后，作为长子的父亲可以接班。但是就在祖父退休的那年，政策变了，取消了接班。一直很希望捧着铁饭碗的父亲似乎遭到了很大的打击，从此性情大变。在有了几个孩子后，生活的重担一下子全压在他和母亲肩上。他四处做副业，但是没有挣过钱。每次出去都不会很久，似乎是去坐车旅游的，有时候还会把从家里带去的被褥丢掉，更让人生气的是，总会在外面借些外债。久而久之，全家人都对他外出打工不抱任何希望，只希望他待在家里就好。

印象最深的一次，父亲在年底把家里准备过年的猪卖掉，然后把钱尽数揣着到内蒙古去了。不到一个月受不了苦就回来了，带回来一部傻瓜照相机，以及一些在北京的照片，这也算是收获吧！可是母亲最受不了这个，年关了，年货没有办，能卖钱的猪也没有了，钱又没有挣回来。母亲指着父亲的鼻子把他骂了个狗血淋头，把他半辈子的"光辉事迹"都抖落了出来，言语中充斥着嘲讽、痛苦和绝望。父亲也很压抑，自己在妻子眼里就是这样一个不争气的丈夫，也跟着发泄似的吵了起来。一对辛苦了十几年的患难夫妻，在生活的残酷的冲击下，脾气一发不可收拾，仿佛要把他们的苦难告知上苍。不知道吵了多久，最后吵到要离婚的地步。父亲开始砸东西，母亲为了阻止父亲而和父亲扭打在一起。母亲伤心地说："这日子没法过了，还要这家干吗？"父亲听后，拿起一壶煤油就往房子里洒："不过就不过，都烧了它。"我当时也傻眼了，手里随便抄了个东西就挡在母亲面前，直呼着父亲的名讳，警告他说："你要是再动我妈妈，我就杀了你。"父亲停住了，母亲抱起我，离开了屋子，以后的事就不清楚了。只记得那年我6岁。

之后的半个月，姐姐们把家里的活全包了，留我一个人专门守着母亲，怕她作出傻事。我一直很爱我的母亲，也可怜我的母亲。母亲常说，如果不是因为我和姐姐，她早就离开父亲了，那时候我真的幼稚地认为这样可能会更好。这段时间，我常把母亲年轻时的照片拿出来，要她讲故事给我听。母亲年轻的时候是村里出了名的漂亮姑娘，又长又粗的辫子，饱满的脸蛋。而且很能干，她是村里的文艺骨干，也是民兵连的一员，照片上，那浓妆艳抹的古装和那荷枪实弹的巾帼形象，让我觉得母亲真的应该获得幸福。她在舅舅的撮合下嫁给了本认为会捧铁饭碗的父亲。现在，头发稀疏了，扎不起辫子了；脸蛋深陷了，神气不再。她抱着我哭，她说我是她生活在这个家庭的希望。她的泪水咸咸的。听老人家讲，人痛苦的时候流的泪是涩的。那时候，我就发誓：我要努力，要让母亲流出的眼泪都是甜的，有幸福的味道，一如我当年吮吸的乳汁一般。

那时起，我便一直对父亲有成见，也很冷淡。

（五）无法平静

但是这些情愫随着人的成长，随着岁月的流逝，渐渐被磨洗掉了。

工作几年以后，父亲也渐渐收敛了许多。他现在很听我的话。母亲和姐姐们常对我说，你要多说说父亲，他现在只听你的话了。

总是想起一些事，让我很是纠葛。

总感觉这些都是家丑，不好外扬。但很庆幸自己还有文字，文字只对有心人微笑。

当我们都把痛苦的回忆交给岁月的长河去淘洗时，总会连同快乐一起付诸东流。但是痛苦终究要痛到麻木，才知道，有时候，恨，也是一种在乎。

父亲这些年沉寂了很多，似乎愿意待在家里不到外面生事了。我也快要成家了，也许，这是他最后的心愿吧！

于是，也许是为了这个最后的心愿，50多岁的父亲又出山了，到姐夫出资的砖厂里管账，连同母亲一起过去的，姐姐说要有个人监督着他。父亲上的是夜班。一切似乎该平静下来了，我能嗅到好日子的味道了。

一个平常的周日下午，正准备着晚上的班会课，忽然接到母亲的电话，那边传来伤心的哭声，"清清——"抽咽着，我能感受到无奈。

"怎么了？妈。"我轻声地问道。

"快过来收尸，你爸——死了。"痛恨的语气。

我的心跟着沉了下去，问："妈，你说什么，说清楚点，怎么回事。"

"没听见我说吗？你爸死了，快来收尸，快点。"撕心裂肺地哭。

我突然觉得事情没有那么简单，感觉出母亲的气愤。我再三逼问，母亲道出实情：父亲在利用上夜班的空闲时间和别人打牌的时候，被别人骗了。由于父亲的工资一直都在母亲那儿，所以他被骗的是姐夫的货款。自己一年辛苦积攒下来的几万块全搭进去不要紧，害得姐夫也不好意思再把生意做下去，最后撤资了。

幸福可能喜欢在最接近你的时候，忽然转头去眷顾他人。我的幸福梦开始沉下去。

我只能安慰母亲，打电话过去，把父亲呵责一顿，如同小时候我犯错被他责骂一般。很没有礼貌，但请原谅我，那种感觉，真的无法描述。

过年回家，我和父亲大吵一架。我拍了桌子，我也跪下乞求上苍原谅我的不孝。我明白了，自己的事，只有自己去解决，我要靠自己的努力去解决自己的一切困难。干吗要把希望寄托在给了你生命的生命上？除了你自己，没有人能阻止你达到最后的成功。

好长一段时间，我都没有搭理他。我觉得自己有一个失败的父亲。

（六）以生命之名

一切真的都过去了。

最近，谈到我的婚事，父亲很是淡定。他只希望我多听母亲的话，多关心母亲的身体。他现在的口头禅都是"你母亲说""你母亲怎么说""照你母亲说的做吧""常跟你姐姐、姐夫联系"。蓦地，想起那田野的耕牛，想起那挑谷的担子，想起那饭菜，想起那行李箱，想起那些困难和心酸的日子。我鼓起勇气跟爱人商量：先办婚事，再谈房子吧！

于是，我决定把那农村的房子修一修。爱人说："你又很少去住，修啥？"我觉得，那也是个家啊！父亲是干糙活的人，他硬是把那间旧房子装了：刨土铺地、刮墙贴墙、吊顶装饰，大年三十都还在忙碌着。我常常能看到他起身的时候，一手叉腰，一手触地。

拿起电话，又放下了。我不知道他在哪儿，只能朝着那个方向，默想着他那月牙似的背影，流泪：我依然有一个爱过我的父亲。

生命中的每一个人，都曾是能给你营养的人。不是为了赞美去描述自己的生命中的人，也不是因为他给过我什么，或者他对我们有多好，只是因为他们是给过我生命和帮助过我们的人。

第三个爱我的女人

（一）一碗素面

我也是从三姐那儿得知大姐生病，住院手术的。大姐夫是个忙人，家里又有两个小孩。我还得知二姐已经过去，在医院照看大姐。

我从深圳驱车前往探望。在病房里看到虚弱的大姐的时候，已经是晚上8点多了。她在病房外靠着墙，一手扶着墙上的扶手，一手捂着腰部，应该是在等我，或者是在迎接我的到来。我进去的时候，两位姐姐一个劲儿地问"累不累""吃了没有""要不要吃点水果"，30多岁的男人，在她们面前，怎么就感觉是个没有长大的小男孩。大姐挤出一点儿笑容，我们聊着家常，聊到高兴的话题，她会强忍住笑意，捂着伤口。

一直到晚上11点，我才在她们的建议下，拎着一些衣物和饭盒去到大姐家。大姐夫外出生意应酬，我到家的时候，侄女和侄子已经在迫不及待地等我了。侄女已经小学毕业，她和自己的同学在房里愉快地聊着天。侄子小几岁，说不敢睡觉。我进去把碗洗干净，自己动手下了面条，睡不着的侄子也加入吃面的行列。

一早起来，我便开始给大姐做早餐。她手术后有诸多忌口，医生说要吃的清淡些。我给她蒸了水蛋，下了一碗素面，便打包给她送去。

二姐、三姐也是很早就醒来。我打开保温盒，她端着水蛋，看了看，闻了闻，说："手艺不错，生回病，终于吃了回老弟做的早餐。"我顿时脸红了。是的，作为一个农村娃，我真的没怎么下过厨房，回到老家，都是几个姐姐和母亲在厨房忙来忙去，妈妈生火，三姐洗菜，二姐切菜，大姐炒菜，我只不过时不时地过去串一串，女人多了，爱人根本插不上手，虽然她很想占领那个本应是她的地盘。可是她不知道，她跟我一样，在妈妈和姐姐眼里，都是小孩。

估计是饿了，或许是几天没有进食，她很快就吃完了那碗水蛋。我陪她到走廊散步，一直走到走廊的尽头，那里，朝阳刚刚照进来。

我们折回来的时候，我说等下我就要赶回去了，因为安排了明天的行程。她嘱咐我："慢慢开车，不要让妈妈知道。"

我的到来，除了谋一面，似乎就只有一碗素面、一碗蒸蛋的时间和惭愧了。

（二）出嫁

为了让我上学，我的姐姐们先后都辍学了，小学还没有毕业就出去做童工，拿着一个月一两百块钱却怡然自得。只要是我需要，姐姐们都会给我：生活费、手机、运动装备，甚至是恋爱费用。乡亲们都说我很幸福，可是谁知道我的内疚呢？我成了她们生命的青春年华中最茫然的付出。三姐出嫁那天，我们四姐弟抱在一起哭了——她一直拖到我大学毕业才结婚。我们说着同一句话"常回家看看，常回去看看爸爸妈妈"——大姐、二姐远嫁广东，我在深圳，只有三姐一个人选择留在了离父母最近的地方。她总说："总得有人嫁得近一点儿，不然妈妈这里怎么成娘家。"

她是说到做到，每年父母亲的生日，只有她能回去。然后趁老人家在田地里忙活的时候，给他们做一顿饭，买个蛋糕，点上蜡烛，给他们过一个现代化的生日。我们只能在远方看着羡慕嫉妒恨。

我因忙于工作和自己的感情生活，常常食言。庆幸的是，爱人总会提醒我：不管回不回得去，总是要表示孝敬的。于是，我只能往银行跑一趟。其实，在我和爱人刚认识的那年，她都曾资助落魄的我回去给母亲祝寿，回去参加姐姐的婚礼。

感动，一直在心。

（三）老胡家的女人

大姐夫说："我这辈子最大的幸福和成功就是取了你们老胡家的女人。"这话不假。

大姐嫁的是一个生意人。早些年去看望大姐的时候，几乎都看不到姐夫的人影，甚至有一次中秋的时候，我和爸爸妈妈，还有爱人去大姐家的时候，他竟然中途离席，忙着事业去了。最后，大姐坐在床边暗自哭泣。大姐一直一个人带着两个孩子，无怨无悔，几易其家。

我一直对大姐夫有文人式的成见，最后，我在酒桌上和他吵了一次，他指责我不经常回家，我也指责他不经常回家。我们半斤八两，所处的境地不一样。他过了我这个年纪，我还没有到他那个年纪。也许，就是想为大姐说几句她不会说出来的话。爱人说：大姐其实很幸福，你又何必操心。是啊！我没有身份、没有辈分，经济能力也没有他那么好。

回归平静。我还是我，大姐还是大姐，大姐夫还是大姐夫。后来的共识好像是：把自己的生活过好了，就是家人的幸福。

依稀中，故乡那条河，我们4个拉着一根竹竿，大姐在前，二姐在后，我和三姐在中间，一起过河，去给在河对岸劳作的父母送饭。河水很急，我们很稳。

我跟爱人说：这个世界上，除了你和我母亲之外，还有第三个女人会很爱我。

那就是大姐了。

送别奶奶

　　看完杨芊紫的《送别奶奶》，作为老师，我能想到"没有细节就没有艺术，有真情实感就有文学"。每个人都是有弱点的，如果谁说没有，那他一定是个无情的人。我不是无情的"孙子"。我的奶奶于2015年去世，可是她最近总是出现在我的梦里。在梦里，月光下，朦朦胧胧，她只是冲我笑，笑得那样真实，可是，梦中的笑，终究是假的吧！

　　得知奶奶垂危的消息，我正在旅欧。不知道为什么，我只是心急跳了一下，猛然点了一根烟，便平静下来。国外的夜来得迟，静得早。街上空无一人，我正随着锋散步，我突然停下来对他说：这国外的月亮不圆，冷清得可怕。

　　得知奶奶去世的噩耗，我正在上课，不知道为什么，我悲恸了一瞬，就故作释然了。我正在布置学生写《明月伴我行》，他们写道：月亮是李白心灵的选择，"欲上青天揽明月""举头望明月""我寄愁心与明月"……我写道：天上的月亮最美，奶奶应该去那儿看看。孩子们一脸茫然，随即鼓起掌来。

　　奶奶没了之后（外婆早些年就走了），总觉得我的生活中从此就没了"慈爱"这个词了。爱人说，奶奶年轻的时候一定是个"漂亮的人"。她第一次见到奶奶的时候，奶奶已经是快70岁的人了。临别时，她特意向奶奶要了一张年轻时候的黑白证件照：双马尾，整齐的牙齿，棱角分明的脸，羞涩地含笑。

　　我是奶奶唯一的孙子，在农村，这可是一个了不起的地位。爸爸结婚之后搬出去住了，4年生养了4个孩子，家境贫寒，连纯米饭都吃不上，记得在8岁前，我吃的米饭里还掺杂着大量红薯、玉米粒，更不用说肉食了。记忆中，奶奶每次做好饭，都会端着碗，到我家门口向我招手，或者干脆分一些好菜到我们姐弟的碗中，当然我会多一些；有时候会直接把我叫到她家里去开小灶（爷爷是退休干部）。

我小时候很调皮，经常在外面打架、搞破坏，严重的时候，会被爸爸妈妈捆在村头的梧桐树上，不准吃晚饭，老话叫"戒水饭"。任凭我怎么哭喊，父母都不会理会。炊烟起，明月悬，清风在，蛙声乱，我的哭喊渐哭渐止，累得想睡去。这时，月光下愤愤地走来一个身影，黑里透白的头发在月光下熠熠生辉，我知道我的救星来了，她嘴里嘟囔着："小孩子哪有不犯错的，这么晚没吃没睡，搞出毛病了，看你们怎么办。"这个时候，奶奶端着母亲和婆婆的架子，把我解救下来，接着一顿嘘寒问暖外加好吃好喝，最后直接就把我哄睡在她的床上了。

后来我到镇上读书，要寄宿。爸爸妈妈只能为我准备两罐咸菜，额定的饭票。食堂卖的新鲜蔬菜和荤菜根本不是我能沾边的。奶奶知道了，每个周末都会偷偷塞给我几块钱，让我一天能吃上一顿新鲜蔬菜。每逢赶集的时候，也经常会来看看我。印象中那次小升初考试前，奶奶把家里的公鸡卖了，给我添置了新衣服。这些事，后来在我的求学生涯中，逐渐成为常态。

我工作后，奶奶还保持着那份温暖。每次回家后返城，她都不忘记给我包里装东西，把平时后辈给她的那些东西拿出来给我，还总记得塞个红包，只是那句"好好读书，吃好点"变成了"好好上班，清闲点"。

这些年，她也总是提醒我：跟你爷爷说说，早点休息，把烟戒了；跟你爸爸说说，别打牌，少喝酒；他们爷俩儿都是这样，说也不听。

想着这些，我开着车已经进入家乡的边界了。这次我回来参加奶奶的葬礼。

抬头，一轮明月印在空中，我不禁感动起来。它也知道，我的愁绪；你可知道，你是我的爱。此时，一路无人无车，月光洒满这条回家的路。经过奶奶种的那片李子林时，我关掉车灯，那里杂草丛生，稀零的树枝上早已经没有了结果的希望。我想起当年我坐在树杈上边吃边摘的情景，奶奶把李子一个个往筐里装，还总抬头，露出脸上的褶子和微笑，说：好样子（小心点）！没了照看，树，也没有了生存的方向了。

从这里开始，我一路按着喇叭回去了。奶奶，我回来"看"你了！可是我只看到一口棺材。爷爷告诉我，奶奶留给我两句话：为什么没有电话？重孙很活泼聪明，要让他上大学呀！

母亲哭着，几十年的婆媳，生活的爱恨恩怨全在里面；我也哭着，几十年的祖孙，爱和遗憾全在里面。抬头，在晶莹的泪花中，月亮似乎更亮了，她好像在那上头咧着嘴说：哎呀！崽，你回来了！

"我送你离开，千里之外，你无声黑白；我送你离开，千里之外，你是否还在。"耳畔响起这首歌，果然是"梦醒来，是谁把结局打开""故事在城外，浓雾散不开"——梦里，城外，那微笑朦胧，那份慈祥依然，那份遗憾确凿。

到底是奶奶送别我多，到底是奶奶别离了我。生命就是薄如蝉翼的未来，经不住停留，经不住等待。

我连孙子都不是了

爷爷是国家干部，一辈子都扎根在乡镇基层。说实在的，认真看，有几分领导的风骨，有几分领导的神态。在我读四年级的时候，他已经调回原籍，快要退休了。我不好说他是不是人民的好公仆，是不是父亲的好父亲，但至少有两点是可以确定的：他是奶奶的好丈夫，他是我的好爷爷。

在我还小的时候，他还在外地工作。每年暑假，我都会到他工作的地方去玩。我一个农村娃进单位，跟进城市一样。他工作的时候，我会默默地看着，不会乱走乱动；他下班的时候，会要求我习书法；睡觉的时候，我就揪着他的胡子睡。他从不会带我去公家吃食堂，他就拿着自己的食盒打包回来，然后自己额外下点别的东西，爷孙两个就开吃。

他大概是主管乡镇的民政工作。最直接的工作应该是结婚登记之类。那些新郎新娘每次都会递上一包喜烟，这是习俗，跟收受贿赂无关。每次拿到喜烟他都会分给同事们，或者等回去的时候给父亲或者邻居们。我最喜欢的事就是帮爷爷跑腿买烟，每次找回的零钱都成为我可支配的劳动收入。

爸爸妈妈有4个孩子，我最小。等到我上学的时候，家里连学费都交不起了。我被拖到快8岁才上学。爷爷知道后，对爸妈说："我孙子的学费我来负责。"我记得上一年级的学费是36元。我不记得后来的学费是不是一直都是爷爷给的，但是我知道，每年开学他会给我一些钱。这个惯例一直延续到我大学毕业。

爷爷只有在节假日或者农忙的时候才能回家一趟。每次听说他要回来，我都很期待。节日的时候，他一定会给我带份礼物回来，而且会亲自送到学校，见见老师，看看上课。我拿到礼物的时候，立刻就成了伙伴们艳羡的焦点。农忙的时候他也回来，帮奶奶在地里干活。奶奶没有跟着爷爷在单位，一直在家务农，但是奶奶一直都不像个纯粹的农村人，爷爷虽然没有给他的子女谋福利，却保了奶奶一世清闲、衣食无忧、干净美丽。

像中秋节、春节这样的节日，他会把我们这些孙子辈的人召集到一起，要我们表演节目，他会包红包表示奖励。在那个贫困落后的乡村，爷爷家的阁楼是我最初的舞台和自信的展示厅，在那里萌芽了我阳光、自信的性格；也知道了，所谓红包，也是要有虔诚的祝福和付出才能获得的。

1997年，邓小平同志去世。他跟我讲起这个改革开放的设计师，具体怎么讲的我已经想不起来了。事后我从报纸上剪下一张领袖的图片，贴在一张明信片上制作成照片的样子。在明信片的背后，我写上了简介，爷爷看了以后把我严厉地批评了一顿。我写的是"邓小平同志是全国各族人民、全军、全党卓越的领导人"，爷爷说："军队和各族人民都是在党的指挥和领导下，你怎么能把党放在后面？一个初中生了，说话的顺序和逻辑这么混乱，一点儿政治觉悟都没有，你读的什么书！"这是在我印象中，爷爷对我唯一的一次严厉批评和教诲。当他说"读书都读到牛背上去了"的时候，我哭得那么伤心。他告诉我："当你说话过多的时候，容易出错；当你必须要说很多话的时候，也不能乱了分寸。"很长一段时间，我都不想跟爷爷说起学习的事情。

1998年，《水浒传》热播。而在这之前，我已经开始从李成春老师那里拿到原著了，所以很想看这部电视剧。可是，每天晚上我都要在爷爷家写作业。这个时候，爷爷会带着奶奶出去，到村支书家去串门看电视。把客厅留给我写作业。等他们走后，我会偷偷把电视打开。有一回，爷爷中途回来取他的香烟，我没有来得及关电视。我红着脸、心跳加速，爷爷拿着烟就走了，出门的时候说："等下我回来拿作业给我看，电视讲给我听。"作业倒是很快完成，可是电视光看情节和场面了，于是不得不重新把原著翻开。原来，影视作品和文学作品完全是两回事。爷爷问我："宋江该不该同意招安？"我说："《水浒传》好就好在投降。如果晁盖一直革命下去，不知何时是个头，宋江的选择和好汉的后果才引人思考。"这话似乎李成春老师给我《水浒传》的时候跟我说的。聊着聊着，他就忘记了我做作业时偷看电视这回事。

爷爷退休后开了乡村小店，作为长子长孙，爷爷赋予我各种特权。进仓库、坐柜台、收钱、算账、记账。每次做完事情，他都会检查，然后要我自己挑一样东西作为奖励。有时候爷爷外出进货，奶奶不识字、不会算数，我则成了名副其实的老板。那个时候锻炼了我的心算能力，在初中阶段，我的计算能力还是很好的。后来店不开了，爷爷迷上了打牌，打牌就熬夜抽烟，他本来就有气管炎。奶奶经常叫我去劝说他。这时我就会把电视机的声音开得很大，然后大声说好臭啊！爷爷有时候也是听劝的。

我大学毕业后，爷爷问我要不要入党，他做我的介绍人，我满口答应。但是后来我选择了去大城市，户口也迁走了。他说："你看你们单位有没有党支部，年轻人还是要上进的。"可是就连这点期望，都在年轻气盛、个性张扬的时间里被我挥霍了。

近一年，他总是默默地坐在阁楼的窗户下，架着一个小火炉，打着盹儿，或者发着呆。光线很暗，唯一的那一扇窗户也被旁边的距离不到一米的新建起的房子挡住了，几乎不可能有阳光进来。我总劝他出去走走。可是，他习惯了待着，清风一吹便觉得冷。渐渐地，举箸提腿也有诸多不便了。

他问我："你觉得我该跟谁（我父母还是叔叔婶婶）一起生活？"我知道，生命最后的时光可能是他最安静而美好的日子了。可是，没有那么成熟的我，只能打着太极，我说爸爸和叔叔他们会照顾好你的。我来不及想清楚他问我的最后这个问题有什么心意，我只知道，母亲和婶婶的关系因为一些鸡毛蒜皮和那点可怜的分家不均问题一直都不好，而爸爸他们兄弟俩大抵也不是很有出息或很有话语权的人，而隔着辈分，我的话也就无足轻重了。我曾单纯地认为，自己的父母应该会排除万难、不遗余力地照顾好吧！

最后一次，我带着儿子回去看他。他已经快说不出话来，只能靠着气息说出一些短句子来。看得出他有不甘，有不满。他把自己的收藏品交到我手上，嘱咐我交给我的儿子，我流着泪说："您其实可以等我们下一次回来再给。"他只是眨着眼睛，勉强挤出一丝笑容，使出全身力气对我和妻子说："好好过日子，好好教育孩子。"对于一个行将就木的老人，所有的一切也只能在气息奄奄之时长叹一声，在日薄西山之际闭眼谢幕。

爷爷的身体是在奶奶去世后急转而下，一日不如一日。父亲和叔叔轮流照看，但是一人独居，沉默寡言，忧郁成疾，脾气倔强、暴躁，偶尔还会对任劳任怨服侍他的母亲恶言相向。母亲跟我哭诉的时候，我打趣地安慰道："他又回到了那个懵懵懂懂的年纪了，您就别跟老小孩一般见识了。"后来连声都发不出来，全身浮肿，都不肯去医院。眼睛是他与外界交流的窗口，不知道他能不能看到，但是眼珠一直是在眼眶里打着转。

前几天我还视频跟爷爷聊天，其实那只是打招呼。他已经全身浮肿，坐不起来了。我一遍一遍喊着"爷爷"，他一遍一遍点着头、眨着眼睛。我在心里告诉自己应该回去看他，我趴在墙角，哭着，嘴里喊着"等我回来"之类的话，不敢让他看见我的脸。我总认为他会等我，能等我；他总认为，我会回去，会很快回去。

当时，我在跟一个固执的孩子聊着人生和学习，母亲发来的视频我没有理会。一个小时后我拨过去，却得知了爷爷去世的噩耗。孩子们准备放学了，我倚靠在门框上，有气无力地宣布"放学"。除了忧伤，没有眼泪，泪水在之前的不忍中流得麻木，泪水此时都在惭愧内疚中倒流回了心底。

我坐在妻子的身旁，看着电视，没有说话。她终究还是忍不住问我："你是要装作悲伤的样子老鸟依人吗？"不需要装，我心里确实很平静，忧伤都只是淡淡的。

我们赶回去只为送他一程，其实什么忙都帮不上。我、我的妻子和儿子都穿着缟素，跪在爷爷的灵柩面前答谢来客。送葬的时候，我们跪拜在坟前，低着头，那么虔诚地等着灵柩过来。老人家一辈子都在等，现在，死亡给我们机会来等着这位"老"人。妻子说："我这辈子还没有跪过，我爸爸去世的时候我都没有跪，现在还跪这么久。"我的妻子有性格、有脾气，但是在大事上却从不含糊；我的儿子什么都不懂、什么都不知道，调皮好动的年纪却能跟随着我一路抬着花圈而去。

族里的老人都在哭，村里的老人也在哭。妻子不明白为何别人会哭——他们大概也是在为自己哭一回，身边每走一个老人，他们离开的日子也就近一步。爷爷解脱了，他的幸运或不幸，都告诉我：要好好做人，好好学习，善待家人。

他是一位共产党人，一名美丽女人的好丈夫，3个平凡的孩子的平凡父亲，6个孙子、孙女的爷爷，一个曾孙的祖爷爷。享年84岁。

又是清明

"清明时节雨纷纷，路上行人欲断魂。"突然间忘记是哪位先贤的诗句了，连同忘记一些该想到的事了。母亲一大早就打来电话，问我会不会回家，我这才记起清明其实也是一个节日。我昏昏欲再睡地问："回去干吗？"

"回来扫墓啊！你爸爸和叔叔都不在家，你爷爷哪还走得动啊！"我们那里的规矩是媳妇不能去扫婆家的墓，说是会相冲，所以母亲是不能去的。我还是以旅途劳顿为由推却了。

"你真的不回了？"母亲有些失落，"就算你不回来，你也应该给我们打个电话，跟你爷爷说清楚啊！现在日子慢慢好起来了，人家都是吹拉弹唱、灵屋电器，你看你们家的坟，连块碑都没有。你们出去了就忘了。"

我突然有些惭愧。

去年我举行了婚礼，清明时节说回去看房子的，爷爷要求我去扫墓，说要祖先庇佑我早生贵子。我带着上一年级的侄女，一路踏青而去。我想起当年兴致勃勃地去山上采摘茶树泡、茶树耳的兴奋，那鲜嫩爽口的感觉让我至今难忘。童年田野中的油菜花照样漫山遍野，记忆中的草长莺飞依然青翠欢快，忽略多年的杨柳春烟倏地沁人心脾。我拿着相机一路拍去。兴许是少有人来开荒劈柴，大自然封锁了我们早些年开辟出来的道路，我伫立在山口凝望，还是决定凭借自己当年的记忆去寻路。我拿着镰刀一路砍过去，有一些已经被修葺一新，但是我家的祖坟由于没有墓碑，找了很久都没有确定下来，我只好打电话向爷爷求助。半个小时后，患气管炎的爷爷气喘吁吁地赶了过来，让我惭愧不已。

我本想带着侄女去山上采茶树泡、茶树耳，想给她尝尝当年我尝过的滋味，然后期望看到当年的余味。但是看到我带给爷爷的难受，我也就放弃了。

　　我们又陆续地把其他祖坟祭拜了。一上午的时间，我们沐浴在春日的阳光下，穿梭在青山绿草间，沉浸在爆竹鸟语声中，全然没有那种淡淡的忧伤，有的只是对那一堆堆养育了又埋藏了生命的土地的敬意。我一个人要除草，要休整坟头、坟身，要摆祭品，点上香纸蜡烛、放鞭炮，要敬酒，行跪拜礼，然后在"祖先保佑健在的家人，保佑我和老婆平安、早生贵子"的祭词中结束一场场祭祖。然后会站在坟前的空地，眺望远方，遥想当年扫墓的我，只用帮忙"挂乾隆"，放鞭炮，现在我要一个人完成所有的程序。

　　我跟爱人说有些惭愧，祖先的坟墓可能无人拜祭，我还说母亲想我了，想要我回去扫墓。她有些敏感，生气地说："你就想着你的祖先，你别忘了我父亲连墓碑都没有，你怎么不想想！"我想跟她说我家的祖先也一样，但是想想又止口了。她只是生怕我真的回去而耽误了看房子的大事。最后，我告诉她："我也曾多次想过要去老丈人的坟前陪他喝几杯，感谢他曾经爱过你，希望他在九泉下安心地把这份责任交给我！"

　　朋友发来短信："为何不出去赏春？"

　　我答："外面有春可赏吗？"

　　"身在房内如何可知？"

　　"心中有春处处皆春。然城中无春，只思故村之春。今晨，母亲斥我不返乡念祖，我惭愧之心已深，亦知母念儿胜于祭祖之意。'青'春，已悄然逝去，年华不再，情何以堪。憾甚至哉！"

　　"这几日我也一样思念家乡之春，想那桃红柳绿，满面春光的家乡人……"

　　想起布置了孩子们写《又是清明》的随笔，不知道他们是不是也会想起先贤的诗句，想起祖先根底。于是提笔，写道：祭祖对我来说，就是童年中依稀的大自然的气味，以及一种不忘根的责任的存在。

生活品质

（一）淘宝装点生活

我家的女人喜欢从网上淘买一些小饰品，然后会满怀期待、得意扬扬地问我："怎么样？好看吗？"每当这个时候，我带着几分愧对她或者一些不同审美淡淡地、尴尬地说："你花这些小钱，不如好好地花一份大钱买点好的、高质量的东西。"其实我是想说"这些东西贵的才好、才长久"，才不至于以后她说"也不知几时才能有几样真（贵重）的东西"，因为当年结婚的时候我甚至都没有送过贵重的"三大件"给她。没曾想她淡淡地说："切！你懂什么？"

她还喜欢买一些"小资"的物件摆弄生活：几把藤条的椅子，编织的收纳箱或者篓子，一块碎花桌布，带着印花和流苏的帘子，仿古的马灯和蜡烛香薰，玻璃或者水晶的酒杯，水晶的花瓶插上几只能长时间培养的花朵……那些都是从购物网上抢购回来的。

有一次，她拿出一个小手提包，双手提在前面，兴奋地问我："怎么样，可爱又彰显气质吧！"我不解风情地说："我给你从国外带回来的包包你不提，这么小点东西能装啥？"她又是一句不屑和淡淡的话怼过来："没品位，装点生活呗！"

一句话惊醒梦中人：装点生活。

能享受自己眼前拥有的东西，就是快乐。能让这份快乐装点生活，那就是品质。

顿时就觉得自己是没有资格谈论"生活品质"这个话题的。在此前，我就是这么认为的：现在的生活品质大抵都跟金钱挂钩，有钱花、花得起钱，才有生活品质。因为总觉得一个"人生要工作、工作为了挣钱、挣钱为了生存养家"的人，拿什么谈生活品质。

而今，这个家庭主妇，却用"生活品质"来驳斥我。

（二）房子与车子

其实我也不知道所谓的生活品质是什么？那就更不知道自己的生活是否有品质了。

我买房了，我以为我们的生活会有品质了。家离上班的地方很远，早出晚归，疲惫的时候，总调侃自己："原来买房子就是买了张专用的床和一个厕所呀！"每个月还得为房贷而算计着。

朋友锋也买房了，他把房子租出去了，在单位附近租了房子，他说："每天能回去几趟，幸福指数倍增啊！"

外国人就不喜欢买这种"公寓楼"，在他们看来，这种方格子高楼大部分都是救济房，不明白为什么中国这样的房子这么贵："想到自己家上下相同的位置也睡着人，那是一种很不舒服的感觉。"

生活品质是一种感觉。

有了房，车又成了新话题。锋说自己最近在看车了，想在孩子出生之前把车买下来，问我有没有考虑。其实，我对车没有什么要求，关键是我现在没有买车的实际需要，买车也放着，也就没有买车的动力了。他却觉得：有车，生活品质会不一样吧！我诧然："车和生活品质还有关系了？"

然后，我赶在限牌前用手头仅有的存款买了一部最便宜的"屌丝代步车"。新鲜劲儿过后，我总在想，车和生活品质的必然联系在哪儿？

Wesley问我："什么是必要条件？什么是充分条件？"我说："车和房子是生活品质的必要条件，但不是充分条件。"他点点头。

品质，完全在心理。

最近，有个朋友换车了，直接换成了B系车。我问开得好好的为啥换。他的回答让我震惊："老婆怀孕了，想着几年后孩子上学接送，别人都开个豪车……当然，主要还是车空间小！"我看了看，这车比我的还大、还豪，我只得用屌丝心理来评判这件事：主要是因为你有钱了。

（三）什么是生活品质

都市的富人物质丰富、娱乐充实，那乡下人是不是就没有生活品质了？读书人有品质，没有上大学的人是不是就没有品质？锦衣玉食有品质，那么粗布麻衣、农家豆腐是不是就没有品质？现代人发达先进是品质，古人的简单滞后就不是品质？

我认识一位女士，她和丈夫在深圳经营着自己的企业。女士告诉我一个故事：有一次他们开着豪车下班回家，车上放着刚从超市买来的生活物品，精选的美国牛排、澳洲海鲜、农家土猪肉，还有精心烘焙的面包，车里吹着空调、放着音乐，两人安安静静一路无话，除非聊工作。等红绿灯的时候，旁边过来一辆三轮车，车上也坐着中年夫妻俩，有说有笑。妇女坐在后面，就着小炒肉酱吃了一口馒头，然后左手捧着丈夫的下巴右手喂过去一口馒头，两人随后哈哈大笑起来。那个妇女对丈夫说：今天的肉是哪里哪里买的，面粉是哪里哪里买的……

女士最后告诉我，这以后，她就不去公司管事了，她的丈夫也是能做的就做，太折腾的就不做。"因为那一刻，我们觉得我们的生活是没有质量的，至少是没有品质的。"

我问家里那个女人："你觉得什么叫生活品质？"

"有好吃好穿，有相应的社会地位、亲朋好友，左右四邻不会相互排斥和遗忘，最好有闲情逸致。这应该是普通百姓的生活品质了。但是城里的大多数人都是做不到的。"

我问："为什么没有包含我们？"

"这是软件，人当然是最重要的。"平时不问世事的她这个时候怎么像个哲学家。

人是最重要的！

人当然是最重要的！人的精神气质、人的态度认知。这个社会不怕"没品的人"，就怕"无明的人"。当人们都把最贵的、最奢侈的物件和那种拥有的感觉当成是生活品质的时候，人们就在"追质"中失去了"求品"的可能。

品质应该是一个新兴词汇，在长期的农业社会中，是一小撮人的讲究，但是并不能说"品质"就不存在，那种"饭疏食饮水，居陋巷，人也不堪其忧、不改其乐"的风范，慢慢被嗤笑了。当物质丰富起来，人的判断力和控制力被物质干扰之后，于是人们开始极力去追求品牌、名牌，用那些他们认为的"质"去肯定自己原来的那种自卑，来满足自己那种羡慕的心理，来提高自信力。

　　所以，当人们在认清自己现有的条件，知道自己的需要的前提下，去追求变好、活好的可能，在此过程中培养自己对生活的自信力，培养豁达的胸襟，穷则独善、独美其身，达则兼济、比心他人，也是一种品质。

　　去品味生活，生活就有了品位。生活讲究了品位，也就有了味道，不比、不争、不屑，潇洒走一回属于自己风格、人格和品格的人生，这就是有品质的生活。

人生总得淋几场没有准备的雨

今年春雨来得很迟，空气在谷雨之后几天才湿润起来。雨水在一个傍晚猝不及防地打湿了下班回家的上班族。

幸运的是，我上班的地方离小区也就5分钟的路程；不幸的是，那个时候，我已吃了晚饭，正赶往学校上晚自习。春雨淅淅沥沥地下起来，我本能地快走了几步，但很快又慢了下来。

那么闷热，爱人做的三菜一汤吃得我心里暖暖的，身上热热的，让它给我降降温也好！雨水打在抹了发胶的硬硬的头发上，头发变得软软的。又开手指，往后捋了捋头发，雨水又打在前额，顿时心生犹如英雄激战后的畅快，又似失意者被醍醐灌顶。

此时，中兴事件闹得沸沸扬扬，如此强大的企业在风雨飘摇中步入它的第33个年头，对于一家企业来说可能是老年了。我不懂经济，更不懂政治，没有办法运筹帷幄。我只能想，中兴的员工此时是不是如坐针毡、芒刺在背，等待着裁员抑或失业。那里面又有多少像我这样的中年男子拖家带口、重任在肩，他们可曾想过在强大如国企、如世界500强，危机一样会突如其来！去年12月的"中兴员工坠楼事件"，还给我等不如狗的中年男人敲了一记警钟。我曾想，这种突如其来的"调整"让已经准备"好好过下半辈子"的他毫无调整能力，让他选择了这样无解无趣的"呐喊"。

这样的单位，人能够进去是能力，能出来是成长。曾经是他的能力丰富了他的生活，渐渐地，他却让生活禁锢了他的能力而无法自拔。我们很多人，不是没有能力，而是没有成长。对于企业和市场来说，亦复如是。

就在前不久，我的面前还坐着一个委屈啜泣的小女孩。心直口快，性格直爽，她被人误解，被言语中伤，甚至还被冷落。也就在不久前，我自己也同样被人误解、中伤，莫名其妙地毫无心理设防。挫败感、焦虑侵扰着中年大叔。

不得不说，这是一场及时雨。春天的雷阵雨猝不及防地惹了我的头发，侵了我的前额，那是积攒了一个冬一个春的力量，冷暖兼蓄。我的头发柔软地吸收了它，它只能"随风潜入夜"；我的前额清醒地接收了它，它只能"润物细无声"。

我决定告诉小女孩，也告诉我自己：知足者常乐，知不足能自反，知困能自强。放弃输赢对错的争论，强大和伟大无须自证，有时候只需柔软面对中伤。

春雨贵如油，在荡涤了这个世界几个小时候后，它悄悄离去，只留下一地清凉，一世安静，沉闷不再，尘嚣不再。我回到家，妻子准备的宵夜还在案上温热着。儿子的画作还在桌上等着我，他的画技实在没有什么进步，只是始终展示着他对恐龙的"偏爱"：上面画着乌云，乌云下有两只恐龙，大小各一；上面的字更是稚嫩，分别写着"大爸王龙"和"小爸王龙"。

我对着这稚嫩的画和错别字无奈一笑，本能地担忧起来。我不知道说过多少遍霸王龙，也不知道教他认过多少遍霸王龙，包括名字，原来，他一直以为霸王龙，就是"爸王龙"。春风徐来，不禁又自我安慰、自我臆吟起来：在他的世界里，原来我是那么重要。他的字虽然是错别字，但是错得很对；他的字迹离我的要求相去甚远，但是远得很近。

我们曾抱怨风雨，却忘了风雨曾给我们习惯的、厌倦的生活带来涟漪活水；我们曾抱怨生活和世界不公，却忘了正是这个你认为不公的生活和世界给过你公平和抱怨的机会。

我们曾想象着那份"自以为"的美好，不敢尝试，不愿改变，不想换个角度看待世界。其实，远如大国崛起，近如小民尊严；大如企业发展，小如自我生存；重如生活打击，轻如学业错误，都在提醒我们：人生总得淋几场没有准备的雨，吹几次毫无准备的风，然后义无反顾地去成长。

不该错过的风景

烟花三月，学校的木棉，早已叶落花啼红漫枝头了，枝头处处鸣声上下，嘤嘤成韵，而树底下也是落红满地。朋友圈满是"木棉闹春"的剪影。每每看到，我也会匆匆一笑，便又投入到匆忙的毕业班工作中去了。闲时，我喜欢和儿子两相腻歪着，或宅在家里游戏，或到户外闲逛，以增父子之情。是日，春和景明，我便想带着儿子去独享学校那片操场——踢几脚球、赛几趟跑。认知阶段的小孩，一路上东张西望、手舞足蹈、叽叽喳喳。我总按捺不住地催促着："儿子，快点儿，看路！"他往往加快几步后便又会恢复如常。但至少，他没有停下脚步。

终于挪到了学校，可以不用操心他了：平旷安静的地方。我加快脚步，呼唤一声却没有听到儿子的回音，我下意识地回头，看到的场景瞬间让我诧异万分：儿子仰着头，嘴巴微张，眼睛直勾勾地盯着那几株木棉，就那样安静地看着。良久，我笑了笑，问："儿子，怎么了？"他的目光依旧没有循声望来，竟又把手指向那花朵："兜兜！"儿子发音不准，我知道他说的是"灯笼"。是啊！这满树的木棉花，还真的像那寄托了美好的灯笼。热闹喜庆的节日氛围在木棉枝头盎然延续。

临走时，儿子不忘拾上几朵，置于左手掌心，并挥右手"再见"，一步三回头，久久不肯离去。而这些，竟是每日与我"青春做伴"的风景！

除了"灯笼"，"星星"是儿子常挂在嘴边的一个名词。他在几个月大的时候，就知道了星星、月亮的所在，抱着他仰望天空的时候，他总能安静下来。为此，爱人给儿子买的衣服鞋子也有很多是星星图案做装饰的。每当夜幕降临，儿子总喜欢搬一张小凳子，站到阳台前，望着远处的灯火阑珊处。那个时候，我们常常认为"他是想出去野"，并没有领会这份童心。盛夏，带着他们母子回老家消暑，鸡鸣桑树颠，狗吠深巷中，乡村四处皆是"清荣峻茂"，儿子兴奋，难以入眠。爱人建议我抱他到外面走一走。儿子含着拇指，我把他仰抱着，走上楼顶。他瞬间坐起来，脚在我身上急促地蹬着，手撑在我的肩膀，"星星。"我一抬头，哇，这真的是一个伟大的发现：漫天星斗，点缀在纯黑的天空，清风半夜鸣蝉，稻花香里，蛙声一片。这是一场"星空盛宴"，城市里，没有这样的真正的黑，和那么纯粹的星光——厚重、明静、柔软。

"1、2、3……1、2……"儿子把能数的数字都说了出来。慢慢地，他静了下来，躺在我怀里，吮着手指，眼睛欲闭还睁，不知什么时候就睡去了。星星一直都在，在过去很长的一段时间里，有个人一直在这片星空下，还哼过"星星点灯"，如今，他不想入眠！

早在回老家的路上，爱人就曾盯着外面的田野感叹："这才叫乡村，这才是田野：油菜花、尖顶的草垛、圆角的水牛……"我说："这有什么，这在我们乡村，处处都是。""是吗？怎么没有听你讲过？"

是啊！我怎么没有跟她讲过？我曾说要给她幸福，快乐！曾说要与她分享我的人生，分享我人生中的美好！为了这些承诺，我努力寻找。如今，我至少明白，有些东西，一直就在身边，不能再错过。

人生就是一场旅行，不必在乎目的地，在乎的是沿途的风景，以及看风景的心情。

散　步

——写在莫怀戚的《散步》之后

我们在操场散步，我，我的儿子。

妻子不愿意出来，独处可以静心，此刻别的琐事和心事都可以不管；儿子本也不愿意跟随，他更想踢几脚球，况且刚才我还严厉地管教了他的脾性。我和我的妻子，都熬过了一个不太愉快的假期。顾不得那么多，我只一个人向前踱着，儿子嘴里喊着为什么要散步，然后也颠颠地跟了上来，最后索性自问自答：散步可以让人变得强壮。

中秋后的傍晚，夕日已颓，团圆后的月亮努力在深蓝的天空烙印出纯粹的轮廓；晚风渐起，行道树轻轻站出安静的姿态。新翻修的校园，平整的沥青覆盖了那木棉斜坡；树的叶子悄悄换了颜色，有的黄，有的绿；新铺的石板路古朴地躺在脚下；远处，几个孩子仰在球场中圈望着天空，一会儿成大，一会儿成人，高低杠上坐着几个调皮的人儿，传来几许歌声、几处欢笑……

我走在一道，儿子走在二道。小家伙突然拉着我的手叫起来：月亮下有儿子，儿子手里有爸爸，爸爸家里有妈妈。童言无忌的时刻，怎么说都是诗，更何况是有月亮的时候。

拐弯处，角落那一株凤凰开得正盛。儿子要过去看，那里居然还有晚归的蝴蝶；我要散步，这头脑有些凝重，这心里翻江倒海。我说："你自己去吧！"但是那里太静、太暗。我说，去吧！你的头上有月亮，你的手里有爸爸，你的家里有妈妈。到底是不愿意，他挥一挥手，讲不出再见，只轻轻一句：我以为爸爸最爱我！

在另一个拐角，发生了分歧，儿子又要停下来，操场边的沙坑和颜色鲜艳的雪糕桶能堆出喜欢的形状；我要继续前进，我们说好了要走到一道和二道的终点。儿子跃跃欲试，却又不知所措；我遥遥相对，却也高高在上。执拗不过，儿子走过来，垂着头、撇着嘴，念念有词；我转过身，耸着肩、拍着手，忍俊不禁。"爸爸，我想给妈妈堆座城堡，让大师、小示、叮当、蛇丁都住进来。"

我蹲下来，咧开嘴，摸着小家伙的头，顺着跑道远远望去：晚霞在山、月亮当头，沙坑一片金黄，绿色的雪糕桶倒在一旁吹着大喇叭。这样，我牵着他的手，向着那沙池、雪糕桶走去。我们都牵得紧紧的、走得慢慢的，走得很坚定，仿佛我手上的和他心里的加起来，就是整个世界。

共享单车

2017年春节，深南大道两旁高悬的中国节彰显着浓浓的节日气氛。老街小巷里头跳跃的灯笼散发着浓重的传统味道，大家小户门框上火红的春联流露出美好的愿景。这一片"红"与共享时代的"赤橙黄绿青蓝紫"撞了个满怀。我骑着共享单车小橙哼着民调向着地铁方向驶去，儿子骑着新买的童车高喊着"冲啊——"行进在我的前面。

"爸爸，你看，他们摔倒了！"儿子的呼喊把沉浸在美好中的我捞了出来。我循声望去，地铁口的小橙、小蓝、小黄千姿百态：有的歪着头、有的扭着腰，有的躺在地，有的躲在草丛。一项爱管闲事的儿子说着就要向草丛走去。

2007年春，大学时代的我们风华正茂。学长的单车不知道给我们骑过多少回。慵懒的春晨，它催着快要迟到的我们奔向教室，浪漫的夏夜，它陪着懵懂的我们憧憬爱情，返校的日子，它背着沉重的行李穿过校园。我们都亲切地叫它"大众情人"。后来室友给我们每个人配了一把钥匙，我们也会很自觉地把单车锁在某几个固定的地方，方便大家随时随地取用。

毕业的季节是伤感的，我们亦在忙碌中淡忘了它的存在。许久不见，再一次见到它，是在中文系的那个文学青年那里。听闻青年外出采风不慎摔折了左腿，翩翩青年从此一瘸一拐。

共享的大众情人重新回归了"专属座驾"的行列。我们珍藏起钥匙，珍藏在心里。

1997年盛夏，是我等待小升初录取结果的日子。父亲骑着从邻居大伯那里借来的单车从镇上风风火火地回来，告诉我被县城重点中学录取的消息。他还决定买一辆单车，方便周日的时候送我去车站。于是，我迫不及待地让父亲教我骑车，甚至来不及等父亲把单车上刚买回来的"货物"拿回家，得意忘形的父子俩就在村头的空地上学起来了。

夕日已颓，月光开始静静地在梧桐树下落下参差斑驳的黑影，我终于能稳稳地将车骑走了，我们都有些饥渴了。父亲看出我不想回去，于是回家去取水。我看到自行车的置物篮上有父亲买回来的东西，于是打开来，那些土黄色的纸包装起来的花生豆和葵花籽伴着不知名的酱诱惑着我的饥肠，于是……爸爸回来的时候，看着散开的包装，再看看其实是躺在地上看星星的我，大喝一声："谁把老鼠药打开的……"

在月光的照耀下，父亲推着单车、母亲扶着我，把我送到了镇上的医院。月光静静地照射着父亲的肩膀，迷糊中，看到他小跑着、喘着，偶尔咳嗽着；月光也照在母亲的肩头，她跑着、说着，偶尔哭着。出院的时候，父亲又骑着那辆自行车来接我。快到家的时候，他竟然鼓励我实路体验一把。起初他还扶着我，不知什么时候，他已经放手了，他傻傻地笑着看着我，不时叮嘱着："下坡的时候慢一点儿，上坡的时候别放弃！"那天晚上，父亲攥着不知从哪里凑来的学费，说："儿子，单车买不成了，但是好在你学会了！"我记得不懂事的我，还絮絮地闹着要吃饼干……

每到周日下午，邻居大伯的单车总是有空，父亲总能很轻易就借过来送我去车站——在接下来的三年里的每个周日下午。到现在，我都还清楚地记得那辆单车的牌子——永久。

出发，才能到达

（一）

记得很小的时候，家乡的天空飞过一架直升机，投下一些宣传单和小礼品，我们这些男孩跑到山上，漫山遍野地寻找，朝着飞机的方向追赶。最后，站在山顶上与飞机挥手，好像飞行员也与我挥着手一样。那是记忆中第一次近距离见到飞机，新奇、兴奋。

那是2011年的秋天，我第一次坐飞机。虽是跟团，但是早在之前，我就查找了好些关于坐飞机的资料。心想，在万米高空俯瞰天下，是何等开眼。从登机口坐着摆渡车到飞机下，踏上登机梯，站在飞机舱门前，还不忘回望了一眼机场，灰蒙蒙的天气也没有影响我激动的心情。好说歹说跟同事换了靠窗的位置，就是为一睹凌云霄汉。坐下，一切准备就绪，拿出随身带的书本和笔记本，准备记下我生命史中激动人心的一刻。

起飞，失重感，上升感，一阵颠簸后穿过厚厚的云层。我往窗外一看，竟然是晴空万里。飞机下面就是厚厚的云层，洁白如棉、如雪、如绒。飞机梦幻地飞行在白色的海平面上，在蔚蓝的球罩里，在太阳光下。第一次飞，感觉真是奇妙。

生活中是灰蒙蒙的秋雨季节，而天空之上却是晴天。或许，我们有时会看不到太阳，真的是因为我们飞得不够高。

（二）

第一次见到大海，我记不得是何时了。爱人说是我们恋爱时去的。听海，听浪之歌是那时的第一要务。后来，覃带我去桔钓沙露营，玩乐是那次的印记。印象最深刻的当属去海南三亚，我们带着写作目的而去。"天涯海角"的光环笼罩着我，我以为，我之前看到的可能只是海湾和沙滩——这里的天那么清蓝，那么干净，空气让我的鼻腔变得贪婪，海浪那么缠绵辗转，海的那边那么朦胧悠远。

海，也就是这样了？

近来，飞了大半个地球，坐了一上午的汽车，到了葡萄牙罗卡角。站在山崖上，我说出的第一句话竟然是："这才叫海！"难道之前看到的是假海？我向海边的悬崖跑去，趴在悬崖边的石头上，看着下面的海浪拍打着悬崖。远方，并没有山或者房子，只有一望无际的海天一线。恐高的我想壮着胆子向下攀爬去亲近它，却被锋一吼制止了。

"陆止于此，海始于斯"，这里是欧亚大陆的最西端。眼前的，就是大西洋，没有错，这一定是海，没有任何遮挡的海。

我们总以为我们看到了海，殊不知，那可能只是海湾，内海。如果，走得足够远一些，你才能看到真正的大海。

（三）

"傻孩子"阿甘，他一生都谨记生命中那两个女人的建议：跑，继续跑，不要回头。他就是拖着那双有些残疾的腿，正直地跑完了辉煌的一生。

我曾因为恐高而拒绝过坐飞机，后来也因为坐飞机过于烦琐而厌恶坐飞机。现在，我喜欢坐在飞机上，看着书，疲倦的时候就看看窗外的云。我也曾因为不会游泳，而拒绝下海，甚至拒绝去海边；现在，我喜欢划着橡皮艇飘荡在海面上。我还曾经拒绝名山，游览名胜，但是那些故事吸引着我。

没有比人更高的山，没有比脚更长的路；既然选择了远方，便自顾风雨兼程；既然目标是地平线，留给世界的便只能是背影。汪国真的这些句子感染了我们那一代人，但是却在这个时候才起了作用。

所以，最难的不是抵达，而是出发。生命、学习、生活的本身，就是漫长而艰辛的旅程，当我们脚下、心里、脑海中有了足够的经历，我们会站得更高，想得更远，思考得更深，我们才能看到最美的风景。

红　包

——跟学生聊"红包"

　　已经晚上十点了，学生问起：怎么今天还没有更新。我真的还没有找到灵感。

　　教师节是讯息最忙碌的时候，在毕业群收到了许多祝福，但是龙万林（我第一年教书时带的学生，现在都已经结婚生子）的微信红包，让我犹豫了。一个高中生，在如何表达对老师的尊敬时，用到了"金钱"，我真的不能很"时尚"地收这个红包，我一直没有按下那个键。

　　羊给我送来祝福："我独爱老大之出淤泥而不染，濯清涟而不妖。"是的，我得坚守底线。我给龙同学回信："小小年纪，如此世俗，老大不收。"

　　想想，红包是多么诱人的传统！

　　"我头上有犄角，身后有尾巴，谁也不知道，我有多少秘密……"我在手舞足蹈、竭尽所能地展示自己，面前坐着姐姐们，她们虽然笑着为我鼓掌，但是我的眼睛只盯在爷爷身上：爷爷摇着他的手，我的眼神就随着他的手左右飘荡，他手中攥着一叠鲜红的红包，映着他那喝了年夜酒的红通通的脸色，煞是滑稽可爱。

　　一曲终了，爷爷从手中抽出一红包来，递给我："来，真神气，像是一条小青龙，这是对你的奖励。"我接过来，就像从老师手中接过奖励一样兴奋，不，是一种荣耀。如果说，老师的奖状是一种精神奖励，爷爷的"奖励"就是精神和物质的双重奖赏。

　　爷爷手中的奖励，是下午准备好的。我帮他贴好春联、年画，他便把剩下的红纸裁成方块，通过几个对角对折，就能成为一个精致的小信封一样的物件，然后，他把一毛、两毛、五毛的钱往里面塞，我趴在桌沿上看着他一张一张往里面塞，最吸引人的，就是一块钱的那个了，我努力发挥着自己的记忆力，想记住是哪一个，但是，爷爷把这些放进了自己的口袋，我就只能等待晚上的"才艺展示、实力争取"了。

那是1990年的春节，我记得后来，我拿着扫把当吉他引吭高歌，小姐姐敲着洗脸盆与我唱和，大姐姐挥舞着妈妈的围巾衣袂飘飘，爷爷、奶奶、爸爸、妈妈无不微笑、鼓掌、点头，以为妙绝。爷爷手中的，那是我们最初的红包。后来回想起来，对我们来说，红包不仅仅是一种荣耀，一毛、两毛、五毛，带来的，却是一种单纯的天伦之乐。

那是个物资匮乏的年代。

现在的红包，印刷精美、坚固耐用，不似当年我们拿着都小心翼翼。几年前，爷爷、奶奶、爸爸、妈妈还会动手做红包，但是现在，我们会从城市带着回去，就不用做了，心意似乎也就从不动手开始，转向了那硬硬的纸包里的人民币了，钱也是越包越多。前几年，奶奶、爸爸、妈妈还只是象征性地包了一二十块钱，图个吉利。这些年，我们姐弟4个带着各自的爱人、孩子回去，他们便开始愁眉不展，物质的快速积累，他们那软乎乎的、温情的红包便变得"不好意思"了。那年，妈妈拉着我，说："儿子，你们几个我就象征性地包了，你姐夫们、你的妻子、你们的孩子，我就多包点，啊！"我说："妈，你就用当年的红纸包，我们只要那20块的，爱你。""还是我儿子会说话。"我从钱包里拿出一沓钱，递给妈妈，"你给孩子们和你的儿媳妇包的时候，多放点，我知道，你爱他们，就像爱我一样。"我不知道为什么要这么做，为了我自己的面子，还是妈妈的感受。我的儿子、外甥、外甥女们，他们能像我们当年那样，去"赢得"那些"红包"吗？

还是那红纸做的红包，带着长辈的温热，里面装着一张毛票，才让人刻骨铭心。

回到城里，收拾心情，准备上班。从包里倒出那些红包，拿出钱，点清楚，再想想自己拿出去多少，行，收支平衡，长舒一口气。母亲那个红纸红包，钱最少，最朴素，却也最暖心。

在新年的尾声，去看望大学同学，他的女儿才几个月大。我世俗的拿来一个红包压在褓褓里，同学立刻拿出来，"拿走！"我尴尬地说："都是兄弟，就是表示一下，没有多少，也没有别的意思！""就因为是兄弟，才不要这么俗气，拿来拿去，比来比去，那就真的没有意思了。"没想到，我用红包把我们的感情俗了一把，把红包也俗了一把。

哦，红包，也是看人的！

女人是时间的奢侈品

年轻时的我，从大山里爬出来，除了年少轻狂，剩下的就是一贫如洗，以及等待和希望。她闯进了我的时代，我没有任何奢侈品可以挂在她身上，她却依靠在我的心上："我可以跟你一起赡养你的父母。"说着，便把省下的钱给我，让我回去给母亲过生日。

她到现在都不明白为何会嫁给我，我们真的门不当户不对，很多想法完全是两个世界的观念。她是父亲的掌上明珠，母亲很努力才把她养大成人，父母在城里的房子有150平。而我那里，10来平的农改房就成了婚房。

只有我知道，傻女人，永远是男人的奢侈品。我却从来没有告诉过她。

从此，她的家变成了娘家，她的家成了婆家，她从内人变成客人，需要进行长期的委屈和隐忍。慢慢地，她要从娘家的外人变成婆家的主人。需要进行长期的挣扎和奋斗。只为了那个放不下的男人操心、为了那个心头肉的孩子揪心、为了那本来跟自己没有关系的老人上心。然后，娘家也悄悄爬上她的眉梢。

原来，她从生活的外行变成家庭的里手。上厅堂下厨房，做饭洗衣，消费理财样样精通。就连什么时候给父母寄东西、什么时候寄钱都要用严厉的口吻告诫清楚。

她那么傻，但是依然能把一个那么小、那么原生态的婴儿带到说话走路，最后学而有术；那么一个自带核武器的"恐怖分子"，在她那里就服服帖帖。就是那么神奇。

听着她絮絮叨叨讲个没完没了，她说了啥完全不知道，如果你能不往心里去，你会觉得：以前，她说的话那么可爱；现在，她说话的样子那么可爱。

没有她之前，我自己洗衣服，很多时候用脚搅拌那个水桶就可以，挂在阳台上还吟唱着《雨霖铃》；有了她之后，内裤要单独拿出来自己洗，衣服要拧干、抻平了晒，否则会被骂得狗血淋头。

没有她之前，进门就把鞋子一甩，穿烂了再买；有了她之后，必须摆整齐；袜子破洞了还穿依然被骂"穷出了风格"。

以前，她哪里会做饭。现在，她要求你必须回家吃饭，吃她做的饭，奇怪的是，那个饭的味道，越来越合你的胃口。

她说她最痛恨洗碗，可是每次家里来了亲朋好友，她一边洗着碗，一边哼着歌，还泡来一壶茶。她说她痛恨抽烟喝酒的男人，我分明记得，我抽的第一包中华烟，就是她买的；我分明记得，我喝酒喝到半夜才回来，她一边骂着一边给我端来蜂蜜水。

你责怪她没有品位，老在网上买一些残次品；你带她逛商场，她却总拉着你试衣比裤；她总嫌房子小，却把那点小房子布置得那么精致。

她的脾气越来越大，心越来越细；她的声音越来越刺，话有情有理；她的睡眠越来越差，醒得越来越早。

她总说啥都不想管了，却在"内务部长"的仕途上越走越远。有一天，她突然不在家了，我才想起：女人不仅是个伴，她可以让男人活得更细腻，不再粗糙，女人是可以改变生活的。

原来，女人的陪伴，就意味着，在这个世界上，她愿意把生命中最美好的东西献给你，那就是时间，也就意味着，女人才是男人的奢侈品；一个女孩，从为人女，到为人妻，到为人母，从被爱到爱，一直都是时间的奢侈品；一个女人，从学习，到爱情，到生活，一直都是生命的奢侈品。

爱的名字叫什么

人说三十而立、四十不惑，可是我到了30岁却开始迷茫起来。工作太忙，时间太少；想法太多，能做的少；家有一宝，实在伤脑；还有一老，摇头晃脑；孩子一堆，每天祈祷；收入一般，刚好温饱。

曾俊午同学说："坚强的人能拯救自己，伟大的人才能拯救他人。"我到今天才发现，我在家里其实就是一个坚强的人。爱人说："先坚强再伟大吧！你在学生那里要成为伟大的人。"她看我日渐忙碌，生活也邋遢起来，曾经光艳的小伙子开始不修边幅，30多岁的中年男人脸上还长痘，身为知识分子的她也开始迷信起来。

她开始看《易经》，读风水，张罗着要给我起个好听的笔名，最后在一顿云里雾里的五行八卦的解说中，给我取笔名"曦之"。陶渊明说"悲晨曦之易夕，感人生之长勤"，大概就是她为我取名的意思吧！

出生的时候，舅舅给我取名"胡涂清"。舅舅是一个博学的人，他写得一手漂亮的字，从乡镇的文化站渐渐调到县农业局当领导。他是母亲的哥哥，在我们很贫寒的岁月里，给了我们很多帮助和勇气。记忆中，他帮我修改过相声台本，跟我讲文言词汇，带我们清明踏青并采摘"蕨菜"，写春联的时候一定要我们表兄弟几个围在旁边铺纸研墨，鼓励母亲一定要送我到最好的学校接受教育……他总说是因为我父亲太糊涂才把日子过成这样，于是给我在糊涂后面加了一个清字：希望你不能把日子过糊涂了，但是生活可以糊涂也可以清醒，"难得胡涂嘛"。那个名字就出现在了我的户口本上。

所有名字都寄托了一些美好的愿望。上学那天，母亲拿着刚从老师那里领回来的新书本，工工整整地在封面上写着"胡珍存"，然后蹲下来，拉着我的双手，说："你要珍惜读书时光，保存书本和知识。"然后给我脖子上挂上书包。书包是表哥用过的，他上高年级后舅舅就作主把书包给了我：方方正正的深蓝色帆布包，带着白色的背带。这个名字一直用到中考报名之前。也许是改名的缘故，那次考试竟然没有发挥好。

小时候家里穷，放假的时候能到"工人身份"的姑父那里吃上一顿白米饭就觉得好幸福。回来的时候，姑姑给我买了一件带绒毛的黄色大背心，奔跑在雪地里，打雪仗，一步三回头扔雪球，我成了最明显的目标，小伙伴们喊着：老毛来了，快跑。于是，小伙伴们都叫我"老毛"，我小时候的外号就是"老毛"，我们那儿管"外号"叫"笑名"。初中时候的李成春老师有一次批评我粗心大意：叫你"老毛"真没有错，毛里毛躁。

记不清是谁起的了。那个时候，年轻气盛，激情满怀，来去如风，孩子们对我这个还有些孩子气的老师"又爱又恨""又喜又怕"，甚至有孩子戏称我是"城管"。也许是有一次我穿了一身黑色风衣的缘故，也许是我盯得紧的缘故，也许是我"雷厉风行"，渐渐有孩子叫我"老大"。我一开始觉得这名号有点"黑"不愿意接受，后来孩子们说：你是孩子王，你是大哥哥。我这才欣然接受。

有了这么多名号，你觉得复杂吗？现在，能叫我"老毛"的人，一定是童年玩伴或者发小；叫我胡珍存的，是初中同学；叫我胡涂清的，是高中及以后的同学；叫胡涂的，是朋友；叫"清清"的是亲人；叫老大的，是开朗的学生。

这次，又一个女人给我取名字，这是愿望，还是爱：曦之曦之，太阳往之；阳光至之，曦曦嘻嘻。

"曦之老师！"她在笑，我在嚷嚷。

"曦曦！"她在嚷嚷，我在笑。

"胡曦之！"好吧！我为书狂，陶潜的《闲情赋》里不就有这样的句子："悲晨曦之易兮，感人生之长勤。"

爱，原来是没有名字的，在相遇之前等待的，就是它的名字；爱原来也是有名字的，在相遇之后改变的，就是它的新名字。

赏月去

这几天心里颇不宁静。

许久不下厨，中午忙了一顿午餐给妻儿过节；傍晚坐在办公室开会，叽叽喳喳的；晚上晚自习，事无巨细、滔滔不绝。忽然想起那片空旷的操场，开会前，我还跟儿子在那踢了几脚球。

月亮渐渐升高，驱散了下午赶来煞风景的乌云。校园安静下来，先前的热闹已消失不见；孩子们坐在椅子上，不时望向天空；妻子应该在屋里跟儿子讲着《嫦娥奔月》，或者在对月埋怨。我没法理会这些了，悄悄带着孩子们，走向了那片空旷的操场。

穿过教学区，要走过一小段长廊，长廊旁边有一棵高大的"感恩树"，据说是十几年前的毕业生种下的。若隐若现的月亮在这里投下斑驳的影子，一道儿方，一边儿圆，给这个规整的教学院子堆砌了一点点光与影的艺术感。那尊"奋发向上"的人形钢塑在清辉的月光下显得苍白，我也无心去看，便匆匆走过。

入秋了，短短的斜坡一侧，高大的木棉枝杈稀稀疏疏的，矮而密的十里香也修剪得整整齐齐，我记忆中坡下的那棵柳树不知何原因被移走了，它是见不到今晚的月色了。还有一些我叫不上名字的植物。

操场就我一个老师，只有一个班的孩子。我焦急地一回头，才看到月亮羞涩地躲在一朵白云之后，挂在教学楼上空。我躺在地上，把"师范"的节操融在这一片天地里，我突然觉得自己是自由的，暂时抛却了这些时日压在我心头的焦虑。什么都可以想，什么都可以不想，什么都可以不做，我且受用这无边的月色吧！

我的孩子们，也是自由的，就围着球场的中圈，或坐或躺，或独处或群聊，或闭目或赏月，或唱歌或吟诗……天空明月相似，天底下形态各异，好不生动活泼。

深深浅浅的穹顶上，弥望的是稀疏的白云。白云粘着月亮，像是深海千年的贝壳在吐珠。白云吐珠美如画，后面点缀着的白云，有的浓，有的淡，有的连城一片好不活泼，有的奋力追赶誓与月同辉，它们与楼顶连接在一起。楼顶明亮的探照灯，映着教室的灯火辉煌，到处闪耀着星星点点。我们这块地方，仿佛瞬间变成了一个星光灿烂的舞台，我，我的孩子们，就在舞台上，披着星戴着月，轻轻地、悄悄地讲述着神奇而祥瑞的剧幕。秋风过去，送来缕缕歌声，和着月饼味，都在我们这个圈子里酝酿发酵，游来荡去，久不弥散。天的另一端，云层更加厚实，就在我和孩子的后脑勺那一头，它们跃跃欲试，终究是不忍逼近，做着天幕，当着月痴，静静的美男子。

月光像害羞的姑娘，总拉着白云的裙边不放，静静地流淌在这块土地上。淡淡的尘雾悬在目光和月光之间，轻纱朦胧，满月倚云。月是透过薄纱照过来的，给我和孩子们都披上了嫁衣，我们又开始了3年甚至会更长的一段"爱恋"或者"日子"：女孩柔指点月，男孩圆目瞪月，加上中年思月。我们的影子，有的袅娜，有的呆性，有的模糊，就像栩栩如生的雕塑。天空并不深蓝，月色却抢眼，但光影声形有并不违和的摆布，如贝多芬的钢琴曲。

操场周围，都是瘦瘦的树。台风过后，它们都显得特别精干。它们把操场围了个圈，只在斜坡一带缺了点口，像是为这月光留白。楼上的窗落间开始攒动着人头，摇着人影，乍看像皮影，又像灵动的水墨画。但人影终究还是人，那是一种按捺不住的秋思。远处的小山顶，透来点点灯光，孤零零地，是谁放飞了天灯？但是愿望是他们的，我什么都不想了。

忽然想起许愿灯的事来，我在儿时也放飞过美好的愿望，这点愿望一时难以实现，何妨？我的孩子们也许有了愿望，也许什么都没有想，不过，过一个别致的中秋，何妨？我的妻和儿是否也在看着这一盏天灯？——这样想着，猛一抬头，下课铃响了，操场开始热闹起来。孩子们不舍离去，我断然离去，去面对这依然有月的日常。

我的表情包里没有再见

在岭南的春山之上，我与你相偎相依。极目远望那片依稀的城市，我血气方刚地说"深圳，我来了"。你笑了笑，我转视看着你，脉脉地说："待你长发及肩胛，我定自行而来。"临行之际，我欲言，你却止。"我不需要道别，你也无须说再见。爱的字典里，没有再见。我相信相濡以沫不如相忘于江湖，再也不见。相敬如宾不是我们凡夫俗子的柴米油盐。"一周之后，你便一头短发出现在我深圳新单位的寓所。

我们有了孩子，他背着书包去上学的那天，方欲出门，他扯着嗓子一本正经地说："妈妈，再见！"没有听到回答，她其实就站在阳台门那儿望着这里。他又要说，我蹲下来对他说："儿子，我们不需要你的再见，你就说'妈妈，我上学去了'就好，你没有离开妈妈，妈妈也不会离开你。""妈妈，我上学去了！"我与她相视一笑，便牵着他的手渐行渐远。楼下一抬头，那道目光炯炯伴着我们。从幼儿园出来的时候，我在转角处不出意料地看见了她。

养儿方知母之不易。好久没有回去探望，有段时间甚至忘了给母亲打电话。她到底是忍不住打来电话。

"妈。"

"……"除了电波声，什么也没听见。

"妈——妈——"

"……"似乎也只有我的呼吸和声音在回荡。

"你怎么了，能听见吗？妈？"

"呵呵，呵呵。"终于传来声音，"没什么，就是想听你喊'妈妈'了！你们还好吧？不要吵架哟。毛毛（老家对小孩的昵称）身体长得好吧？放学多给他吃点，这么小就放在学校。你工作顺利吗？别给领导添麻烦。好了，我说完了。"

"哦，好，都好，注意身体，过年再见。"

"你别说再见了，现在还早。你总有这样那样的变数再见不成，好好过你的日子。我们老了，你就不要用'再见'来增添我们的烦恼了。"

"妈！"电话被挂断。

我记得大学毕业的时候，我们含泪说着"再见"，斌特意来车站送我，可是，一晃十年，我们都没有再见；我记得那届毕业生我都没来得及跟他们再见，因为我回去休陪产假，他们每年都要回来看我；QQ聊着聊着，还没来得及说再见，对方头像便已经灰暗……

梁实秋说："我不愿意送人，亦不愿意别人送我。你走，我不去送你；你来，无论多大的风雨，我都去接你。"一切了然，再见？再说？再看？再来……看似自然而然，可是，慢慢地，我的表情包里，没有了再见，讲不出再见，却还能剩下牵挂；当我们爽快地讲出再见的时候，也不能只有权宜和姑且。

窗外的童年

　　窗外的麻雀，在电线杆上多嘴；手中的铅笔，在纸上来来回回。

　　月夜，我的童年在笔尖和书本的摩擦声中沙沙滑过，堆高的书本于书桌上留下一块规整的影子。显然，台灯过于昏暗，我甚至不想将它开启。我很享受那种温柔的挥洒，因为它仍能穿透紧掩的窗扉。而我，竟然也能听取那蛙声一片，哦，蛙声不该那么纯粹入耳的。于是，起身，肘在书堆上，探头窗外。寻觅处，夜风荡空；院落间，月影摇树；房门前，童趣不绝。我不禁脱口说出"晚风送月，树影弄姿，童心惹人"的句子来。哦，他们的童年，在脚踏实地中跳跃奔跑，在自由呼吸中传播着童谣嬉闹。我看，他们嚷嚷；我读，他们欢笑；我写，他们跳跃。

　　于是，我笑，我在楼上看风景。

　　"操场边的秋千上，还有蝴蝶停在上面，黑板上老师的粉笔，还在拼命叽叽喳喳写个不停。"

　　夕阳未下，我的童年的眼睛在粉笔与黑板的无数次的碰撞中眼花缭乱着。夕阳温和的色彩瞬间炫透绿窗纱，前桌同伴头顶上笼罩着一层光辉，这是很适合想象的场景：操场上，谁在风驰电掣，手投脚传；跑道上，谁又和谁漫步闲话；树荫下，谁仍在痴迷着那本小说漫画；草地上，谁又和谁游戏其间；回家的路上，我们一起约定的那个冷饮店……我在想，他们在嚷嚷；我在望，他们在窃窃；我在听，当当当……

　　于是，我笑，有人却在看着我。

　　"今夜我又来到你的窗外，窗帘上你的影子多么可爱！"我在窗外，鼓起了勇气，却仍在徘徊。知了强聒不舍，似在倾诉心肠；晚风拂柳，也带去我的思量；月光同步，指引着我窗外的方向。我再次鼓起勇气，向着窗内的影子走去，近了，我能听见那里面沙沙的笔触声，还有院落间那酣畅淋漓的欢笑声。你柔美地推开窗，肘在窗台上，甜美地望着窗外。当我们能看到别人的童年的时候，我们已经远离童年很久了吧！

　　于是，我笑，明月装饰了你的窗户，你装饰了别人的梦！

元　宵

如果不是学校食堂煮的那一碗汤圆，我其实都不记得，今天是元宵佳节。但是即便如此，我曾经有的元宵，其实与"汤圆"没有关系。我们的元宵其实过得和除夕一样隆重。

1. 偷青

我们有一个习俗，吃过"元宵夜饭"后，还得来一顿"宵夜"。但是宵夜的菜不是自家的菜，而是从别人家菜园子里"偷"来的，这就是"偷青"，其实是偷青菜。

深蓝的天空中挂着一轮金黄的明月，月光下的田地，洁白如霜，道路分明。偷青的一般都是我们这些小孩子。提着篮子，拿着镰刀，穿梭在菜园子里。

这个时节，菜园子里有的就是卷芯白菜，还有萝卜。白菜表面层已经枯萎或者长满了黑点，在月光的映衬下，活像一颗颗地雷。调皮的孩子会把白菜中心掏空，然后往里面装上泥土或者垃圾，胆大一点儿的往里面塞一只刚刚抓到的被打死的老鼠，然后大笑着扬长而去。

拔萝卜最是轻松。双手揪着裸露在地上的萝卜苗，不怎么费劲就能把萝卜连根拔起。我曾经以为萝卜苗长得越茂盛萝卜越大个，但是精明能干的小伙伴却知道要挑苗不那么茂盛的，按照他们的说法"苗把养分都让给了根""根扎得深、长得好"，但是玩心过重的我却从没有去印证过。为了避免狼藉，小伙伴还会把萝卜坑用土填埋上。

满载而归的时候，我们不忘到离家最近的菜园子里拧上几根葱段和蒜苗。

回到家，母亲会把这些菜择干净，水煮白菜加点油炸豆腐，清炒萝卜会加上一些肉汤，撒点葱花，蒜苗炒肉也是一道美味。端上桌的时候，大家收起扑克牌，准备"闹元宵"。吃完，也许就是新的一天了，于是刚刚还在串门的邻居起身，回去"放鞭炮"，我们俗称"开门"，开启勤劳的春天。

偷青，其实就是祈祷来年，能更"轻闲"，更"自然"。偷不是偷，是从"土地"那里借来。

2. 夹泥鳅

如果觉得偷青"太素"，好事的伙伴也会约着去夹泥鳅。穿上长长的雨靴，提一个木桶，拿上烧火的"火钳"，握着强光手电筒，就出发了。

皎洁的月光把河沟照得空明，沉静了许久的河沟，此时波色乍明，我们甚至可以看清楚小鱼小虾在河沟里游来游去，赏月悠然自得，如果带了"鱼罩"，这个时候可以很轻松地罩一些鱼虾回去，但是眼前的鱼虾不是我们感兴趣的，蜿蜒屈曲、斗折蛇行的河沟，每隔百米便会有短短的石桥墩，泥鳅就躲在桥墩下月光的阴影下。小伙伴说"倘若用手电筒照着泥鳅，它就动弹不得了"，这个时候，只要用钳子夹住它的腰部，泥鳅一般都只能"束手就擒"。如果专业一些，应该带上钳嘴带纹路的钳子，"狡猾"的泥鳅就不容易逃走了。

油炸泥鳅和小鱼虾是餐桌上的美味，母亲会把这些东西炸得金黄。

3. 香火龙

听说家乡的香火龙是中国特有的。秋收之后，田野里堆晒了很久的稻草，这个时候派上了用场。村子的祠堂里，老人家细致地把稻草搓成一股股绳子，然后把这些绳子拧在一起就成了直径半米、长度几十米的龙身。其实工艺最难的是龙头和龙尾，还有龙爪。

当龙扎好后，在龙身下每隔两米左右要插上竹竿，龙周身要插上长度约一米的香。

夜幕初临时，青壮年戴上平时干活的草帽，全村人将龙香点燃，整个龙体在夜幕中火光四射，熠熠生辉，在手提火绣球的小伙子的指引下，由数十到数百个年轻人一起将它舞起，龙在空中翻滚、喷水、跳跃、吞食、睡眠。

全身红光闪闪的香火龙在村镇的大街小巷来回穿梭，一般情况下，香火龙都经过每家每户，经过时，村民们都会点燃蜡烛，燃放鞭炮烟花，以示迎接龙的到来，象征着好运和一年的日子红红火火。

据介绍，火光组成了一条光闪闪的龙在夜空遨游，虫萤追逐龙身的点点火光飞来，"香火龙"穿过街巷，舞至田边地头，飞虫追逐香火，越集越多，突然，舞龙队伍在流经村子的那条江边停下，猛地将草龙连头带尾深深扎入水中，水淹没了龙，也淹没了飞扑香火的虫群。这就是"化龙"。

小伙伴们会从龙身上取下未燃尽的香火带回家，插在灶台上。然后，我们开始"偷青"。

我相信你终将闪耀

——开学致辞

猪年年味意犹未尽，我就站在二楼廊道，看着你们踏着春色归来。人群中，扛着被褥走在前面的父亲，拎着牛奶与背着书包的孩子，并肩走着的母亲，还有徐徐走着的老人，叶正绿，桃正红，木棉正火，鸟儿正忙，春光正好。

（一）

我想着在黑板上写一行字：佩奇、乔治，诸（猪）事顺意。因为一个动画片，猪跟教育结缘了：它朴实憨厚、生活规律、可爱奉献。就连老师无奈的时候，也会借它来结束某些尴尬的气氛。中年的油腻顿时涌上心头，觉得太幼稚，于是作罢。

傍晚时分，在操场散步。顺着百米跑道望去，尽头有一行整齐的树木。十年来，我看着这些树长大，它看着我成熟。树梢的尽头，突兀地立着火红的木棉，那是"万绿丛尾一抹红"；待我散步回到坡上，回望过去，映入眼帘的是满地的木棉带着一条长长的绿尾巴，那是"遍地红花起绿途"。

想做的事为何不做？那梦想不就只是梦和想了吗？决意回去继续那个话题。不想，是心累；想了不做，那是身心俱疲。如果累了，那就换个角度试一试，就像这条路，不管是头还是尾，不都是风景吗？

世界上有绝美的风景，而我，需要一颗不老的心。远离这年龄的浮躁，确定清晰的目标，然后分解方法和流程，有序地解决一个个阶段性的问题，就会"诸事顺意"。孩子们，你们已经具备了"不老的心"，世上也给你准备了绝美的风景，如果你没有看到，那么，新的一年，你有机会换个角度去看看了。

新年旧人到，
莺燕枝头劳。
花色总相似，
春意人不蚕。

（二）

我住的小区门口有一棵芒果树，大概是去年台风"山竹"袭击的时候折了腰，树冠被截去。今年开春，它发芽了，几片鲜绿的新枝那么惹人注目。那么多的行道树，我想它们是都发了新芽，可是，我们却不曾注意，因为它们总是那么郁郁葱葱。再看这棵没了树冠的树，它的脚底下竟然长出了小树苗，还有一些不知名的野草。而其他的树木却没有这样的待遇，它们只是兀自长着，脚底下光秃秃一片。这棵遭此大难的树，正因为它的华盖被暴风雨夺走，它的荫蔽被无情揭去，所以阳光才得以洒遍全身。

罗曼·罗兰说："一无所有的人是幸福的，因为从此他将渐渐获得全世界。"何况，他还获得了我的目光。汪国真说："你若有一个不屈的灵魂，脚下就有一片坚实的土地。"所以，它用灵魂赢得了这片土地。它就那么傲娇地、倔强地、无所顾忌地生长着，那么努力，如此，许多种子都被它感动，都来陪它舞蹈。

孩子们，要种下一棵树，最好的时间是十年前，更好的时间是现在。如果你有目标的种子，如果你有一颗坚持的心，那么，你就会拥有扎实的、广阔的根基，你就将拥有一片土地。就算你的锋芒被苦难削了去，那只是换一种活法罢了。

（三）

下午的时候，有两个你们的学长回来看我。他们上大学了，一个在中国科技大学，一个在中国政法大学。我记得高考那年，我给他们写过一封题为《但愿梦想未远，依然值得期待》的书信。

他们看起来变化不大，因为我总记得他们的样子。时间倒回到四五年前：我站在讲台上，他们的神情出乎意料的相似，或仰头记忆知识点，或平视黑板若有所思，或埋头演算题目；有时候考差了，我还没有来得及开口，他们就会簌簌流下眼泪……那种神情曾经也属于我，也属于你们，属于枯燥、辛苦又努力的年华里对未来的渴望，属于黑暗和黎明之间的青春。

那时，我就坚信：他们终将闪耀。

我问他们读大学的感觉，是不是很轻松快乐。他们的回答出乎我的意料：天天上课，作业，偶尔思考未来。我说为何还那么努力，他们说"习惯了"。

我们是不是也经常问自己这样的问题：我们为何要努力？或者说取得了一定成绩之后依然要努力？我想起一碗鸡汤：我想，是因为人生有那么多就算你努力了也无法掌控的东西。比如你寤寐思服的那个人的心，比如父母渐渐老去的容颜，比如时间如流沙一般无可挽回的逝去。所以，对于那些努力了便能扎扎实实握在掌心的东西，为什么不珍惜？为什么不争取呢？

孩子们，总有努力了也无法掌控的东西，现在学习中的那些，都是实实在在摆在我们面前的，你稍微一努力就可以扎扎实实带走并且一辈子不会遗失的东西。

（四）

你们都是年轻的小鲜肉，此时不折腾，何时折腾？

开始，你们要有折腾的计划：我的优势是什么？我一个学期要解决的重点问题是什么？我要达成一个什么目标？我每个月分别做哪些事？

上课，你们要折腾脑子，哪个是基础，哪个是重点，哪个是难点；

下课，你们可以去折腾老师，不懂的不会的，为什么；

自习，你们要折腾自己，我们可以多做一点儿什么，可以做多好；

新的一年来了，

愿，

新年那一缕唤醒你的阳光，

也能，

唤醒你内心的渴望。

我相信，你终将闪耀。